KB060077

왜 대학에 가는가

왜 대학에 가는가

앤드루 델반코 지음

이재희 옮김

대학은 우리에게
무엇이었고 무엇이고 무엇이어야
하는가

문학동네

COLLEGE: WHAT IT WAS, IS, AND SHOULD BE
by Andrew Delbanco

Korean Translation Copyright © 2016 by MUNHAKDONGNE Publishing Corp.
Korean Translation rights arranged with Princeton University Press
through EYA(Eric Yang Agency).

이 책의 한국어판 저작권은 EYA(Eric Yang Agency)를 통해
Princeton University Press와 독점 계약한 (주)문학동네에 있습니다.
저작권법에 의하여 한국 내에서 보호를 받는 저작물이므로
무단 전재 및 무단 복제를 금합니다.

이 도서의 국립중앙도서관 출판예정도서목록(CIP)은
서지정보유통지원시스템 홈페이지(http://seoji.nl.go.kr)와
국가자료공동목록시스템(http://www.nl.go.kr/kolisnet)에서 이용하실 수 있습니다.
(CIP제어번호: CIP2016018275)

참된 대학은 한 가지 목표만을 추구한다.
그것은 고기를 구하는 것이 아니라,
고기가 살찌우는 인생의 목적과 이치를 아는 것이다.
_ W.E.B. 듀보이스

나의 학생들에게

일러두기

1. 인명, 지명 등 외래어는 국립국어원의 외래어표기법을 따랐다. 단, 외래어표기법에 제시
   되지 않은 단어나 언어는 국내 매체에서 통용되는 사례와 현지 발음을 참고해 표기했다.
2. 저작물들의 제목에는 다음 기준에 따라 약물을 사용했다. 신문, 영화, 공연, 노래, TV 프
   로그램 제목은 〈 〉, 단행본, 잡지, 장편은 『 』, 시, 단편, 에세이는 「 」을 사용했다.
3. 본문 중 고딕체는 원서에서 이탤릭체로 강조한 부분이다.
4. 지은이 주는 미주로, 옮긴이 주는 각주로 실었다.

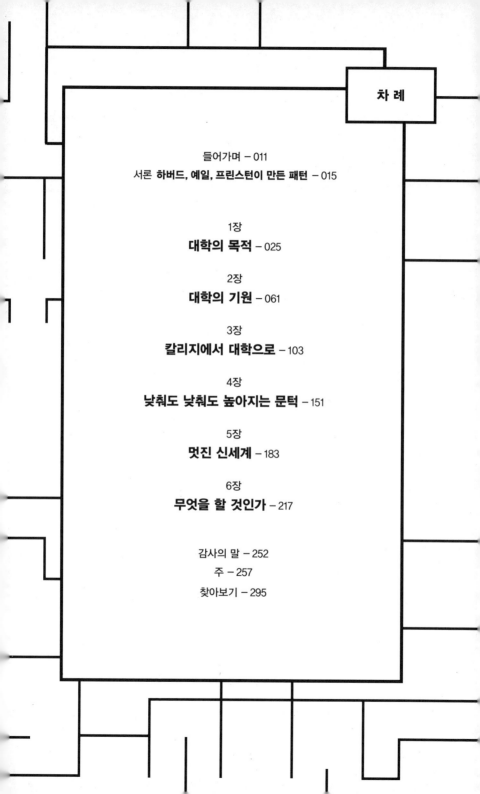

차 례

내가 대학에 관한 책을 쓰고 있다고 말하면 동료들은 으레 왜냐고 묻곤 했다. 나로서는 놀라운 일이었는데 그것은 마치 의사에게 왜 병원과 환자에게 관심을 갖는지 또는 건축가에게 왜 건물과 그 안에서 살거나 일하는 사람들에게 신경을 쓰는지 묻는 것처럼 들렸기 때문이다. 물론 이러한 주제에 대해 책을 쓰는 저자는 대부분 전문적으로 대학에 대해 연구한 학자들이거나 한두 종류의 학교 기관에 몸담았다가 은퇴한 총장들인 경우가 많은 게 사실이다. 그러니 미국문학을 가르치는 교수가 왜 이런 데 한눈을 판단 말인가? 때때로 그런 질문은 마치 내가 내 '분야'에 흥미를 잃은 것 같다는 듯 뭔가 수상쩍어하거나 마뜩잖아하는 기색까지 담고 있었다.

그 질문에 대해 나는 두 가지 답을 갖고 있는데 기왕 책을 쓰게 되었으니 그 답변을 서두에 밝혀두는 게 좋겠다. 첫번째 답은 매우 간단하다. 대학 학부교육의 목표가 어떻게 설정되어왔고 실제로 어떻게 실행되었는지는 미국 역사에서 대단히 흥미로운 영역이기 때문이다. 이 책을 통해 그런 흥미로움이 잘 전달될 수 있기를 바란다.

두번째 답은 그보다는 좀더 길다. 한번은 이런 일이 있었다. 26년 전 내가 컬럼비아 대학에 부임한 직후, 학교에서는 당시의 예산 위기를 논의하고자 교수회의를 소집했다. (위기는 항상 있기 마련이지만 당시 상황은 특별히 심각했다.) 회의가 시작되자 총장은 학부과정의 핵심이라 할 수 있는 인문, 과학 분야의 예산 적자가 심각해져 컬럼비아대의 '니드-블라인드 입학정책*'을 폐지해 학생들의 재정 지원 비용을 줄일 수밖에 없겠다고 발표했다. 신임 교수였던 나는 그곳에 모인 동료 대부분과 잘 알지 못하는 사이였지만 저명한 교수 몇 명을 알아볼 수는 있었다. 이들은 하나둘 반대 입장을 표명하기 시작했다. 총장의 제안을 받아들일 수 없다는 것이었다. 니드-블라인드 입학정책은 대학의 근본 가치를 담고 있기 때문에 대학은 자격을 갖춘 지원자라면 경제적 조건과 관계없이 받아들여야 한다고 이들은 주장했다. 곧이어 한 가지 발의안이 나왔고 만장일치로 통과되었다. 당시 예정되었던 교수 연봉 인상분을 반납해 그 돈으로 기금을 조성하여 재정 지원에 사용하자는 내용이었다. 총장은 한발 물러섰고 니드-블라인드 입학정책은 유지될 수 있었다.

나도 물론 발의안에 찬성표를 던졌다. 『모비딕』의 이슈메일이 그랬듯, "나도 이 선원들 중 하나였다. 내 외침은 그들의 외침과 함

---

* need-blind admission. 지원자의 경제력(학자금 지원 신청 여부)을 고려하지 않고 학업 능력만으로 입학을 결정하는 제도.

께 높이 솟구쳤고 내 맹세는 그들의 맹세와 한데 뭉쳤다." 그리고
이슈메일이 흰 고래를 잡는 데 합류하겠다고 호기롭게 나설 때처
럼 나 역시 내가 무슨 말을 하고 있는지 잘 몰랐다. 회의가 끝나고
캠퍼스를 가로질러 나오면서 니드-블라인드 입학정책이라는 말이
공정하고 정의롭게 들리는 건 사실이지만 나에게는 하나의 슬로건
으로밖에 들리지 않음을 마음속으로 시인했다. 니드-블라인드 입
학정책이 정확히 무엇인지도 알 수 없었다. 어떤 생각에서 나온 것
일까? 누구에게 무엇이 필요한지는 어디서 결정하지? 이 정책에
뒤따르는 대가는 무엇이고 그 대가는 어떻게 치르지?

나는 당시의 내 무지함이 그렇게 특이한 일은 아니었다고 생각
한다. 교수들은 그들이 몸담고 있는 학교가 어떻게 오늘날의 형태
를 갖추게 되었는지, 어떻게 구성되어 있는지, 지휘와 결정권은 누
가 얼마나 갖는지 등 자신의 학과나 학부 이외의 일에 대해서는 거
의 아는 게 없다. 어쩌면 모르는 게 좋을 수도 있다. 그런 정보의
단절 덕분에 연구 주제에 더 자유롭게 열정적으로 몰입할 수 있고,
애초에 학문에 흥미를 느끼게 된 것도 정보의 단절 덕택일 수 있
다. 그러나 다른 측면에서 바라보면 그것은 문제이기도 하다. 그런
단절은 교수가 깨어 있는 시민으로서 대학생활에 참여하는 일을
가로막기 때문이다.

그날의 회의 이후로 나는 미국 고등교육에 대해 공부했고, 몇 가
지 핵심적인 문제들에 대해 좀더 이해할 수 있게 되었다. 비단 입
시와 재정 지원 문제뿐 아니라 커리큘럼, 교수법, 학교 기관의 재
정 구조를 이해하게 되었고 더 폭넓게는 대학교육의 전제와 목적
에 대해 알게 되었다. 이 연구를 진행하면서 나는 나만의 교육 원

칙, 그러니까 과거의 문제를 알면 현재의 문제를 파악하는 데 도움이 된다는 원칙을 따랐다. 그러고 나서 나는 장차 교수가 될 대학원생들과 세미나를 꾸려 미국 대학의 역사, 현황, 전망에 대해 토론했다. 컬럼비아 칼리지의 학생처장을 지냈던 동료 교수 로저 르헤카와 함께 학부 과목을 맡아 미국 고등교육의 공정성과 접근성에 대해 가르치기도 했다. 마침내 나는 이 문제에 대해 꽤 잘 알게 되었다고 느꼈고, 이를 글로 써나가기 시작했다. 그 결과가 이 책이다.

나는 이 책이 현재와 미래의 교수들은 물론이고 학생들에게도 유익하게 읽히기를 바란다. 또 오늘날은 우리네 '칼리지'와 '대학'의 문제에 대한 온갖 촌평과 반쪽짜리 진실—높은 교육비, 학생들의 낮은 학업성취도, (세평에 따르면) 콧대만 높은 교수 등—이 넘쳐나고 있는 시대이기에 나는 일반 독자들 또한 염두에 두고 이 책을 썼다. 공화국의 시민을 교육한다는 것의 의미와 조건에 관심 있는 사람이라면 누구라도 이 책을 흥미롭게 읽을 수 있기를 바란다.

뉴욕 시에서
2011년 9월

| 서론 |

하버드, 예일, 프린스턴이 만든 패턴

미국적 특징을 잘 드러내는 발명품의 목록을 만든다고 상상해보자. 목록 작성자의 취향에 따라 원자폭탄, 재즈, 형사피고인의 헌법상 권리, 추상표현주의 미술, 야구, 30년 만기 고정금리 주택담보대출, 인스턴트식품 등이 포함될 수 있을 것이다. 저마다 각기 다른 버전을 내놓겠지만, 대학을 포함시키지 않고서는 완전한 목록이라고 발표할 수 없을 것이다.

어렴풋하게나마 우리 모두는 다음과 같은 사실을 알고 있다. 미국인, 특히 중산층에 속하거나 중산층 진입을 꿈꾸는 미국인은 늘 대학에 대해 이야기한다. 취학 전 아동의 첫 적성검사에서 시작해 대학 입학처의 합격 통지를 초조하게 기다리는 시절을 지나, 시인 랠프 월도 에머슨이 200여 년 전 "누런 얼굴, 벗어진 머리, 이 빠진 사람들이 모여 발그레한 두 뺨, 삼단 같은 머리, 사라져버린 건강을 추억하는 모임"이라 묘사한(그때는 노화가 지금보다 훨씬 빨랐

다) 20주년 대학동창회에 오기까지 말이다. 미국에서 연중 뉴스 가판대가 가장 붐비는 주간은 『유에스 뉴스 앤드 월드 리포트』가 해마다 국내 대학 순위를 발표하는 때일 것이다. 『플레이보이』에서 『프린스턴 리뷰』에 이르기까지 경쟁지들도 그들 기준으로 꼽은 최고의 '파티' 대학, 친환경 대학, 친소수인종 대학, 비용 대비 최고의 대학, 초일류 대학 등의 순위를 발표한다. 구글에 'college'라는 단어를 검색하면 선거인단electoral college이나 추기경단college of cardinals처럼 대학과는 무관한 어휘를 차단시킨다고 해도, 컴퓨터 과부하를 걱정해야 할 정도로 많은 검색 결과가 쏟아진다. 얼마 전 실제로 'college'를 검색했더니 그 결과가 무려 5280만 개였다.

　문제는 이렇게 잡다한 정보 중 정작 어떤 대학이 좋은 대학이며 좋은 대학의 조건은 무엇이냐는 질문에 답이 되는 정보는 찾기 어렵다는 점이다. 대학의 질을 평가하기 위해 사용하는 기준인 교수진의 연구결과 발표 실적, 대학 기금 규모, 우수 학생 선별력, 동문 기부율, 졸업률 등의 지표는 대학이 학생에게 무슨 도움을 주느냐는 문제와 대체로 무관하다. 최근 말콤 글래드웰은 『뉴요커』에 실은 글에서 대학을 평가하는 척도 중 하나인 교수 연봉은 교수가 대학 강단에서 보이는 열성과는 사실상 반비례 관계에 있을지 모른다고 지적했다. 높은 연봉을 받는 교수일수록 학부 수업이 부업에 가까운 연구중심대학research university에 적을 두고 있을 확률이 높기 때문이다.[1]

　그런데 사실 미국에서는 대학을 가리킬 때 '칼리지college'와 '대학university'이라는 용어를 특별히 구별하지 않고 혼용한다. "미시간에 다닌다"거나 "오벌린에 다닌다"처럼 뒤에 나오는 말을 생략하는 게 일반적이다. '대학'과 '칼리지'가 같은 것처럼 말하지만 사실 둘은 같지 않다. 물론 둘은 서로 연결되어 있고(오늘날 '칼리지' 교수 대부분은 '대학' 석사학위 이상의 교육과정을 밟았다), '칼리지'가 '대학' 내의 학부나 단과대학으로 존재할 수도 있다. 그러나 '칼리지'와 '대학'은 설립 목적이 다르며, 또 마땅히 달라야만 한다. '칼리지'의 설립 목적은 학부 학생들에게 과거의 지식을 전수해 이를 미래에 살아 있는 지식으로 활용하게 하는 데 있다. 반면 교수와 대학원생이 이끄는 다양한 연구 활동의 주무대가 되는 '대학'은 시대에 뒤처진 과거 지식을 대체하기 위해 새로운 지식을 창출하는 데 목표를 둔다.

둘 다 가치 있는 목표이며, '칼리지'의 학생이 학자나 과학자와 함께 '최첨단' 연구나 '혁신적'인 연구를 할 때처럼 두 목표는 때로 융합되기도 한다('최첨단'이니 '혁신적'이니 하는 표현은 근대의 대학이 탄생하기 전까지는 이해하기 어려운 말이었을 것이다). 그런데 두 목표는 충돌까지는 아니더라도 경쟁 관계에 놓이는 일이 잦다. 특히 두 가지 중 하나가 더 높은 위상을 갖게 될 때 그렇다. 세계적 명문대 중 하나인 캘리포니아 대학교의 설립자 클라크 커가 이례적으로 터놓고 인정했듯 "뛰어난 교수일수록 학부 수업에 보이는 관심은 초라한 수준"에 그친다. 그가 이러한 현상을 "가혹한 역설"이라 칭하며 "가장 위급한 문제 중 하나"로 지목한 지 거의 반세기가 흘렀지만 오늘날 이 문제는 과거 어느 때보다도 위급한 상태다.[2]

그렇다면 대학에서 문제가 되고 있는 것은 정확히 무엇인가? 그리고 그 문제는 우리에게 왜 중요한가? 핵심을 말하자면 대학은 젊은이들이 청소년기에서 성년기로 이행해가는 중간지대에서 길을 잃지 않도록 도움을 주는 곳이어야 한다. 학생들이 그 위험천만한 중간지대를 무사히 헤쳐나가 마침내 스스로 자기 이해에 도달할 수 있도록 대학은 강압이 아닌 지침을 내놓을 수 있어야 한다. 대학은 또 성찰하는 시민에게 요구되는 지성과 마음의 자질을 학생들이 함양할 수 있도록 도와주어야 한다. 다음은 내가 그러한 자질을 몇 가지로 요약해 목록으로 만든 것이다. 각 항목들은 서로 불가분 관계에 있으므로 특별한 우선순위는 없다.

1. 과거에 대한 이해를 통해 현재를 회의적으로 파악하는 능력
2. 서로 무관해 보이는 현상들을 연결하는 능력
3. 과학과 예술에 대한 수준 높은 식견을 갖추어 자연계를 이해하는 능력
4. 타인의 입장에서 생각하는 태도
5. 윤리적 책임 의식

이러한 사고와 감성의 습관들은 체득하기 어렵고 유지하기는 더욱 어렵다. 이는 인문학과 자연과학과 사회과학 중 어느 하나를 공부한다고 해서 얻어지는 것도 아니며 아무리 '다방면으로' '골고루' 학습한다고 해도 이론적인 공부만으로는 충분히 발달하지도 않는다. 이러한 습관들을 학생 소비자들이 상품처럼 구매하고 배달받을 수 있다고 생각하는 것도 터무니없다. 궁극적으로 이러한 습관들은 평점이나 시험을 통해서가 아니라 우리가 삶을 살아가는 동안 자연스레 형성된다.

그럼에도 대학교육의 목표 중 하나는 이러한 습관들을 길러주

고 강화시키는 데 있다. 그러니 이어지는 글에서 대학이 이러한 책무를 얼마나 잘 수행하고 있는지에 대해 비판적으로 언급할 수밖에 없을 것이다. 오늘날 우리의 대학이 얼마나 처참한 지경에 이르렀는지 한탄하고 성토하는 데 목소리를 보태는 것은 썩 내키지 않는 일이다. 아닌 게 아니라 "불필요하게 비대해진 행정, 과도한 등록금, 지나치게 높은 교수 연봉, 사치스러운 교내 시설, 수준 이하의 교육"에 대해 비판하는 소리가 사방에서 끊임없이 들리거나 적어도 그렇게 느껴진다.[3] 대학의 위기에 대한 이러한 성토의 역사는 사실 매우 오래되었다. 미국 제2대 대통령 존 애덤스의 부인 애비게일 애덤스는 1776년 남편에게 쓴 편지에서 대학생들이 "교수가 공적 활동에 불려다니느라 강의에 소홀하다"고 불평하고 있다며 교육이 "최악의 상태에 놓여 있다"고 얘기한 바 있다. 그로부터 100여 년 뒤 스탠퍼드 대학 총장은 "미국 고등교육에서 가장 시급한 과제는 대학의 저학년생, 즉 1, 2학년생들에게 관심을 갖는 일"이라고 지적했다.[4] 영국의 식민지 시대부터 오늘날까지 이와 같은 탄식의 목록을 만드는 일은 어렵지 않다.

그래서 오늘날 대학의 문제에 대해 말하는 사람들은 늑대가 나타났다고 외치는 양치기 소년과 비슷한 처지에 놓여 있다. 그러나 이 말이 실제로 문 앞에 늑대가 와 있지 않다는 뜻은 아니다. 미국 대학은 현재 혹독한 변화의 시기를 겪고 있으며 여러 압박에도 시달리고 있다. 세계화, 경제 불안, 현재 진행중인 IT 혁명, 날로 명백하게 드러나는 K-12 공교육*의 결함, 길어지는 청소년기, 종신 재직권 와해 등의 문제를 대학은 안고 있다. 대학에서 학생들이 무엇을 배워야 하는가에 대한 합의가 붕괴되었다는 점은 어쩌면 가장 심각한 문제일 수도 있다. 이로 인해 사태 해결은 더욱 어려워지고 논쟁은 그 어느 때보다도 심화되고 있다. 여기서 잠깐, 대학을 압박하는 요인 중 하나인 이른바 교수의 '비정규직화' 또는 '겸임화' 현상과 관련해 한 첨단기술 기업의 CEO가 언급한 불길한 비유를 들어보자.

한때 미국 극장가에는 영화가 상영되는 동안 라이브로 음악을 연주하는 피아니스트가 수천 명에 이르렀다. 그러나 사운드트랙이라는 기술이 개발되면서 이들은 하루아침에 일자리를 잃었다. 녹음된 영화음악을 만들기 위해 "LA로 건너간 단 2명의 피아니스트"만이 일을 계속할 수 있었다. 이와 비슷하게 대학 교과과정의 '콘텐츠'(읽기자료, 강의, 과제, 퀴즈 등등)는 이제 양방향 웹사이트에 업로드될 수 있고, 삯일꾼과 다름없는 강사들은 그때그때 고용되어 온라인상에서 학생들의 학업 수준을 평가한다. 디지털 시대가 도래하기 전이라면 대학 강단에 섰을 사람들은 (한순간 쓸모없어진 피아노 연주자들이 그랬던 것처럼) "더 생산적인 일을 찾아 나서야"만 할 것이다.[5]

MIT나 카네기멜론 같은 과학 기반 대학교가 이러한 '온라인' 학습을 위한 신기술 개발을 주도하고 있는 것은 우연이 아니다. 그러나 프린스턴대 전임 총장 윌리엄 보엔이 지적한 것처럼 "많은 질문에 대한 '한 가지 정답'이 존재하는" 분야(보엔 총장이 예로 든 것은 통계학이다)에서는 이 기술의 가치가 이미 입증되었지만, 순수 인

---

* K-12 education. 유치원에서부터 12학년(고등학교 3학년)까지 13년의 교육 기간을 가리키며, 무상으로 제공되는 공교육을 뜻하기도 한다.

20

문학 교육을 촉진시키는 수단으로까지 자리잡을 수 있을지는 아직 알 수 없다. 영국의 교육학자 앨리슨 울프가 언급했듯이 "우리는 숙련된 인간 교수자를 대체할 수 있는 저비용의 첨단기술 장치를 찾지 못했다." 적어도 아직은 그렇다.[6]

디지털 시대의 불길한 조짐이 고등교육계 전반으로 번져가고는 있지만 그에 대한 이야기는 내용의 곁가지로 살짝 짚고 넘어가려고 한다. 왜냐하면 이 책은 소위 명문대라 불리는 학교들에 초점을 맞추게 될 텐데, 구조적으로 취약한 대학들에서는 이미 상당히 진행된 교수진 공동화 문제로부터 이들 대학이 아직까지는 비교적 안전한 편이기 때문이다. 그러나 교수의 역할 변화는 도처에서 일어나고 있고, 보는 이의 시각에 따라 변신을 약속하는 것일 수도, 권위의 약화를 예고하는 것일 수도 있는 이 세태의 흐름에 영향을 받지 않을 대학은 없다. 우리를 향해 돌진해오는 이러한 변화의 흐름 앞에서 개탄하는 것도 환영하는 것도 그래서 별무소용일 것이다. 그보다는 대학에 대한 수요는 갈수록 증가하고 대학이 어떠해야 하는가에 대한 합의는 점점 줄고 있는 이때, 대학교육의 목적과 가능성에 대한 근본적인 질문에 직면할 도리밖에는 없어 보인다. 이러한 불확실성들에 맞서서 이 책은 과거로부터 전수되어왔지만 현재 급격한 변화의 소용돌이에 휩쓸린, 그러나 내가 보기에 미래에도 필수불가결한 것으로 남아 있을 몇몇 근본적인 원칙들을 분명히 밝히고자 한다.

본격적으로 이야기를 시작하기 전에 이 책이 선택하고 집중한 대상에 대해 조금 짚고 넘어가는 게 좋을 것 같다. 어느 학자가 지적했듯이 미국 고등교육의 역사를 보면, "하버드, 예일, 프린스턴 대학교가 만든 패턴이 미국 대학 전체가 따르는 표준이 되었다.[7] 몇몇 다른 대학들과 함께 이들 대학은 커리큘럼 유형, 입학 절차, 학자금 지원 규정, 심지어 대학생활의 의식과 행사에 이르기까지 그 모델을 형성해왔다. 명문대에 대한 대중의 집착이 얼마나 불건전하든, 전체 대학에서 명문대가 받는 관심이 얼마나 편중되었든(상대적으로 적은 재학생 수를 고려하면 심하게 편중된 셈이다), 이들 대학이 여전히 미국 교육사의 긴 궤적을 가장 잘 드러낸다는 사실에는 변함이 없다. 그리고 이 대학들이 과거를 이해하는 데 그토록 중요하다면, 미래에 어떤 교육적 원칙들이 유지되고 적용되고 폐기되어야 하는지를 논하는 현재에도 상당한 영향력을 행사할 수밖에 없다.

이 책에서 중점적으로 다루는 대학의 범위가 상대적으로 좁기는 하지만, "우리가 대학이라고 부르는 것들의 광범하고 다양한 사례들"[8]이라고 누군가 표현하기도 했던 그 굉장한 다양성은 늘 염두에 두고자 노력했다. 미국 교육 '제도'의 강점 중 하나는 실은 그게 한 번도 제도로 존재한 적이 없다는 점이다. 미국에는 대략 4000개 정도의 대학이 존재한다. 시골에도 도시에도 도시 근교에도 대학이 있으며, 비영리 목적의 대학도 있고 영리 목적의 대학도 있다. 소규모의 독립적인 대학이 있는가 하면 대규모 연구기관에 부속된 대학도 있으며, 입학조건이 매우 까다로운 대학이 있는가 하면 등록금만 내면 누구나 받아주는 대학도 있다. 지난 20여 년간 나는 100군데가 넘는 다양한 형태의 대학을 방문했다. 희망사항이긴 하지만 이 경험 덕분에, 이들 대학을 내가 잘 아는 몇몇 대학의 비슷한 변종쯤으로 짐작하는 위험은 어느 정도 피할 수 있었다.

오늘날 고등교육계의 모습을 잠깐만 들여다보아도 대학의 의미가 얼마나 빠르게 변모하고 있는지 또 대학 간의 격차가 얼마나 심하게 벌어지고 있는지가 금방 드러난다.[9] 예일대 로스쿨 학장을 지낸 앤서니 크론먼은 윌리엄스 칼리지 재학 시절 자신이 가장 좋아했던, 철학과 교수의 자택에서 진행된 수업에 대해 회고한 적이 있다. 골든리트리버 두 마리가 "난롯가에 놓인 북엔드처럼" 벽난로 양쪽에서 자고 있고, 석양이 버크셔 언덕을 "다홍색과 황금색"으로 물들이고 있던 수업이었다. 오늘날 대학을 그러한 장소로 생각하는 학생은 상대적으로 많지 않을 것이다. 많은 학생들에게 대학은, 사람은 넘치고 자원은 한정된 상황에서 시장성 있는 기술을 얻기 위해 안달해야 하는 곳으로, '전인whole person'이라는 정의하기 힘든 실체에 대해서는 아무도 관심을 기울이지 않는 곳으로 여겨질 것이다. 또다른 학생들에게는 야간에 다니는 형광등 불빛이 환한 사무실 빌딩이나, 사이버 공간에서만 존재하는 '가상 강의실'을 의미할 수도 있다. 모든 학생이 부자 대학들이 제공하는 최고 수준의 교육을 경험하기를 바라는 건 몽상이다. 그러나 소수의 부유하고 머리 좋고 운좋은 학생들만이 그런 곳에서 배우고 성장할 기회를 누린다면 그런 사회는 악몽과 다름없을 것이다. 미국의 커뮤니티칼리지, 무명의 사립대학, 가난한 공립대학의 여러 뛰어난 교사들은 민주적 교육의 이상을 지켜내기 위해 일하며 매일매일 이러한 현실을 살아가고 있다.

이 책은 대학이—어떤 대학이든—학생들을 위해 무엇을 추구해야 하는지를 규명한다는, 어찌 보면 무모한 목표로 쓰였다. 존 업다이크의 마지막 소설『테러리스트』에는 그러한 대학의 책무에 대해 짧게 요약한 말이 나온다. 이 소설은 가출해버린 이집트인 이민자 아버지와 아일랜드계 미국인 어머니 사이에서 태어나 뉴저지의 러스트 벨트* 지역에서 자란 한 소년의 이야기이다. 그 지역의 이슬람교 이맘**은 소년에게 도덕적으로 타락한 미국 대학에 갈 것이 아니라 아버지의 경건하고 순결한 신앙심을 배워야 한다고 설득한다. 소년의 어머니 역시 또다른 이유로 아들이 고등학교 이상의 공부를 계속할 필요는 없다고 생각한다. 대학 입학 상담자가 그런 그녀의 마음을 돌려놓으려 하자 소년의 어머니는 이렇게 묻는다. "대학에서 뭘 배우는데요?" 그러자 상담자가 이렇게 답한다. "누구나 공부하는 것들이죠. 과학, 예술, 역사 같은 것 말입니다. 인류와 문명에 대한 이야기죠. 우리가 어떻게 여기까지 왔고, 이제는 무엇을 해야 하나, 그런 것들 말입니다."

이제 이 책에서는 그 두 가지 질문을 대학 자체에 던져보려 한다. "어떻게 여기까지 왔고, 이제는 무엇을 해야 하나?"

---

* Rust Belt. 제조업이 쇠퇴하자 사양산업 지대로 쇠락한 미국 중서부와 북동부 지역.
** imam. 이슬람 교단의 지도자.

1장

대학의 목적

COLLEGE

1

가르치는 일의 특이한 점 중 하나는 선생은 해마다 한 살씩 나이를 먹지만 학생은 언제나 나이가 같다는 것이다. 매년 가을 새 학년이 시작될 때마다 나는 고대 그리스의 설화 하나를 떠올리고는 하는데, 이런 이야기다. 심성이 착한 가난한 노부부가 지나던 나그네 둘을 집으로 초대해 식사를 대접했다. 그런데 무슨 조화인지 이들 부부가 아무리 술을 마셔도, 술을 새로 따른 사람이 없는데도 잔이 계속해서 가득차는 것이었다. 마침내 두 나그네는 자신들이 신이라는 사실을 밝히고 식사에 대한 감사의 표시로 소소한 기적을 행했다고 말한다. 말하자면 대학에서 일어나는 일도 이와 비슷하다. 매년 가을 선생은 한 살 더 나이를 먹지만 강의실은 어김없이 언제나 젊은 학생들로 다시 채워진다.[1]

이뿐 아니라 여러 가지 이유로 사제지간은 미묘한 관계다. 부모 자식 간이나 부부, 형제 간만큼 복잡하지는 않더라도 때로는 한 사람에게 결정적인 영향을 미치기도 하는 것이다. 헨리 제임스는 「생도The Pupil」라는 단편소설에서 이런 관계를 아름답게 그려냈다. 대학 선생 이야기는 아니지만, 이 소설에는 개인교사가 자신이 가르치는 아이를 무척 아끼게 되면서 그를 부모로부터 구원해내려 노력하는 장면이 나온다.

그는 이 문제를 조심스럽게 다루기 위해 유년기의 새벽 여명이 어떤 것일지 헤아려보려 했다. 그러나 그런 여명기는 결코 한곳에 고정돼 있거나 붙잡혀 있는 것이 아니라는 것을, 아이의 무지를 포착했다고 생각하는 순간, 그 무지는 이미 슬그머니 지식 속으로 흘러들어가 이 영특한 아이가 뭔가를 모른다고 말할 수 있는 순간이란 없다는 것을 깨달았다. 그는 (이 아이의) 단순함을 상상하기에는 자신이 너무 많은 걸 알고 있고 아이의 혼돈을 풀어내기에는 아는 것이 너무 없다고 느꼈다.

위 구절에 내포돼 있는 것은 학생은 근본적인 것들에 대한 잠재적 지식을 갖고 있고, 선생의 할 일은 그 지식을 의식의 영역으로 흘려보내는 지렛대를 찾아주는 것이라는 낭만적인 생각이다.

그 지렛대를 찾아주려다보면, 심지어 좋은 선생이(어쩌면 좋은 선생이기 때문에 더욱) 때로는 무자비해 보일 수도 있다. 예를 들어 시카고 대학에서 수년간 '생물학 시퀀스*'를 가르친 조지프 슈와브 교수는 엄하기로 유명했다. "한 학생을 지목해 철저하고 기발한 방법으로 당혹스럽게 만든 다음 다른 학생으로 넘어가는" 식이었다. 시카고대 출신으로 미국 카네기교육진흥재단 회장을 지낸 리 슐먼은 슈와브 교수의 수업에 앉아 있으면 "손바닥은 땀으로 축축해지고 이마에는 식은땀이 맺혔다"고 회고했다. 좋게 말하면 "한순간도 집중의 끈을 놓칠 수 없는" 수업이었던 것이다.[2] 영화 〈미라클 워커〉의 애니 설리번이나 〈하버드 대학의 공부벌레들〉의 킹스필드 교수 같은 '엄한tough love' 교사는 우리 문화의 클리셰가 되었고, 뻔한 단순화와 지나친 일반화의 여지가 없는 것은 아니지만 모든 클리셰가 그렇듯 거기에도 얼마간의 진실이 들어 있다. 그러나 엄한 교사상은 오늘날의 현실과는 점점 거리가 멀어지고 있다. 요즘 대학에서 그렇게 엄하게 했다가는 학생들 대부분이 나쁜 성적을 받을까봐 학점 포기 신청을 할 게 뻔하고(슈와브 교수가 가르쳤던 것과 같은 필수과목은 점점 축소되고 있다) 그런 교수는 학기말 강의평가에서 형편없는 점수를 받을 각오를 해야 할 것이다.[3]

스타일과 기술에 관계없이 가르치는 일은 궁극적으로 생산적인 행위, 그러니까 인류가 죽음을 기만하고자 고안한 방법들 중 하나인 셈이다. 우리가 삶을 통해 배운 것들이 우리와 함께 죽어 사라지지 않도록 다음 세대에 증언함으로써 인간은 유한성을 극복한다. 미국에서 가장 오래된 대학이 만든, 대학 '강령'의 효시라고 불러도 좋을 기록 하나를 살펴보자. 미국 역사상 최초의 기금 모집 호소문이라 할 수 있는 이 서신에서 하버드 대학교의 창립자들은

---

* Biological Sequence. 단백질이나 핵산의 1차원적 시퀀스(배열)에 대해 분석하고 연구하는 것.

뉴잉글랜드로 이주하지 않고 영국에 머물기로 한 청교도 동지들에게 재정적 도움을 진솔하게 요청한다. 금전적인 목적으로 쓰였음에도 이 글은 400년이 지난 지금도 뭔가 가슴을 찡하게 울리는 구석이 있다.

신의 보살핌으로 안전하게 뉴잉글랜드에 당도한 뒤 가옥을 짓고 필요한 살림을 장만하고 가까이에 예배를 드릴 수 있는 장소도 마련했으며 시민정부도 구성했습니다. 그다음으로 우리가 소원하고 힘써야 할 일은 교육을 부흥시켜 후세에도 영속적으로 이어지도록 하는 것입니다. 지금의 목자들이 흙속에 묻히게 될 때 무지한 사람들이 교회를 물려받을까 두렵기 때문입니다.[4]

신념과 우려가 뒤섞인 이런 감정은 언제나 대학이라는 이념의 중심에 자리해왔다. 대학 입학식에서 인생의 중심부로 나아가는 자녀들을 이제는 흐릿해진 젊은 시절에 대한 기억의 창을 통해 바라보는 학부모의 눈에는 그런 감정이 여실히 드러난다. 미국인들에게 대학은 '미국의 목가'다. 대학이라고 할 때 떠오르는 것은 초목이 푸릇푸릇한 세계다. 거친 소리라고 해봤자 기껏 테니스공을 탕탕 주고받는 소리, 스파이크 운동화를 신은 청년들이 실내 체육관 계단을 경쾌하게 오르내리는 소리가 전부다. 그러나 아무리 희망으로 생기가 가득하더라도 유한성이라는 망령은 미국의 모든 대학에 그림자를 드리운다. "가을, 미식축구 일기예보, 새 학기"로 대표되는 독특한 미국적인 계절이 시작되면 대학 교정의 대기는 "10월의 바싹 마른 나뭇잎 냄새"로 가득찬다.[5]

그렇다면 이 달곰씁쓸한 곳에서 정확히 어떤 일이 일어나야 하는 걸까? 일광욕을 하고 근육을 키우고 경쟁적인 신체 활동과 운동경기를 하는 것 등은 도대체 무엇을 위한 예비전일까? 그에 답하기 전에 먼저 그러한 목가적 이미지가 오늘날의 대학생 대부분이 경험하고 있는 것과는 거의 무관하다는 점을 지적해야겠다. 매킬러스터 칼리지의 총장을 지내고 지금은 스펜서 재단의 이사장을 맡고 있는 마이클 S. 맥퍼슨과 윌리엄스 칼리지의 총장을 지낸 모턴 O. 샤피로(지금은 노스웨스턴 대학교의 총장이다)는 "미국의 리버럴 아츠 칼리지*의 학생 수가 규모 면에서 열 손가락 안에 꼽히는 미식축구 경기장 하나를 채울 만한 정도"라고, 그러니까 "전체 1400만 대학생 중 10만 명이 채 안 되는 숫자"에 불과하다고 지적했다.[6]

그때 이후로 대학 학부의 학생 수는 거의 30퍼센트 이상 증가해 현재 1800만 명 정도에 이른 반면 리버럴 아츠 칼리지의 학생 수는 거의 그대로이다. 맥퍼슨과 샤피로의 보고서에 따르면 리버럴 아츠 칼리지는 대규모 대학에 속하지 않는, 독립적인 4년제 기숙형 칼리지residential college를 뜻하는데, 이곳의 대다수 학생들이 공부하는 것은 간호학이나 컴퓨터 프로그래밍 같은 특정 직업과 관련된 과목이 아니다. 최근에는 전통적인 대학생 연령대보다 나이가 많은 대학생들이 늘고 있는데 이들 중 상당수는 직업훈련 위주의 통

---

* liberal arts college. 인문학과 순수 자연과학에 걸친 폭넓은 교양교육을 위주로 하는 학사과정 중심의 4년제 대학을 가리킨다. 유럽에서 유래했지만 미국의 독특한 고등교육기관으로 자리잡았다. 대부분 학생 수 1000~3000명 정도의 소규모 사립 기숙형 칼리지로 운영되고 있다.

학형 대학*이나 사이버 대학에 다닌다. 이들은 대개 일과 공부를 병행하고 있어 졸업하기가 어렵고, 졸업한다고 해도 4년 이상의 시간을 필요로 한다. 앞으로 5년 후면 미국 학부생의 숫자가 2000만 명을 넘어설 것으로 추산되며 오바마 미 대통령은 이러한 증가 추세를 더욱 가속화하고 싶어한다. 그러나 이중 아주 일부의 학생들만이 전통적인 의미의 대학에 다니게 될 것이다.[7]

어떤 맥락에서든 질문은 그대로다. 문제의 핵심은 무엇인가? 얼마 전 동료 교수 마크 릴라가 대학에서의 첫해를 끝마쳐가는 컬럼비아 칼리지의 신입생들을 대상으로 강연할 때 이 문제를 잘 건드려주었다. 물론 청중은 통상 '명문'으로 분류되는 칼리지의 학생들이었다. 학생들은 남녀의 성비가 대체로 고르고 불과 몇 년 전보다도 인종적으로 더욱 다양해졌다. 10명 중 1명은 해외 태생이거나 부모 중 한쪽이 외국인인 '국제' 학생이었다. 대학생들의 유니폼이라 불러도 좋을 엇비슷한 티셔츠와 청바지 차림에서 개개인의 경제적 상황을 판가름하기는 어렵지만, (다른 아이비리그 대학교보다는 다소 높은 비율인) 대략 7명 중 1명 정도는 저소득층 자녀들을 위한 연방정부의 학비 보조금인 펠그랜트Pell Grant 혜택을 받고 있을 것이다.

강연 시간이 되자 학생들이 줄지어 강의실로 들어왔다. 학생들은 새로 맺은 친구 관계를 증명하듯 다들 보는 앞에서 포옹을 하기

---

* 여기서 통학형 대학은 미국의 전통적인 기숙형 대학에 상대되는 개념이라 볼 수 있다. 기숙형 대학은 단순히 기숙사가 있는 대학을 의미하기도 하지만 이 책에서 언급되는 기숙형 대학은 학습 활동과 공동체 활동을 융합한 전통적인 학부교육을 제공하는 것을 목표로 한다.

도 하고 최근에 이별했음직한 친구들은 서로의 시선을 피하기도 했다. 학생들은 피곤해 보이기도 편안해 보이기도 했다. 그들은 자리에 앉자마자 아이폰이며 노트북들을 꺼내놓기 시작했다. 학생들 대부분은 몰입해서 강의를 들었지만, 몇몇 기기들은 강의 내내 환하게 켜져 있었다. 릴라 교수가 그들이 대학에 오게 된 과정과 이유에 대해 다음과 같은 추측을 내놓자 아마도 수긍의 의미일 듯한 낮은 웃음소리가 학생들 사이로 번졌다.

대학에 합격하기 위해 여러분들은 유독 미국인들이 '인생 목표'라 부르는 것에 대해 소신 있는 태도를 보여야 한다고 생각했을 것입니다. 그리고 그 목표를 성취하기 위한 뚜렷한 청사진을 갖고 있다는 것도 증명해야 했겠지요. 현명한 전략이었지만 사실 모두 헛소리에 불과합니다. 여러분도 나도 알고 있어요. 대학에 오고 싶었던 진짜 이유는 인생의 청사진이나 파워포인트 프레젠테이션 때문이 아니라 한아름의 질문 때문이라는 것을요. 내 학생들도 그렇게 말하더군요. 자신들은 대학에서 원하는 걸 얻는 데 관심이 없다고, 대신 원할 만한 게 무엇인지 알고 싶다고 말입니다.[8]

대학에서 가르치는 사람이라면 학생들을 대신해 이러한 질문에 답하려 해서는 안 되지만 그런 일은 종종 벌어진다. (학생을 자기 추종자로 포섭하는 일은 가르치는 직업에 늘 따라붙는 위험 요소다.) 선생의, 그리고 대학 일반의 책무는 학생들이 스스로 이 질문에 대한 답을 찾게끔 도와주는 것이다.

물론 컬럼비아와 같은 대학의 학생들이 누리는 이점은 많다. 명문대 출신이라는 조건은 기업이나 정부, 고등교육기관의 요직을 차지하는 경쟁에서 유리한 고지를 점할 수 있게 많은 도움을 준다. 학생들은 이전에 경제적으로 불리한 상황이었더라도 입학과 동시에 이미 자신이 원하는 것을 얻을 수 있는 방향으로 나아갈 추진체 같은 것을 확보했다고도 볼 수 있다. 비록 그 방향이 원할 만한 게 무엇인지 발견하게 해주는 쪽이라고 장담할 수는 없지만 말이다. 사실상 어떤 학생들에게 이 질문의 난이도는 자신들이 가진 선택지의 수에 비례해 가중된다. 대학에 들어온 많은 학생들은 생애 처음으로 부모와 떨어져 지내는 생활을 경험하지만, 요즘처럼 페이스북, 스카이프, 구글 채팅 같은 것들이 갖춰진 시대에 완전한 분리란 불가능하기도 하다. 학생들에게 선택지는 무한해 보일 수 있지만, 사실 부모의 기대를 비롯한 강력한 힘들이 계속해서 이들을 속박하는 셈이다. 경제적으로 형편이 좋지 않은 학생들이 직면하게 될 어려움은 특수할 수 있겠지만 특권층 출신의 학생들도 어려움을 겪기는 마찬가지다.[9]

대학은 학생들 사이의 이러한 격차를 없애지 못한다면 좁히기라도 하는 시간을 제공할 수 있어야만 한다. 모든 학생들이 공유하는 자아발견이라는 개념은 이제 갓 대학에 입학한 신입생들을 위한 격려사에서, 그리고 대학 문을 나서는 졸업생을 위한 송사에서 자주 등장한다. 사실 너무 자주 들먹여서 이것 역시 진부한 상투어가 되어버렸다. 다른 문화권에서는 그러나, 이런 점이 좀 이상하게 보일 수도 있다. 미국 대학은 유럽 대학과 근본적인 면에서 다른데, 유럽 대학은 학생들이 입학 전에 그들이 무엇을 원하는지 (그리고 무엇을 잘하는지) 알고 있다고 전제한다. 이런 점은 장구한 역사를

지닌 옥스퍼드와 케임브리지 같은 영국의 대학에서도 마찬가지이
다. 학생들은 열여덟 살 정도에 이런저런 주제의 책을 '읽기' 위해
대학에 지원하고, 일단 입학한 후에는 정규 공부를 위해 선택한 분
야 바깥으로는 좀처럼 모험을 감행하지 않는다. 이와 대조적으로
미국에서는—부분적으로는 여전히 다른 나라를 웃도는 경제력 때문
이겠지만—다른 기회들을 시험해볼 기간을 연장하고 최종 결정을
내려야 하는 시점을 미루려 한다. 열일곱 살에 정규 교육을 마친
허먼 멜빌은 1850년에 "포경선은 나의 예일 대학이며 하버드 대학
이었다"고 썼다. 여기서 멜빌은 "대학"이라는 어휘를 (오늘날의 표
현대로 하면) "자아를 발견한" 장소의 이름으로 사용한 것이다.

몇 년 전 우연히, 버지니아 주 서남부에 있는 작은 감리교파 대
학인 에모리앤드헨리 칼리지에 다니던 한 학생이 쓴 일기장 원본
을 본 적이 있다. 공교롭게도 이 일기 역시 1850년에 쓴 것이다. 어
느 봄날 저녁, 대학 총장이 주관한 예배를 듣고 고민과 근심에 빠
진 이 학생은 이렇게 일기를 시작한다. "오, 주님께서 나에게 어떻
게 생각하고 어떻게 선택해야 하는지 알려주실 수 있다면." 희망과
간청 사이에 있는 이 문장은 오늘날 우리에게는 고루하게 읽힐 수
있다. 다는 아닐지라도 많은 학생들에게 신은 이제 간청의 대상이
아니며 설령 그렇다고 해도 모두가 같은 신을 같은 식으로 숭배하
는 대학에 다니지는 않는다. 미국의 많은 대학들은 특정 교파를 표
방하는 기관으로 출발했다. 그러나 오늘날 대학에서 종교란 개인
양심에 따르는 문제일 뿐이고 합의를 어겼을 때 처벌할 수 있는 학
칙은 적어서(심지어 표절과 같은 학문적 과오에 대한 처벌도 솜방망
이 수준이다) 대학 총장은 교리적, 도덕적 교정을 이유로 학생들의

사생활에 개입할 엄두를 내지 못한다. 대학이 정신적으로 권위를 지니던 시대는 끝난 지 오래다. 그렇지만 대학이 어떤 곳이어야 하는지에 대해 "나에게 어떻게 생각하고 어떻게 선택해야 하는지 알려달라"라고 표현한 것보다 더 나은 문구를 나는 지금껏 접하지 못했다. 깊은 생각을 이끌어내는 곳으로서의 대학은 젊은이들이 자신의 재능과 열정을 신중히 살펴보고, 스스로에게 참되고 타인에게 책임을 느끼는 방식으로 삶을 정비하기 시작하는 공간이고 또 과정이어야 하는 것이다.

2

이 같은 의견에 대해서는 많은 이견이 있을 수 있다. 우선 한 가지 이유는, 과거 또는 현재의 종교적 지향이 무엇이건 간에 모든 대학은 오늘날, 사상의 주입과 교육이 양립되기 어려운 세속적 다원주의의 맥락 안에 존재하기 때문이다.[10] 그리고 이런 점도 있다. 대학에 입학한 학생들은 대개 이미 습관과 태도가 형성되어 있다. 또 그 수가 늘어가는 '비전통적인' 학생들(즉, 나이 많은 학생들)은 직업을 구하거나 유지하는 일, 결혼을 하거나 지탱하는 일, 자식들을 돌보는 일에 매진하며 성인으로서의 책무를 다하고 있다. 많은 여대생들(이제는 남학생보다 여학생 수가 더 많다)이 벌써 아이를 키우고 있고 싱글맘인 경우도 종종 있다. 나이, 성별, 계층에 관계없이 오늘날 대학생들에게 (강의 듣고 페이퍼 쓰고 시험 보는 것과 같은 한정된 의미에서의) 대학생활이 일상생활에서 차지하는 비중은 1960~70년대에 성년이 된 우리 세대와 비교했을 때 상대적으로 작다. 디지털 소음, 로그인, 온라인, 부팅된 컴퓨터의 바다에 살고 있는 이들은 결코 '꺼지지' 않는 온갖 디지털 기기를 통해 문자 그대로 하루 24시간, 일주일 내내 서로가 서로에게 연결되어 있다.

대학 입시라는 힘든 통과의례를 치르고 명문대에 입학했더라도 이 학생들은 입학과 동시에 줄곧 졸업 이후 다른 대학의 잠재적 경쟁자들과 겨룰 준비를 해야 한다는 압박감에 시달린다. 이전 학업의 부족분을 메워야 하는 부담을 안고 있는 상당수의 개방대학* 학생들은 이른바 '같은 수준'에서 다른 대학생들과 경쟁하기는 어려울 것이다. 그러나 이들은 졸업 이후 인생에서의 성공 가능성을 믿고 학위를 받는 데 투자한 비용을 정당화하고자 더 큰 압박감에 시달리기 쉽다. 말하자면 대학은 (컬럼비아대 신문이 종종 언급했던) '진짜 세상'으로부터 잠시 벗어나 여유를 누릴 수 있는 공간의 성격을 점점 잃어가고 있다. 유형과 순위에 관계없이 모든 대학의 사정이 다 그렇다.

이러한 의견은 사실 전혀 새로울 게 없다는 점에서 반박될 여지도 많다. 스탠퍼드 대학(1891년 설립)의 초대 행정가들이 신입생들에게 대학에 오게 된 이유를 물었을 때였다. 학생들의 대답은 대부분 캘리포니아의 기후, 스탠퍼드대의 명성, 그리고 (당시에 해당되는 말이긴 하지만) 낮은 생활비에 관련된 것이었다.[11] 그로부터 20년이 지난 후 웨스턴리저브 대학의 총장이었던 근사한 학자풍 이름의 성직자

---

* open-admissions college. 정상적인 대학교육의 기회를 얻지 못한 사람을 대상으로 대학과정을 이수하게 하는 학교. 교육의 시기, 연령, 장소 및 학습 방법에 제한을 두지 않는 것이 특징이다.

찰스 트윙은 학생들이 "어려운 책과 수준 높은 사고"보다는 미래의 고용인들에게 "대학물 좀 먹었다"는 인상을 주는 데 관심이 더 많다는 것을 알았다. 비슷한 시기에 펜실베이니아 주립대의 한 영문학과 교수는 학생들이 수업에서 배우는 것에 대해 툭하면 이렇게 물어와 신물이 난다고 불평했다. "저기요, 교수님. 이런 게 나중에 취업하고 돈 잘 버는 데 무슨 도움이 되나요?"[12] 또 그로부터 50년 후, (하버드대와 옥스퍼드대에서 초빙교수로 잠깐 재직한 시기를 빼면 평생을 컬럼비아대에서 가르친) 저명한 비평가 라이어널 트릴링 역시 그의 학생들이 대학을 "단지 사회경제적 목적을 위해 자격증을 따는 과정"으로 여긴다고 생각했다.[13]

그러니 새삼스러울 것 없는 해묵은 이야기인 것이다. 대학생활을 배경으로 한 소설을 보면 작가의 눈을 통해 본 과거의 모습이 지금과 별반 다르지 않음을 알 수 있다. 마크 트웨인의 『바보 윌슨』(1894)에서 주인공은 미주리의 작은 마을에서 예일대로 진학하지만 음주와 도박이라는 두 가지 습관 말고는 얻은 것 없이 빈손으로 낙향한다. 에드거 앨런 포의 단편 「윌리엄 윌슨」(1839)에서 버지니아대는 술에 취한 대학생들이 온종일 도박하고 섹스하며 시간을 보내는 곳으로 그려진다. 이와 거의 비슷한 장면은 그로부터 165년 후에 출간된 톰 울프의 소설 『나는 샬럿 시먼스이다』(2004)에도 나온다. 이 소설에 묘사된 대학생들은 섹스할 때를 빼고는 맥주통 마개에 입이 영영 들러붙은 것처럼 맥주통에서 떨어질 줄을 모른다(물론 두 가지가 동시에 가능한 능력자들이 간혹 있기는 하지만). 좀더 최근작인 샘 립사이트의 소설 『질문』의 화자 역시 1970년대의 대학 시절을 하우스메이트들과 "그 고장 맥주를 마시고 집에서 재배

한 마리화나를 피우던" 때로 회상한다.

대학 4학년 때 나는 '음주흡연관*'의 값싼 방으로 들어갔다… 천장에 파란 전구를 끼우고 잤는데, 홀로 잠들기 일쑤였다… 거실에서는 사람들과 술을 마셨는데… 무리 중에는… 학생인 것 같기도 하고 아닌 것 같기도 한 어떤 사내도 끼어 있었다. 메탐페타민 중독기가 있는 걸로 보아 그는 수습 화학자처럼 보이기도 했다.[14]

이러한 소설들은 대체로 사실에 근거한 회상에서 나온다. 최근의 한 구술사 자료를 보면 (후에 뉴욕 몬터피오레 병원을 혁신적으로 이끈) 저명한 내과의사 스펜서 포먼은 1950년대에 다녔던 작은 규모의 리버럴 아츠 칼리지를 이렇게 묘사하고 있다. "의예과 학생과 비의예과 학생의 차이는, 의예과 학생은 목요일 밤부터 술을 마시고 나머지 모든 학생은 매일 술을 마신다는 것이다."[15] 대학생활을 언급할 때 학생들이 다음날 경건히 학업에 정진하기 위해 밤시간에 숙면을 취하고(물론 혼자) 일찍 자고 일찍 일어나는 일종의 황금기로 묘사한다면 그 말을 곧이곧대로 믿지 않는 게 좋다. 대학생활이 그랬던 적은 결코 없었다.

사실 대학은 그 역사의 오랜 기간 동안 부모들이 자식들에게 "일시적 구금형을 선고해" 보내는 유사 교도기관 역할을 했다.[16] 하버드대 창립자들은 재정 문제 때문에 옥스퍼드대나 케임브리지대처럼 돌담과 경비원이 지키는 문으로 둘러싸인 사각형 안뜰을 지을

---

* 기숙사를 일컫는다.

수 없자 대신 대학 구내를 높은 울타리로 둘러쳤다. 소와 염소들이 들어오는 것을 막기 위해서라기보다 학생들을 그 안에 가두기 위함이었다.[17] 오늘날 대학이라고 할 때 우리가 떠올리는 이미지는 그와 정반대다. 대학에 가는 것은 속박 없는 자유로운 놀이터로 풀려나는 것과 같다.

과거에 비해 대학생들에게 더 많이 주어진 자유의 가장 두드러진 사례는 말할 것도 없이 성의 자유다. F. 스콧 피츠제럴드나 J. P. 마퀀드가 작품에서 묘사했듯 과거의 대학생들에게 섹스는 은밀한 과외활동이었다. 이들 작품 속에 나오는 프린스턴대나 하버드대 남학생들은 부모가 맺어준 정혼한 아가씨와 결혼할 때까지 기다리지 못하고 매춘부나 접대부와의 하룻밤으로 성욕을 해소한다. 그로부터 두 세대 후 필립 로스의 작품에서는 데이트 상대인 "같은 학교 여학생"이 혼자 기숙사로 돌아가야 하는 마지막 순간, 몸이 단 남학생이 더이상 참지 못하고 여학생을 "어둠 속에서 나무에다 대고 밀어붙인다"는 식으로 묘사된다. 오늘날 대부분의 대학교에서 이런 이야기는 고대사의 한 장면처럼 여겨질 뿐이다. 몇 년 전 미국 동북부에 위치한 이름난 대학교의 '기숙생활지원처'에서는 "기숙사 방에 룸메이트가 있을 경우 어떤 성행위도 금지"하는 규칙을 어쩔 수 없이 제정해야만 했다.[18] 룸메이트가 동참하기를 원할 경우에 한해서는 규칙 적용이 면제되겠지만.

지난 반세기 동안 대학생활에서 가장 두드러진 변화는 이러한 자유의 증대다. 비단 성의 자유뿐만 아니라 태도와 품행의 자유라 불릴 수 있는 것도 확장되고, 전공 분야와 교과과정이 매우 다양해지면서 선택의 자유도 폭넓어졌다. 게다가 가치 결정권자로서의 대학 역할이 거의 사라지면서, 가장 중요하다 할 만한 판단의 자유 또한 증대되었다. 졸업을 위한 필수과목을 지정하는 학교는 상대적으로 많지 않고, 교과과정을 안내하는 카탈로그는 백과사전 같기도 하고 판에 박힌 중국식당 차림표 같기도 하다. 그래서 선택의 폭이 훨씬 좁은 자연과학 분야를 전공하는 경우를 제외한다면 학생들은 교과과정 카탈로그에서 이것저것 조금씩 골라 맛보듯 수강 신청하기 마련이다.

이런 상황은 한 가지 아이러니를 초래한다. 오래된 대학들은 홍보자료를 통해 자신들의 유구한 역사를 은근히 과시하지만(오래전 소스타인 베블런이 "그럴싸한 인쇄물"을 통해 대중들에게 "팔리기 좋은 환상"을 심어준다고 묘사한 것처럼), 정작 대학 내부에서는 과거를 쓸데없이 참견하는 이사진, 전횡적 총장, 뭐 하나 제대로 아는 게 없는 '늙다리' 교수들이 지배했던 암흑기라고 깎아내린다.[19] 이렇게 비난의 대상이 되는 과거의 흔적은 사실 얼마 전까지도 남아 있었다. 내 기억 속에는 대학 도서관 직원이 열람실을 돌아다니다가 의자 등에 몸을 깊숙이 파묻고 발을 탁자 위에 걸치고 있는 학생들을 보면 신발을 톡톡 건드려 바르게 앉도록, 아니 그보다는 잠에서 깨어 바닥에 발을 내려놓도록 했던 장면이 남아 있다.

그런 일들이 사라진 것은 사실 후련하기도 하다. 그러나 얼마 전 한 대학의 교목校牧이 지적했듯이 오늘날 대학생들은 "어렵게 얻은 자율권을 지키고 싶어하지만, 다른 한편으로는 그러한 자율권이 초래한 결과에 대해서는 대학 당국에 도덕적 책임을 질 것을 요구"하는 듯 보인다. 대학 당국은 대리 부모의 역할을 포기했지만, 예를 들어 자극적인 '증오 연설hate speech' 같은 문제가 발생하면 학내

일에 부모처럼 개입하지 않았다고 비난받기도 한다. 부모 역할을 하려는 학교가 있다 해도 대부분은 자식을 응석받이로 키우는 식에 가깝다. 자연과학 분야를 제외하면, 특히 명문대에서는 과락하는 사례가 드물다. 시험 부정행위도 사관학교를 제외한 학교에서는 사소한 과실로 취급되곤 한다.

3

대학의 문화는 이처럼 여러 가지 큰 변화들을 겪어왔다. 19세기 후반 선택과목이 도입되고 의무 예배가 폐지된 것처럼 서서히 자리를 잡은 사례도 있고, 1960년대 후반 대학 기숙사 내의 이성 방문을 제한한 규칙이 폐지된 것처럼 급작스럽게 나타난 변화도 있다. 대학생들의 소위 '학업 스타일'에도 큰 변화가 생겼다. 여러 대학에서 학생들을 가르친 문화비평가 칼린 로마노는 오늘날 많은 학부생들이 "처음부터 끝까지 책 한 권 완독하라는 요구를 조깅 정도나 하는 사람에게 마라톤 풀코스를 뛰라고 하는 것만큼이나 부당한 처사"로 받아들인다고 지적한다. 이런 문제 때문에 어떤 교수들은 과외 시간에 학생들을 모아 『실낙원』이나 『율리시즈』 같은 긴 작품을 강독하기도 한다. 뉴저지 칼리지의 사회학자 팀 클라이즈데일은 "신新 인식론"이라는 개념을 내놓았는데, 이는 학생들이 더이상 "학교나 교수에 대해 경외하는 마음을 품지 않고, 일방향적 강의를 듣는 데 만족하지 않으며 알아야 할 것이 무엇인지를 교수자가 결정하는 것을 좋아하지 않는" 상태를 의미한다. 오늘날 학생들은 "어떤 지위, 어떤 지식에도 권위가 주어질 수 있다는 사실을 충분히 인식하는" 상태로 교실에 앉아 있으며 "그 결과 교수가 진리라고 하거나 중요하다고 하는 것에 대해 속으로는 미심쩍어하는" 태도를 갖는다는 것이다. 하버드대 영문학과의 루이스 미낸드 교수가 보기에 대학교수들은 아직도 "지식을 전수하는 오래된 선형적 강의 모델(한 가지 생각의 갈래를 제시하고 50분 후 지적 클라이맥스에 도달하는 독백식 강의 모델)을, 단시간에 급속도로 쏟아지는 다양한 정보들을 다루는 데 익숙한 세대의 학생들에게" 그대로 적용시키고 있다.[20] 사실 학생들의 머릿속에서 벌어지는 일과 교수의 머릿속에서 벌어지는 일 사이의 간극은 언제나 존재하며, 교수들이 겨우 학생들의 속도를 따라잡을 만하면 새로운 성향을 가진 새로운 학생들이 들어와 결국 똑같은 일이 반복된다. 1960년대에는 사회적, 정치적 이슈들에 대해서 학생들이 교수보다 급진적인 편이었다면, 2010년대의 상황은 그 반대에 가깝다.

프린스턴대 총장을 지낸 윌리엄 보엔의 책상 위에는 늘 같은 자리에 석고틀 달력이 놓여 있는데, 이 달력에는 자연주의자 존 버로스의 격언이 적혀 있다. "항상 새로운 시간! 과거란 붙잡아둘 수 없는 것."[21] 좋은 말이다. 하지만 본질적인 면에서 대학이 거의 달라지지 않았다고 해도 역시 말이 된다. 신임 대학 총장들은 자신이 미국에서 가장 변화 속도가 느린, 심지어 우체국보다도 느린 기관에 막 발을 디뎠음을 금세 깨닫는다. 오하이오 주립대의 경제학자 리처드 베더가 기업인을 대상으로 한 강연에서 이런 말을 하면 영락없이 웃음이 터진다. "매춘업을 제외한다면 소크라테스 시대 이래 2400년 동안 가르치는 일만큼 생산성이 향상되지 않은 직업도 없을 겁니다." 2008년 금융위기가 발발하기 직전, 존스홉킨스 대학교의 전임 총장 윌리엄 브로디는 "1900년경의 (대학) 강의실에 갔다가 오늘날의 대학 강의실에 가면 그 풍경이 거의 똑같아 보일 것이다. 그러나 1900년의 자동차 공장에 갔다가 오늘날의 자동차 공장에 간다면 같은 곳인지 알아볼 수 없을 것"이라고 촌평했다.[22]

학계를 이끄는 가장 강력한 힘이 타성이라는 것은 아마도 맞는 말일 것이다. 그러나 베더의 농담은 그의 의도와는 달리 매춘업과 가르치는 일이 규모의 경제학을 통해서는 발전할 수 없다는 뜻으로 해석될 수도 있다. 브로디의 거북스러운 비교도 사실 시기적절하지 않았던 게, 몇 달 후 금융위기가 닥쳤을 때 (포드를 제외한) 자동차 회사들이 도산 위기에 처한 반면 대학들은 그럭저럭 고비를 넘겼다. 그의 지적이 정확하다고 보기 어려운 점은 또 있다. 1900년의 강의실이라면 신생 여자대학교가 아닌 이상 여학생을 찾아보기 어려웠을 것이며 터스키기 대학교, 하워드 대학교, 모어하우스 칼리지* 같은 곳이 아니라면 유색인종을 찾아볼 수 없었을 것이다. 그러나 1900년의 교수법이 오늘날의 교수법과 같다는 것은 틀린 말이 아니다. 물론 파워포인트가 없고 옷차림이 좀 다르겠지만 그 외에는 별반 차이가 없을 것이다.

내 생각에는 학생들도 별로 달라지지 않았다. 학생들은 언제나 목적을 찾고 있다. 자신의 재능과 목표에 대해 늘 확신하지 못하고 부모와 '시장'이라는 추상적 존재의 노골적이거나 은근한 요구를 받아들인다. 이런 압박감을 못 이기고 부정행위나 폭음에 빠져드는

---

* 남북전쟁 직후 흑인들을 위해 세워진 대학들.

학생들, 만성 불안이나 우울에 시달리는 학생들에 대한 이야기가 최근 자주 언급되고 있는데, 이는 마땅히 짚고 넘어가야 할 문제이다. 아마도 요즘 들어 이런 문제들이 잦아지면서 우리의 관심도 따라 커졌을 것이다.[23] 그러나 이런 문제가 최근에 불거진 새로운 현상이라고 생각하기 전에 해리엇 비처 스토의 1871년 작품*에 등장하는 남자 주인공의 대학 4학년 시절의 회상을 들어보자.

대학 4학년 무렵 "네가 잘하는 건 뭐냐?"라는 질문이 종종 악몽처럼 나를 덮쳐왔다. 대학에 입학할 때만 해도 모든 것들이 멀어 보이고 황금빛이고 또 규정되지 않아 보여서, 나는 세상에 이름 붙여진 어떤 일이라도 잘해낼 수 있을 거라 확신했다. 인류가 그간 이뤄낸 것들 중에서 성취 불가능해 보이는 건 아무것도 없었다. 부, 특권, 명성, 그 어떤 것이라도 누군가 자력으로 일굴 수 있다면 나 역시 그렇게 해낼 수 있다고 믿었다.

하지만 대학에 들어와 실제로 주어진 과제를 하고 다른 사람들과 토론하고 부딪치며 다양한 경험에 휘둘리다보니 자존감은 갈수록 낮아지고 혼자 있는 시간이면 어떤 사악한 천재가 나타나 침대 옆이나 벽난로 옆에 앉아 거만하게 나를 내려다보며 이렇게 말하는 것 같았다. "네가 잘하는 건 뭐냐? 뭘 위해 그렇게 많은 수고와 돈을 너를 위해 바친 거지? 넌 아무것도 못 될 거야. 기껏 네 가련한 어머니를 실망시키고 제이콥 삼촌 얼굴에 먹칠이나 하게 되겠지." 눈앞에 아무것도 이루지 못한 자신의 모습이 떠올라 급기야 자

---

* 『아내와 나My Wife and I』를 뜻한다.

기 육체와 영혼, 정신 등 모든 것이 결국 실패작은 아닐까 고민하는
자의 비관보다 괴로운 일이 이 세상에 또 있을까? 그는 어떤 목적도
이루지 못하도록 태어나느니 차라리 태어나지 않는 편이 나았겠다
고까지 생각할 것이다…[24]

어휘 몇 개만 조금 바꾼다면 오늘날 쓰였다고 봐도 무방할 글이다.
그때나 지금이나 학생들 대부분은 그들이 왜, 무슨 목적으로 대학
에 와 있는지 명확히 알지 못한다. 어떤 학생들은 줄곧 방황과 권
태, 혼란에 빠져 있는가 하면, 또다른 학생들은 시종 냉정하게 보
상만을 추구한다. 그리고 나머지 대부분의 학생들은 그 둘 사이에
서 뭔가 관심 쏟을 만한 일을 찾아 헤맨다.

오늘날 미국의 대학들에서 무슨 일이 벌어지고 있는지 할말이
있는 사람들(학생, 교수, 행정직원, 동문, 기부자, 주의회 의원, 이사
진 등)에게 이 모든 것은 무슨 의미일까? 이는 분명 대학이 단순히
인간관계를 맺고 증명서를 부여하는 곳이 아니라 '대학'이라는 말
이 갖는 한층 넓고 깊은 의미를 배우는 곳이 되어야 할 책무가 있
음을 의미할 것이다. 또한 모든 학생들이 학교라는 그늘 아래 누리
는 재미나 취업지원처 서비스 이상의 무언가를 받을 자격이 있음
을 의미하기도 한다. 『인생을 바꾸는 대학』이라는 베스트셀러 제목
처럼 훌륭한 대학은 여전히 혁신적인 역할을 할 수 있다. 이 책은
기부금 액수 순위와 거의 동일한 대학 순위를 제공해온 기존의 대
학 안내서(『배런스』『프린스턴 리뷰』『유에스 뉴스 앤드 월드리포트』)
의 반가운 대안으로 자리매김했다.

이런 모든 이유들 때문에, 늘 상위권을 차지하는 대학들이 풍부

한 자원과 (그들이 즐겨 주장하는) 최고의 인재들을 보유하고도, 그들의 의무를 외면하는 모습을 지켜보는 일은 특히나 고통스럽다. 하버드 칼리지 학장을 지낸 해리 루이스가 지적했듯, 이들 상위권 대학은 "학생들이 경제적으로 성공할 요량으로 대학에 다닌다고 우려하는 척할 뿐 정작 학생들에게 대학교육의 목적에 대한 일관된 관점도, 인생의 원대한 목표를 어떻게 스스로 찾아갈 수 있는지에 대한 길잡이도 제공하지 못하고 있다." 그는 대학의 "서비스센터 개념"에 대해 비판했는데 이는 단순히 하버드 칼리지만을 겨냥해서 한 말은 아니었다.[25] 이는 적어도 소크라테스 이래 진정한 교사들이 학생들에게 요구해왔던 것을 모든 대학이 실행에 옮길 것을 촉구하는 발언이었다. 즉 진지한 자기성찰에 착수하라는 것이다.

4

그렇다면 "왜 대학에 가는가?"라는 질문에 대한 오늘날의 일반적인 답은 무엇일까. 기본적으로 세 가지 답변을 생각해볼 수 있다. 가장 흔한 답은 경제적인 이유로 대학에 간다는 것인데, 이는 다음 두 주장이 연결된 답변이다. 하나는 대학교육을 받는 사람이 많아지면 국가 경제의 건전성이 증진된다는 것이고, 다른 하나는 대학에 가는 것이 국가 구성원 개인의 경제적 경쟁력을 높여준다는 것이다.

정치가들은 첫번째 이유를 강조하는 경향이 있다. 클린턴 행정부 당시 교육부 장관을 지낸 리처드 라일리의 언급에서도 이런 점이 드러난다. 자주 인용되곤 하는 이 말의 요지는 점점 불확실해지는 미래를 위해 미국의 근로자들을 교육해야 한다는 것이다. "우리는 지금, 아직 문제인지 여부를 알 수 없는 문제를 해결하기 위해 아직 발명되지 않은 기술을 이용해 아직 존재하지 않는 직업에 맞게 학생들을 훈련시키고 있다." 같은 말을 오바마 대통령은 좀더 간략히 요약했다. "교육에서 오늘 우리를 앞선 나라들은 내일의 경쟁에서 우리를 앞설 것이다."[26]

두번째 경제적 이유, 즉 개인의 경쟁력과 관련해서는 이미 오래전에 대학 학위가 고등학교 졸업장을 대신해 전문 기술을 요하는 노동시장에 진입하기 위한 최소한의 요건이 되었다. 그리고 대학 졸업자의 평생 소득이 비학위자에 비해 높다는 것을 증명하는 예는 허다하다. 믿을 만한 통계에 따르면 학사학위가 있는 사람의 평생 소득이 학사학위가 없는 사람보다 평균 60퍼센트 이상이 많다. 평생 소득에서 학사학위가 갖는 가치를 약 100만 달러 정도로 추산하는 사람도 있다. 좀더 보수적인 분석가들은 학위를 취득하는 데 드는 비용을 감안해 그 가치를 더 낮게 추산하지만, 대학에 가는 한 가지 이유가 개인의 돈 버는 능력을 증대시키는 데 있다는 사실에는 달리 반박의 여지가 없다.[27]

그런 경제적인 이유에만 국한시켰을 때, 고등교육을 받은 미국 젊은이들의 인구 비중이 다른 선진국에 비해 뒤처지고 있다는 사실은 우려스럽다. 어느 정도 뒤처지고 있는가에 대해서는 의견 차이가 있지만 고등교육 분야에서 미국의 지배적 우위가 위협받고 있으며 더이상 그 우위를 당연시할 수 없다는 점에는 대체로 의견이 일치한다. 미국은 역사상 처음으로 전 세대에 비해 교육의 혜택

을 덜 받은 젊은 세대를 맞이하게 될 전망이다.[28]

전반적인 상황이 이처럼 우울한데, 몇몇 세부 지점은 특히나 더 우려스럽다. 한 가지는 (타국과 비교한) 학위 취득률의 정체 혹은 감소세가, 현재 미국 인구에서 그 비중이 증가하고 있는 소수집단 층에서 특히 두드러지게 나타난다는 점이다. 다른 한 가지는 경제적 조건과 교육의 기회가 놀라울 정도로 높은 상관관계를 보인다는 점이다. 한 조사 결과에 따르면 연소득 9만 달러 이상인 가구의 자녀가 스물네 살에 학사학위를 취득할 확률은 약 50퍼센트이며, 연소득 6~9만 달러인 가구의 자녀일 경우 그 확률이 약 25퍼센트로, 3만 5000달러 이하인 가구의 자녀인 경우 약 5.9퍼센트로 낮아지는 것으로 나타났다.[29]

게다가 대학 진학자 중에서 부유한 가정 출신의 뛰어난 학생들이 명문대에 갈 확률은, 평점과 시험 점수가 비슷한 가난한 가정 출신 학생에 비해 4배 더 높았다.[30] 명문대(대학의 명성은 선별 수준의 까다로움과 거의 정확하게 호응한다)가 기업, 법조계, 정부 등의 요직으로 건너가는 관문 구실을 한다는 사실은 '최고'의 대학이 우리 사회의 불평등 수준을 끌어내리기보다 외려 공고히 하고 있다는 뜻이기도 하다. 그럼에도 대학은 여전히 미국인의 삶에서 사회 이동을 작동시키는 엔진으로 간주되고 있다. 그러니 대학이 지금보다도 더 부의 대물림을 되풀이하는 체제가 된다면, 이 얼마나 부끄러운 일일 것인가.

경제적 사안에 대해서라면 흔히 그렇듯 지배적 관점에 반대하는 사람들은 늘 있기 마련이다. 우파 노선에 있는 사람들은 개인이나 학교에 대한 보조금을 늘리는 식으로 고등교육에 더 많은 공적 투자를 쏟아붓는 것은 바람직하지 않다고 말한다. 정부 기금이 등록금 인상의 구실이 된다는 것이다. 이들은 대학교육의 기회를 보편화하려는 목표를 순진한 환상 정도로 치부하며, 대신 유럽 국가들처럼 일찌감치 아이들에게 시험 점수에 따른 수준별 맞춤 교육을 제공하는 선별 제도를 도입해야 한다고 주장한다. 즉 점수가 낮은 아이들에게는 반숙련 노동자나 공무원이 될 수 있는 직업훈련을 시키고 점수가 높은 아이들에게는 고등교육을 시켜 외교관이나 의사 등이 될 수 있도록 하자는 것이다.[31]

좌파 노선에 있는 사람들은 "돈과 시간을 들여 대학에 갈 형편이 못 되는 저소득층 학생들"이 낮은 졸업률과 높은 부채라는 위험을 감수하면서까지 대학에 가는 게 과연 타당한지 의문을 제기한다. 이런 회의론자들은 향후 10년간 생겨날 새로운 일자리 대부분이 대학 학위를 필요로 하지 않을 거라는 점도 지적한다. 이런 관점에서 보면 "교육이라는 복음"은 "실질적으로 가족과 자녀들에게 안전성을 제공해줄 수 있는 것, 즉 합당한 보수를 주는 안정적 직장, 탄탄한 노조, 저렴한 의료보험과 교통수단 사용" 등으로부터 멀어지게 하는 잔인한 유혹과도 같다.[32]

우리는 이러한 두 가지 입장 중 어느 한쪽에 서거나 아니면 두 입장의 중간지대에 서되 그럼에도 여전히 보편적 대학교육의 기회라는 목표를 지지할 수도 있다. 이 문제를 공론의 대상이 되고 있는 다른 사안에 빗대어 생각해보자. 우리는 흡연을 없애면 흡연으로 유발되거나 악화되는 폐암, 폐기종, 심장병, 당뇨 같은 질병들을 치료하는 데 드는 수십억 달러 규모의 막대한 비용을 아낄 수 있다는 말을 종종 듣는다. 그러나 흡연율을 줄여 이러한 질병의 발생률을 낮추면(사실 이는 최근 몇십 년간 공공의료 부문에서 이룬 주요 성과이기도 하다) 우리가 부담해야 할 관련 비용이 오히려 증가하는 역설을 초래할 수도 있다. 비흡연자들의 수명이 길어지면서 결국 만성질환과 노화로 인한 심신 쇠약에 값비싼 치료비가 들어갈 것이기 때문이다. 그러나 어느 누가 흡연을 줄여 장수와 건강한 삶의 가능성을 높이는 것이 바람직하지 않다고 생각하겠는가. 그러니까 사회적 비용이나 이익을 통해 효과를 측정하는 방식으로는 핵심을, 아니 적어도 전부를 이해하기는 어렵다는 얘기다. 금연을 권장하는 본질적인 이유는 비흡연자가 더 나은 삶을 영위할 가능성이 높기 때문이다.[33] 마찬가지로 누가 대학에 가는지, 대학교육이 이들에게 미치는 영향이 무엇인지 등 우리가 대학에 관심을 갖는 본질적인 이유는, 대학교육이 경제적인 면에서 사회에 주는 득실 때문이 아니라 측정 가능한 방식으로든 측정 불가능한 방식으로든 개인들에게 줄 수 있는 다른 무언가가 있기 때문이다.

5

비록 정치가들에게서 직접 듣기는 어렵지만 대학의 중요성을 지지하는 두번째 논거는 정치적인 것이다. 이는 민주주의를 위한 논거이기도 하다. 18세기 말 토머스 제퍼슨이 이야기했듯이 "정부의 근간을 이루는 것은 국민의 의견이다." 새로운 공화국이 번영하고 존속하려면 무엇보다도 교육받은 시민이 필요하다는 게 제퍼슨의 강한 신념이었다. 매사에 제퍼슨과 의견을 달리했던 존 애덤스도

이 문제에서만큼은 "모든 국민은 '모든 국민의 교육'에 대해 책임을 지고 그 비용을 기꺼이 부담해야 한다"며 의견을 보탰다.[34]

이는 과거 어느 때보다 오늘날 더 시의적절하게 들린다. 우리는 매일 회유와 설득의 공세에 시달리는데, 그 대부분은 우리의 충성심이나 돈, 더 좁게는 표를 얻기 위해 고안된 왜곡과 기만들(광고, 정치적 호소, 온갖 전문가연하는 의견 등)이다. 의료보험 개혁 문제를 두고 어떤 이들은 국가 부도를 걱정하고, 또다른 이들은 진작 실현되었어야 할 정의라 말한다. 낙태를 사탄의 행위로 바라보는 사람들이 있는가 하면, 어떤 이들은 여성에게서 원치 않는 임신을 중단할 권리를 빼앗는 것은 일종의 학대라고 생각한다. 어떤 이들은 차터스쿨*이 와해된 공교육에 대한 구원책이 될 거라 자신한다면, 또다른 이들은 반대로 차터스쿨이 공신력이 없다고 확신한다. 핵에너지가 화석연료에 대한 최고의 대안이라 믿는 사람들이 있는가 하면, (특히 2011년 일본 쓰나미 발생 이후) 아마겟돈이 곧 일어날 것처럼 말하는 사람들도 있다. 이처럼 의견이 충돌하는 사안들을 나열하자면 끝이 없는데, 시민들은 이 사안들을 두고 어느 한쪽 견해를 취하거나 어떤 식으로든 개입하지 않으면 안 된다. 그렇기 때문에 제대로 기능하는 민주주의를 유지하는 열쇠는 선동 행위와 합리적 주장을 구분할 수 있는 시민들에게 있는 셈이다.

100여 년 전 옥스퍼드 대학에서 도덕철학을 가르쳤던 존 알렉산더 스미스는 이 문제의 핵심을 잘 포착했다. 스미스 교수는 신입생

---

* charter school. 주정부 및 지방정부 당국의 규제나 간섭 없이 학부모, 교사, 지역 단체 등으로 구성된 공동위원회가 자율적으로 운영하는 미국의 특수한 공립교육기관을 말한다.

들에게 이렇게 말했다. "제군들(그 당시 학생들은 모두 남자였다), 이 곳에서 배우는 것들 중 졸업 후 여러분의 인생에서 실용적으로 쓰일 것은 하나도 없을 것입니다. 단, 이것 한 가지는 있어요. 여러분이 열심히 영리하게 공부한다면, 앞으로 누군가 헛소리rot를 할 때 이를 알아챌 수 있을 거라는 점입니다. 그것이 대학교육의 유일한 목적까지는 아니더라도 주요한 목적이라고 나는 생각합니다."[35] 미국인이라면 영국인이 사용하는 한 음절어 'rot' 대신 두 음절의 유의어 'bullshit'을 사용했을 텐데 그렇다면 이 말을 이렇게 옮길 수 있을 것이다. 대학에서 얻을 수 있는 가장 중요한 것은 제대로 작동하는 헛소리 탐지기bullshit meter이다.[36] 이 기술이 쓸모없어지는 날은 절대로 오지 않을 것이다.

이런 식으로 얘기하면 주제넘게 들릴지도 모르겠지만 간과할 수 없는 중요한 문제가 하나 더 있다. 민주주의를 위한 교육이라는 문제는 교육 기회의 확대뿐 아니라 민주 시민에게는 어떤 교육이 필요한가와 같은 화두도 내포한다. 지금 예일대 학부생들을 상대로 명저 읽기 프로그램을 가르치고 있는 예일대 로스쿨의 전임 학장 앤서니 크론먼은 이러한 맥락에서의 대학교육의 필요성을 역설했다. 『대학의 종말: 왜 우리의 대학은 삶의 의미라는 문제를 포기했는가』라는 이중적 의미를 갖는 제목의 저서*에서 크론먼 교수는 대학이 서양문화를 형성한 사상들을 소개하는 입문 과목(예일대에서는 선택과목이지만 컬럼비아대에서는 필수과목이다)을 개설해야 한

---

* 원제목 'Education's End'에서 'end'가 '종말'과 '목적'이라는 두 가지 의미를 갖고 있음을 가리킨다.

다고 주장한다. 예일대에서는 (상대적으로 적은 수인) 신입생의 약 10퍼센트 정도가 '디렉티드 스터디스*'라는 이 프로그램을 수강하고 있다. 컬럼비아대에서는 모든 학생들이 '중핵 교육과정Core Curriculum'을 이수해야 한다. 이 프로그램에서는 학생들을 무작위로 분반하기 때문에(한 반의 최대 인원은 22명을 넘지 않는다) 사회경제적 배경이나 인종적 배경이 비슷한 학생들끼리 어울리거나 같은 전공, 동아리, 프랫 하우스**에 소속된 학생들끼리 어울리는 폐단을 막을 수 있다는 장점이 있다. 중핵 교육과정은 자기 분야에만 집중하기 마련인 교수진의 편향성도 막아줄 수 있다. 정교수와 부교수, 대학원에 다니는 강사들은 매주 모여 할당된 텍스트를 검토하는데, 이는 전공과 경력 정도가 서로 다른 교수진에게 실질적인 문제들을 고찰할 수 있는 더없이 귀한 기회를 제공한다. 무엇보다도 중핵 교육과정은 학내의 모든 학생들이 보편적 지식 체계를 습득하는 동안 서로 연결될 수 있게 해주기 때문에, 이 과정을 이수하고 나면 학생들은 서로 모르려야 모를 수 없게 된다.

이러한 교육과정이 필수사항이든 선택사항이든 간에 크론먼이 열거한 토론과 논쟁을 일으키는 아이디어들을 보면 그 교육과정의 가치가 뚜렷하게 드러난다.

---

* Directed Studies. 신입생들을 상대로 개설된 선택과목으로 이 과목을 선택한 학생들은 3년에 걸쳐 서양문화의 근간이 된 문학, 철학, 역사, 정치사상 등을 배우게 된다. 수업은 매주 한 번의 강의와 두 번의 세미나로 이루어지며 세미나는 학생 18명과 교수 1명으로 구성된다.
** fraternity house. 회원들끼리 자체적으로 정한 규칙을 따르는 사교클럽. 프랫 하우스 건물에서 함께 거주하기도 한다.

개인의 자유, 관용, 민주정부, 소수자 권리와 보편적 권리에 대한 존중, 경제적 삶을 구성하는 기제인 시장에 대한 신뢰, 외부 정치권력의 시장규제 필요성에 대한 인식, 정치 영역에서 공식적으로 역할을 구분하고 공직자와 공직을 법적으로 분리하는 관료주의적 행정에 대한 신뢰, 현대 과학이 표방하는 진리와 그 기술적 결과물의 보편적 사용에 대한 수용 등과 같은 이상들. 이 모든 이상들은 세계 전역에서 정치적, 사회적, 경제적 삶의 근간을 이루고 있으며, 현실이 그렇지 못한 곳에서도 확고한 도덕적, 실질적 이유로 누구나 추구해야 할 간절한 목표로 여겨진다.[37]

이름난 대학에서 학사학위를 취득한 학생이라면 누구나 이러한 사상과 실천의 계보가 어떤 역사적 배경을 거쳐 태동하게 되었는지, 사회가 이를 제대로 지켜내지 못했을 때는 어떤 비극적 손실이 초래되는지, 서구와 비서구 전통 내에서 대두된 대안적 사상에는 어떤 것이 있는지 등을 파악해야만 한다. 물론 이를 혼자서 다 파악하기란 매우 어려운 일이다. 교육받은 사람의 특징 중 하나는 이러한 작업이 적당히 완수될 수 없음을, 그렇기 때문에 더욱 노력해볼 만한 가치가 있음을 인식한다는 것이다.

6

앞서 말한 국가적, 개인적 경쟁력 강화와 보편적인 민주 시민 양성이라는 두 가지 대학 옹호론은 사뭇 진지하고도 설득력이 있다.

하지만 세번째 옹호론은 상대적으로 자주 거론되지 않았는데, 이는 아마도 상투적이고 모호하지 않게 설명하기가 어렵기 때문일 것이다. 어느 날 내가 몸담고 있는 대학의 동문들에게 강연을 막 마치고 나서 나는 이 옹호론을 처음 들었는데, 그 이야기는 꾸밈없는 진심처럼 들렸다. 당시 나는 컬럼비아대의 중핵 교육과정을 지도하고 있었다. 이 교육과정은 학부생들이 2년간 문학과 철학의 고전들을 공부하면서 매 학기 미술과 음악 수업을 번갈아 수강하도록 개설되었고, 최근에는 학생들에게 최신 과학의 발전과 전개에 대한 기본적 소양을 길러주는 '과학의 최전선'이라는 교과목이 신설되기도 했다. 그날 강연의 주안점은 시민을 양성하는 교육이라는 제퍼슨식 담론이었는데, 강연이 끝났을 때 나이가 지긋한 동문 한 분이 일어나 이렇게 이야기했다. "매우 좋은 말씀이십니다, 교수님. 하지만 뭔가 중요한 핵심을 놓치신 것 같습니다." 나는 약간 겁을 먹고 움찔해서는 그 핵심이 어떤 것인지 물었다. 그러자, 이런 답변이 돌아왔다. "컬럼비아는 저에게 인생을 즐기는 방법을 알려줬습니다."

그 동문의 말은 대학이 그의 감각과 정신을 일깨워 대학에 오지 않았다면 하지 못했을 경험을 할 수 있게 도와줬다는 의미였다. 어려운 문학작품들을 읽어내고 핵심적인 정치사상을 파악하는 능력뿐 아니라 색과 형태, 멜로디와 하모니에 대한 감수성이 고양되고 심화된 데 대해 인생의 말년에 이른 지금 그는 고마운 마음을 갖게 된 것이다. 그러한 교육은 우리가 실용주의적 가치에만 경도되지 않도록 균형을 잡아준다. 진리의 의미(또는 의미들)에 대한 토론만을 허용하는 이 교육에는 독단적 주장이 끼어들 여지가 없다. 또한 마음속으로 품고 있지만 직접 표현해내기는 어려웠던 갈망을 담고 있는 예술작품을 접하게 해줌으로써 그 갈증도 풀어준다. 그 신사가 상기시켜주었듯이 그것은 충만한 인생에서 겪을 수 있는 값진 경험 중 하나이다. 그렇기 때문에 우리의 대학은 학생들이 그 경험을 향해 나아갈 수 있도록 앞에서 끌고 뒤에서 밀어줄 의무가 있다.

이 모든 말이 너무 경건하고 진지하게 들린다면 브린모어 칼리지 교무처장과 바너드 칼리지 총장을 지낸 동료 교수, 주디스 샤피로가 들려준 또다른 사적인 이야기를 예로 들 수 있겠다. 주디스는 젊은이들이 대학에서 무엇을 얻어가야 하는지에 대해 이렇게 말했다. "여러분들은 앞으로 남은 인생 동안 사용할 여러분들의 머릿속을 흥미로운 장소로 만들어야 합니다." 주디스와 컬럼비아대 동문이 얘기한 것을 우리는 종종 '교양교육liberal education'이라 부른다. 이때 '리버럴'은 현대적 의미에서 진보 정치liberal politics를 말할 때 쓰는 단어와 아무 관련이 없기 때문에 '교양교육'은 오늘날 사용하기에 위험한 용어가 되었다. (벨로이트 칼리지의 총장을 지낸 빅토르 페럴은 '리버럴'이라는 골치 아픈 형용사를 폐기하고 대신 '폭넓은 broad' '열린open' '포괄적인inclusive' 같은 형용사를 쓰거나 그도 아니면 간단히 '일반general'이라는 어휘를 쓰자고 제안한 바 있다.)[38] 'liberal education'이라는 용어는 고대 그리스·로마 시대의 'artes liberales 자유학예'라는 전통에서 유래했다. 당시 여성은 열등한 존재로, 노예 제도는 시민사회의 정당한 일부로 여겨졌으므로 자유학예란 "공부할 여유 시간이 있는 남자 자유인 또는 남자 귀족"을 위한 교육을 의미했다.[39] 이러한 교양교육의 전통은 중세 스콜라 철학자들이 이어받고 르네상스 시대와 계몽주의 시대에 학문적으로 거듭 부활하면서 유럽에서 살아남았고 또 융성했지만, 이는 지금도 대체로 지배 엘리트 계층의 전유물로 남아 있다.

이러한 오랜 역사적 관점에서 미국이 교양교육을 민주화하고, 출신 성분과 관계없이 만인은 행복을 추구할 권리를 가진다는 미국의 제1원칙을 실현하기 위해 교양교육을 시행했다는 점은 미국의 두드러진 공헌으로 인정할 만하다. 매슈 아널드의 유명한 표현(매우 자주 인용되는 구절이다)처럼 "지상 최고의 것이라 여겨지고 일컬어진 것을 알아간다"는 태도는 행복을 추구하는 데 도움이 된다. 교육의 의미에 대한 아널드의 견해는 종종 고상한 척하는 태도로 또 편협한 태도로 희화화되기도 한다. 옛것에 사로잡혀 새로운 것을 경계하는 태도라는 것이다. 그러나 사실은 그렇지 않다. 아널드는 자신의 관점을 명확하게 하기 위해 다음 구절(앞의 구절처럼 자주 인용되지는 않는다)을 덧붙였다. "그리고 이러한 지식은 우리의 상투적인 생각과 습관 위로 새롭고 자유로운 사고의 물줄기가 흐르도록 해준다."[40] 다시 말해 과거의 지식이 현재에 대해 비판적으로 생각할 수 있게끔 도와준다는 것이다.

교양교육의 필요성에 대한 가장 설득력 있는 표현은 아널드와 동시대 인물인 존 헨리 뉴먼의 저서 『대학의 이념』(1852)에서 찾아볼 수 있다. 뉴먼은 일반적으로 인문학이라 정의되는 것뿐 아니라 과학까지 아우르는 의미에서의 교양 지식을 이렇게 설명한다. "뒤이은 지식으로부터 독립적이고 그 자체의 권위에 의존하는 교양 지식은, 완성을 지향하지 않으며 사색을 통해 자연스럽게 떠오를 수 있도록 어떤 목적을 위해 그대로 주입되거나 어떤 예술에 흡수되는 것을 거부한다."[41] 지금 부족을 겪는 커뮤니티칼리지에서부터 부유한 아이비리그 대학에 이르기까지 이러한 의미의 교육은 오늘날 미국의 모든 대학에서 위기에 처해 있다. 오늘날 대학생들은 주어진 과제만을 수행하도록 압박받고 프로그램되며 훈련받는다. 그리고 최종 승자가 가려질 때까지 가혹하리만큼 연습하고 시험을 치른다. 뉴먼이 사색contemplation이라고 표현했던 것을 위한 시간이 이들 대학생들에게는 없는 셈이다. 교양교육을 시행한다고 해도, 이를 주변화하거나 단순한 장식처럼 여기는 광풍으로부터 학생들을 보호하기 위해 노력하는 대학은 거의 없다.[42]

앞선 세대들에게 편향과 편견의 문제가 있었다고는 하지만, 그렇다고 지금의 대학이 그런 과거에 비해 괄목할 만한 발전을 이루었다고 주저 없이 말할 수는 없을 것이다. 100년 전에 출간돼 당시 인기를 모았던 대학소설*『예일대의 스토버』(1912)에서 대학생 스토버는 이렇게 말한다. "나는 여기서 우리 나이에 할 수 있는 최고의 일을 벌이려고 한다. 그건 그냥 빈둥거리는 것이다."[43] 고릿적 이야기 같은 스토버의 이 말은 지금 우리에게는 한가로운 부자들이나 부릴 수 있는 허세처럼 들린다. 그러나 "빈둥거리다loaf"라는 말에는 그보다는 고결한 어떤 정신이 숨어 있다. 이는 뉴먼이 언급한 사색에 상응하는 말이며, 또 언제나 미국적인 삶의 일부를 나타내는 것으로 여겨온 말이다. 월트 휘트먼도 민주주의 정신을 노래한 그의 뛰어난 시「나 자신의 노래」에서 이렇게 말하지 않았던가. "나는 빈둥거리며 내 영혼을 불러낸다/ 나는 편하게 기대어 빈둥거리며 여름 들풀의 싹을 바라본다."

---

* 대학을 배경으로 쓰여진 소설 장르. 교수나 학생의 관점에서 대학생활을 진지하게 성찰하거나 학계의 지적 허영과 인간적 나약함을 꼬집고 풍자하는 작품이 주를 이룬다.

미국의 모든 대학들은 이처럼 사그라져만 가는 잠재적 가능성을—이를 뭐라 부르건 간에—반드시 지켜내야 한다. 미국의 대학이 진정으로 본령에 충실할 수 있는 방법은 이것뿐이다. 부유층이건 중산층이건 빈곤층이건 능력 있는 사람이라면 누구나 대학에 들어갈 수 있어야 한다. 그리고 그들은 현실의 삶에 휩싸이기 전에 생각하고 성찰하는 귀중한 기회를 누릴 수 있어야 한다. 우리가 민주주의를 진지하게 받아들인다면 그 대상은 마땅히 모든 사람이어야 한다.

2장

대학의 기원

COLLEGE

1

청년들이 상업이나 서비스의 세계에 발을 들여놓기 전에 고등 교육이라는 과정을 거쳐야 한다는 생각은 미국의 역사보다도, 심지어 영국의 식민지였던 시절보다도 훨씬 오래되었다. 아리스토텔레스는 청소년기부터 스물한 살까지의 시기를 정신과 인성이 형성되는 때로 보았으며, 당시 이 나이대의 그리스 청년들은 통상적으로 오늘날 대학의 '교과과정'과 닮은 일련의 강의를 들었다. 로마의 아우구스투스 시대에 정착 교사*의 지도하에 꾸려진 학생 조직은 현대의 대학과 유사한 특성들(도서관, 남학생 사교클럽, 스포츠

* settled teacher. 로마에 정착한 외국인 교사. 주로 그리스 출신의 교사들로 문학과 수사학을 가르쳤다. 특히 아우구스투스는 학자들의 활동에 지대한 관심을 가졌으며 수도 로마에서 외국인을 추방하는 정책을 시행할 때도 교사만은 예외로 했다.

팀)을 갖고 있었다. 중세 시대에 이르러 파리와 파두아 같은 대학 교육의 발흥지에서는 자격증을 부여해 교사 자격을 제한하기 시작했다. 이는 학위 수여의 독점적 권한을 갖는 교수, 라는 근대적 개념의 발아로 볼 수 있다.[1] 요컨대 광범한 의미의 대학은 그 역사가 2000년이 넘는 셈이다.

그러나 오늘날 우리가 알고 있는 미국의 대학은 근본적으로는 영국의 아이디어에 기초한 것으로, 이 아이디어는 17세기 초 무렵 영국국교회에 저항해 영국을 떠나 뉴잉글랜드에 정착한 프로테스탄트들이 들여온 것이다. 이들 '청교도'(이들이 마음과 정신에 지나치게 엄격하다고 해서 반대 세력들이 붙인 이름이다)에게 교육은 절대적으로 중요했고, 그래서 이들은 고대와 중세의 선례에 의지하면서도 자신들이 케임브리지와 옥스퍼드에서 직접 경험했던 것을 특히 중시했다.

13세기에 설립된 최초의 영국 대학들은 기본적으로 신학자들의 은둔처나 다름없었다. 이들의 임무 중 하나는 대학을 후원해준, 그래서 천한 일을 모면하게 해준 기부자들의 영혼을 위해 예배를 집도하는 일이었다. 오늘날의 용어를 사용한다면 최초의 대학은 장학금을 받는 대학원생 집단이라고 말할 수 있다.[2] 그러나 15세기에 이르자 이러한 상주 학자들이 생계를 유지하기 위해 오늘날 학부생이라 부를 만한 어린 학생들에게 수업과 숙소를 제공하는 방식이 보편화되었다. 이들 기숙생boarder(케임브리지에서는 '펜셔너 pensioner'라 불렸다)은 대학 후원자의 친족이거나, 신망 있는 교사가 품성과 라틴어 능력을 보증해 추천한 학생들이었다. 입학시험은 없었다.

보증인이 있든 없든 이 기숙생들은 교사의 보호와 감시를 받았다. 오늘날의 학생들과 마찬가지로 당시 학생들도 부모나 후견인들의 바람에 확실히 따라줄 것이란 보장이 없었기 때문이다. 17세기경 케임브리지 대학교를 방문한 사람이 학생들의 "욕설, 음주, 폭동, 모든 신성과 덕망에 대한 증오"를 목격하고 충격을 받았다는 기록도 있다. 이런 학생들이 대학 기숙사 내의 '맹금류' 사육 금지와 같은 규정들을 준수할 거라고는 믿기 어려웠다. 그보다 몇 년 전에는 트리니티 칼리지의 대강당에서 이 대학 동문이 쓴 연극을 보던 학생들이, 배우들이 마음에 들지 않는다는 이유로 집단적으로 담배를 피우고 야유를 퍼부으며 그들을 향해 돌멩이를 던진 일도 있었다.[3]

오늘날에도 그대로 유지되고 있는 옥스브리지 대학의 안뜰을 둘러싼 회랑식 건물 구조는 15세기 후반에 처음 만들어졌다. 안뜰에서 들어갈 수 있는 건물의 강의실들은 회랑을 통해 예배실, 도서관, 강당으로 연결되어 있었다. 먼지를 제거하기 위해 바닥에 골풀을 모아놓고 소각하기도 했던 실내의 넓은 강당은 대학생활의 중심지였다. 이곳은 식당이자 강의실이었고, 때로는 콘서트장이나 극장이 되기도 했다. 이 강당 한쪽 끝에는 '높다란 테이블'이 놓여 있었는데 이 테이블에서 지도교수들이 최고 목회자(대학 관리 중에서 유일하게 결혼이 허용된 사람으로, 대학에 딸린 사택에서 가족과 함께 살았다)와 함께 식사를 했다.[4] 이렇게 높이가 다른 탁자를 둔 이유의 일부—이 일부가 중요하다—는 학부생들이 이 윗사람들의 사회적, 지적 교류를 목격하고 언젠가 자신도 그 자리에 동석하기를 갈망하도록 유도하는 것이었다.

학생들이 그러한 목적을 이룰 수 있도록 학교는 이들 입문자들, 형벌 체계의 은유를 쓰자면 이들 수감자들을 일반인들과 분리해 내부에 격리했다. 외부와의 왕래는 문지기가 지키는 하나의 출입 문을 통해서만 가능했다.[5] 학생의 하루 일과는 동트기 전의 예배에서 시작해 강의와 공부, 명상으로 이어졌다. 어떤 면에서는 규율이 엄격하고 외부와 격리된 수도원 생활과 다를 바 없었다. 바로 이런 엄혹한 세계에서 존 밀턴과 올리버 크롬웰(그는 케임브리지 대학의 시드니서식스 칼리지의 안뜰에서 축구를 하며 신체를 단련했다)이, 그리고 얼마 후에는 아이작 뉴턴이 배출된 것이다.

당시 대학은 그렇게 엄격하고 갇힌 세계였지만, 다른 한편으로는 학생들을 보살피는 대학 특유의collegial 공간이기도 해서—'collegial' 이라는 형용사는 대학을 뜻하는 'college'처럼 사회 또는 공동체를 뜻하는 라틴어 'collegium'에서 유래했다—청년들은 선술집과 도심의 유희를 빼앗긴 대신 대학의 정원, 잔디 볼링장, 테니스 코트, 수영장, 양궁장 등에서 오락을 즐겼다.[6] 1630년대 뉴잉글랜드로 이주한 2만여 명 가운데 150명 정도가 이러한 학교 기관 중 하나를 졸업했다. 이 75분의 1의 비율은 지난 20세기까지 전체 미국인 중 대학교육을 받은 사람의 비율과 비슷하다. 그 150명 가운데 가장 많은 인원을 배출했던 곳은 케임브리지의 이매뉴얼 칼리지였다(이 대학의 졸업생과 관계자가 35명이었다). 16세기 후반 엘리자베스 여왕이 선견지명을 갖고 이름 붙인 "청교도 기금"으로 세워진 이매뉴얼 칼리지는 1636년 청교도 이주자들이 뉴잉글랜드에 심은 올드 잉글랜드의 '참나무' 묘목이었던 셈이다. 뉴잉글랜드의 뉴타운은 얼마 후 영국의 대학 도시 이름을 따서 케임브리지로 지명이 바뀌었다.

그리고 이렇게 막 싹트기 시작한 뉴잉글랜드의 대학에, 이매뉴얼 칼리지를 졸업한 존 하버드*라는 청교도 상인이 그의 재산 절반과 장서 모두를 기증하기에 이른다.[7]

이 신설 대학의 설립자들은 영국에 있는 잠재적 후원자들에게 기금 모집 요청서를 보냈다. 설립자들은 "하버드 씨의 마음을 움직여주신" 신께 감사를 표하며, 다른 사람들이 존 하버드의 뜻에 동참할 수 있도록 그가 기증한 장서와 기금을 어떤 목적으로 사용할지에 대해 설명했다. "교육을 부흥시켜 후세에도 영속적으로 이어지도록 한다"는 게 바로 그 목적이었다. 이때 그들이 가장 중요하게 여긴 교육은 신학 교육이었다. 이들이 신의 은총이라 일컬었을 법한 일화가 하나 있다. 18세기 무렵 대학에 화재가 발생해 존 하버드의 장서 모두가 불탔는데, 그중 『기독교 전쟁』이라는 제목의 소책자만 무사했던 것이다.[8]

그러나 미국 최초의 대학들을 오직 교리와 신조에 집중한 신학 대학처럼 여겨서는 곤란하다. 17세기 하버드 칼리지 졸업생 가운데 목회자의 길을 선택한 사람은 절반도 되지 않았고, 신학뿐 아니라 논리학, 윤리학 같은 고전 과목과 수학, 기하학에 대한 학생들의 관심은 상당했다.[9] 대학 설립 초기에 하버드 도서관을 건립하기 위해 작성한 또다른 기금 모집 요청서를 보면 "법학, 물리학, 철학, 수학" 관련 도서에 대한 필요성이 열거되어 있으며 이와 더불어 아우구스티누스의 『신국론』, 칼뱅의 『법전』, 에라스뮈스의 『대화집』,

---

* 뉴잉글랜드에 처음 세워진 이 대학은 설립 당시 뉴 칼리지 또는 뉴타운 칼리지로 불렸다가 1639년 존 하버드의 공적을 기려 하버드 칼리지로 교명을 바꾼다.

심지어 로마 시대 극작가 플라우투스가 쓴 외설적인 희극작품도 필요하다고 언급되어 있다.[10] 요컨대 미국의 대학은 기독교 신학에 한정되지 않고 그보다 더 큰 목적을 품고 태동한 셈이다. 역사학자 사무엘 엘리엇 모리슨의 말을 빌리면, 미국의 대학은 학생들이 "조화와 품위, 공공서비스"를 생각하는 인간으로 성장할 수 있도록 "지성은 물론 신체와 영혼을 아우르는 전인교육"을 목표로 삼았다.

물론 종교가 최우선이었던 것은 사실이다. 성서를 공부한다는 것은 신의 말씀을 해석하는 방법을 배우는 일인데 이는 그리 간단한 과업이 아니다. 왜냐하면 신의 말씀은 기독교도들이 구약이라고 부르는 것에서는 아직 드러나지 않은 진리의 그림자('형태' 또는 '본영本影')를 통해서, 신약에서는 배경을 잘 아는 사람의 해독이 요구되는 우화나 계시를 통해서 전달되기 때문이다. 게다가 신의 모든 진리가 성서에만 담겨 있는 것도 아니다. 신은 역사적 사건(성지순례, 성전聖戰)과 자연의 심판(홍수, 지진, 가뭄)을 통해서도 징벌 의지나 보호 의지를 보여주기 때문이다. 또한 신은 모든 인간에게 해, 달, 별들이 천체에서 펼치는 춤, 식물과 나무의 대칭적 아름다움, 잔잔한 수면에 돌을 던졌을 때 완벽한 동심원을 그리며 퍼져나가는 물결과 같은 초자연적 위력의 자연적 암시를 즐길 줄 아는 능력을 부여했다. 신은 우리의 자연세계를 조너선 에드워즈(예일대 1720년 졸업, 1758년 프린스턴대 총장으로 임명)가 얘기한 것처럼 "우리를 기쁘게 하지만 그 이유를 알 수 없는 아름다움들"로 채워놓은 것이다. 마치 "우리가 제비꽃의 보랏빛을 보고 기쁨을 느끼지만 이런 기쁨을 일으킨 비밀스러운 규칙성과 조화로움의 정체가

무엇인지 모르듯이" 말이다.[11]

초기의 미국 대학은 학생들에게 성서와 주해서만 공부하도록 한 것이 아니라 역사와 자연철학도 공부하도록 했다. 이 같은 지식의 세 갈래는 오늘날의 인문학, 사회과학, 자연과학에 대략 상응한다. 당시 대학은 (나중에 뉴먼이 표현한 대로) "모든 지식의 세부 분야가 하나로 통합되는" 장소가 되는 것을 목표로 삼았는데, 이는 "지식의 주제 자체가 창조주의 행위이자 창조물로서 서로 긴밀히 통합되어 있다"고 보았기 때문이다. 에드워즈의 표현을 빌린다면 그 주제란 "사물의 통합the university of things"에 다름 아니다. 이 문구에는 '대학'이란 단어의 어원적 의미, 즉 모든 지식이 모여 하나의 통합된 전체를 이룬다는 의미가 담겨 있다. 19세기 후반까지도 프레더릭 바너드(이 이름을 따서 컬럼비아대의 여자대학교에 바너드 칼리지라는 이름이 붙여졌다)가 "신의 창조물을 통해서 읽어낼 수 있는 아름다운 진리"라고 표현한 것을 이해하기 위한 노력은 미국 대학들의 공식적 목표로 남아 있었다.[12]

오늘날 '학제간interdisciplinary'이라는 어휘가 오르내리지 않는 학술회의가 없고 이 어휘를 예찬하지 않는 학장의 보고서도 없다. 그러나 과거와 비교해봤을 때 오늘날 대부분의 학교 기관에서 학제간 연구는 훨씬 덜 이루어지고 있는 셈이다. 초기의 미국 대학에서 모든 학문은 신성divine mind에 대한 하나의 총체적 탐구로 통합되어 있었으므로 '분야'나 '학과목' 사이의 경계란 존재하지 않았다. "하나의 진리가 종교에 있고, 또다른 진리가 수학에, 세번째 진리가 물리학과 예술에 있는 게 아니다. 하나의 신이 존재하는 것처럼 진리도 하나다"라고 어느 하버드 졸업생(1825년)이 언급했듯이 말이다.[13]

2

그러나 오늘날 사람들이 '통섭consilience'이라 부르기도 하는 이 같은 지식의 통합에 대한 꿈이 대학의 이념을 무력화하는 것은 아니다. 사무엘 엘리엇 모리슨은 이렇게 말했다.

청교도들에게 대학생활과 분리된 통합적 배움이라는 것은 의미가 없었다. 아무리 시시한 상주 지도교수라 해도 가장 명망 있는 지역사회의 강사보다 더 대학에 필요한 존재로 간주되었다. 책에 있는 지식은 강의나 독서를 통해 얻을 수 있다. 그러나 인성이라는, 값을 매길 수 없는 귀한 선물은 학생들이 대학 공동체의 일원으로서 다른 학생들이나 교사들과 지속적으로 친밀한 관계를 유지하며 함께 공부하고 토론하고 먹고 마시고 놀고 기도하는 과정을 거쳐야만 얻을 수 있다.

이미 그때(모리슨은 75년 전쯤 이 글을 썼다) 모리슨은 몸소 의도적으로 시대에 역행하는 행동을 했다. 자동차가 이미 일상화된 후에도 모리슨은 보스턴의 비컨힐에 있는 자택에서 하버드야드까지 말을 타고 가, 말뚝에다 말을 매어놓고 승마화를 신은 채 그대로 강의를 하곤 했다. 역사학자들이 때때로 '구식 대학'이라 부르는 초기 대학들이 현대적인 모습으로 바뀐 이후에도 학생들의 인성을 기르는 것은 여전히 대학의 중요한 공식 강령으로 남아 있었다. 고등 연구기관으로 설립되어 초기에는 학부생이 없었던 존스홉킨스 대학교의 초대 총장 대니얼 코이트 길먼은 1886년에 쓴 글에서 대학이란 "결코 지식의 향상이나 학업성취만을 위한 장소여서는 안 되며 언제나 인성을 갈고닦는 곳"이어야 한다고 강조했다.[14]

대학이 인성이라는 것에 신경써야 한다는 주장은, 오늘날에는 차원이 다른 시대나 세계로 후퇴하라는 말처럼 들릴 수 있다. 더구나 인성character이라는 말 자체는 혼란스러운 역사를 지니고 있기도 하다. 인성은 정직성probity이라는 말과 동의어로 쓰이기도 했지만, 순전히 원기stamina라는 뜻으로도 사용되었다. 노벨경제학상 수상자 아서 루이스가 가이아나 대학 총장 취임식에서 "남들이 즐기며 놀 때 같은 내용을 반복해 꾸준히 연습하고, 쉬운 것을 넘어 어려운 것에 도전하며, 비판에 귀기울여 이를 활용하고, 이만하면 되었다고 안주하지 않고 다시 시도해보는" 투지 같은 것으로 인성을 표현했을 때처럼 말이다.[15]

인성이라는 단어는 때로 불미스러운 용도로 사용되기도 했다. 20세기 초반까지 이 단어는 대학 지원자들 중에서 모범적인 프로테스탄트 신사와 탐욕스러운 벼락부자라 소문난 사람(특히 억척스러운 유대인들)을 구별할 속셈으로 쓰인, 속이 빤히 들여다보이는 말이었다. 모리슨이 학부생이던 시절 당시 하버드대 총장이었던 애벗 로런스 로웰은 "유대인의 비중이 너무 높아지는 위험"을 제어하기 위해 "입시 담당자가 지원자의 인성을 직접 평가하는 방식"을 제안했다(한 기숙사 건물의 맨 위층은 '카이크*의 꼭대기 층'이라는 얄궂은 별칭으로 불리기도 했다).[16] 이렇게까지 노골적인 편견이 없다손 치더라도 '인성'에 대한 판단은 심사자가 피심사자를 얼

---

* kike. 유대인을 모욕적으로 지칭하는 말.

마나 편하게 느끼느냐의 문제로 귀결될 수밖에 없었다. 하버드 동문인 러니드 핸드 판사는 로웰 총장에게 서신을 보내 탐탁지 않아 보이는 지원자들을 걸러내려는 총장의 정책에 이의를 제기했다. "누군가 인성을 평가할 수 있는 믿을 만한 테스트 방법을 고안해낸다면 그 방법도 효과가 있을 것입니다. 그러나 지금으로서는 누가 봐도 알 수 있는 전형적인 문제아를 구별해내는 것 외에 어떤 실효성이 있을지 회의가 듭니다. 요컨대 입학생들은 오로지 학업평가를 통해서만 선별되어야 할 것 같다는 것이 제 생각입니다. 물론 그것도 그렇게 만족할 만한 방법은 아니지만…"[17] '신인류'라 불릴 법한 학생들이 선배들보다 평점과 시험 점수가 뛰어나다면 뛰어난 그대로를 인정해야 한다고, 그러니까 그들을 합격시켜야 한다는 것이다.

이처럼 인성이라는 단어의 악용과 오용의 역사가 있었다고는 해도 뉴먼이 지적한 것처럼 교육이 "정신적 기질에 영향을 일으키고, 인성에 변화를 줄 수 있다"는 주장에는 새겨들을 점이 있다.[18] 대학은 이런저런 기능적 과제를 해결하기 위한 두뇌 훈련을 넘어서 인성(미국 초기의 대학 설립자들은 이를 영혼 또는 가슴이라는 어휘로 표현했겠지만 현대에 들어서는 좀더 힘을 뺀 이 어휘로 대체되었다)을 돌보는 데 관여해야만 한다. 물론 우리는 더이상 성서의 십계명이나 계몽주의적 계율(제퍼슨은 교육의 목적을 '자유를 절제할' 능력이 있는 시민을 배출하는 것이라 생각했다)에 명시된 덕목에 동의하지는 않겠지만, 학생들은 여전히 사회적 존재로 완성되지 않은 채 대학에 온다. 그렇기 때문에 학생들은 대학에서 순전한 이기심을 억제하고 품 넓은 동정심과 시민의 책임의식을 지닌 삶의 태도를 형성할 수 있는 것이다.

교육의 목적에는 분석적 지성뿐 아니라 윤리적 지성을 기르는 것이 포함된다는 이러한 관점은 미국 대학의 산실이 된 교회의 역사보다 앞서는 것은 물론 기독교 자체의 역사보다도 앞선 것이다. 고대 유대교의 베스 미드라시*는 보통 유대교 예배당과 물리적, 정신적으로 가까이에 위치해 있었고, 학생들은 그날의 토라율법 공부를 시작하기 전에 이곳에서 정신의 통찰력과 명료함을 위해 기도드렸다. 플라톤이 기원전 4세기경 아테네에 세운 아카데미에 들어간다는 것은 "개종과 유사한 과정을 통해 마음의 변화와 새로운 삶의 방식"을 수용하겠다는 의미였다.[19] 1세기경 로마의 세네카는 배움의 목적을 주제로 쓴 유명한 편지를 남겼는데, 이 편지에서 그는 교양교육의 힘에 대해 차분하고도 열정적인 어조로 설명하고 있다. 그가 설명한 교양교육의 힘은 우리의 정신을 일상의 잡담과 현학의 수준 너머로 고양시켜 정신의 위선을 지워버리는 데 있었다.

율리시스가 이탈리아와 시칠리아 사이 바다에 내던져졌는지, 아니면 우리가 아는 세상 바깥으로 던져졌는지 따져보는 강연을 듣고 있을 시간이 우리에게는 없습니다. … 우리 자신이 이미 매일 이리저리 치이는 영혼의 격랑을 대면하고 있고, 우리의 타락이 율리시스를 괴롭혔던 온갖 곤경 속으로 우리 자신을 몰아넣고 있기 때문입니다. … 그보다는 율리시스의 사례에서처럼 우리에게 어떻게 조국을, 아내를, 아버지를 사랑해야 하는지, 배가 참혹하게 난파한 이

---

* Beth Midrash. '배움의 집'이라는 뜻.

후에도 어떻게 그런 고귀한 미덕을 향해 나아갈 수 있는지를 알려 주십시오. 페넬로페가 순결의 화신이었는지, 마지막에 웃은 승리자였는지 따위를 왜 알려고 드나요? 율리시스의 정체가 밝혀지기 전, 페넬로페가 그녀 앞에 선 율리시스를 보고 정체를 의심했는지 여부가 중요한가요? 그보다 나에게 순결이 무엇인지, 순결을 지키는 것이 고귀한 일인지, 순결이라는 게 우리의 육체에 자리잡는지 아니면 영혼에 자리잡는지 그것을 가르쳐주십시오.[20]

모든 교육 목표는 (그것이 히브리어나 그리스어, 라틴어, 기독교 언어, 근대의 세속적 언어 중 무엇으로 표현되었든 간에) 다음과 같은 명백한 사실을 인정한다. 모든 인간의 삶은 그 사람의 타고난 기질과 외부의 영향이 신비롭게 융합된 결과이지 어떤 한 교육기관에 의해 전적으로 결정되는 것은 아니라는 사실이다. 그럼에도 학생들이 교육을 통해 훈련받고 지식을 넓힐 뿐 아니라 감동도 자극도 받을 수 있다는 사실은 참된 교사들에게 늘 교육의 목표이자 즐거움이었다. 전통주의자와 진보주의자 모두가 이러한 교육관을 견지해온 미국에 살았던 랠프 월도 에머슨은 그의 일기에 이러한 인상적인 말을 남겼다. "교사의 영향력이 지닌 비밀의 전부는 인간이 변할 수 있다는 확신에 있다. 그리고 실제로 학생들은 변한다. 그들은 깨달음을 원한다." 교사들이 항상 노력해온 일은—앞으로도 계속 그러기를 바라면서—"영혼을 침대에서 일으켜 깊은 습관의 잠에서 깨우는" 것이다.[21]

3

시선을 교사에서 학생으로 돌려보면 대학의 오랜 역사 속에서 뚜렷하게 지속되어온 또다른 사실, 그러니까 학생들의 나이가 비교적 일정하게 유지되어왔다는 점이 눈에 띌 것이다. 400여 년 전 영국의 학자 로저 애스컴은 대학생활을 시작하기에 이상적인 나이를 17세로 보았다. 그로부터 250여 년이 흐른 후 하버드대 신입생의 평균 나이는 16.5세였다. 또 50여 년이 지났을 때 예일대의 신입생 평균 나이는 18세로 올랐는데 이 나이는 대학에 입학하기에 "합리적이고 양호한 조건하에서의 일반적인 나이"라고 널리 받아들여졌다.[22]

그 정도 나이대를 젊은이들이 지성적, 윤리적으로 성숙해가는 과정에 있는 시기로 파악하는 교육자의 관점 역시 과거부터 지금까지 이어져 내려오고 있다. 이런 점에서 청교도들은 대학과 교회를 별개로 생각하지 않았다. 대학과 교회 모두 자기와의 싸움을 하고 있는 인간, 그러니까 원죄로 더럽혀졌으나 덕의 씨앗을 품고 있는, 자만과 자기애의 의지를 갖고 있으면서도 겸손과 이타심의 충동 또한 느끼는 인간에게 도움을 주기 위해 존재했던 것이다. 청교도들은 변화에 대해 간절하게 이야기했다. 그 변화란 피조물들이 그때까지는 이해할 수 없었던 "신의 자비와 징벌", 인간의 무력함과 구원 가능성—달리 말하면 한계와 무한을 동시에 지닌 인간 존재의 역설적 본성—에 정신과 마음을 열어 스스로를 구원하는 것이었다. 이런 의미에서 보자면 교육받는다는 것은—'이끌어내다'라는 뜻의 'ex ducere'나 '아이들을 돌보고 기른다'는 뜻의 'educare'와 같은 라틴어 어원을 통해 확인할 수 있듯이—그때까지 스스로를 가두어왔던, 남을 시기하는 이기적인 마음의 한계를 벗어나 "새로운 애정과 새로운 언어"로 자기 자신을 넓혀가는 것이다. 에머슨이 이 문제에 대해 요약해 정리했듯이 "교육이란" 결국 "영혼을 이끌어내는 일이다."²³

그로부터 거의 한 세기 반이 지났을 때 교육심리학자 윌리엄 페리는 대학 신입생이 상급생이 되면서 겪는 이상적인 경로를 설명했는데, 이는 본질적으로는 위에서 언급한 교육의 제1원칙을 옮겨 말한 것이었다. 그에 따르면—또다른 저명한 교육심리학자 L. 리크네펠캠프도 부연했듯이—진정한 교육이란 대학생들이 "불확실성, 역설, 거대한 복잡성에 대한 부담 등을 받아들이는" 방법을 배우는 것이다. 페리는 또 이렇게 부연한다. 이러한 과정은 "극단적인 흑백논리와 선악을 구분 짓는 태도로 자기 세계를 구축하는 단순한 형태로 시작하지만, 가변적 지식과 상대적 가치가 혼재하는 세계에서 자신의 가치관을 확립하고자 노력하는 복잡한 형태로 끝난다."²⁴ 대학생들의 심리적, 윤리적 성장에 대한 이 같은 설명은 예전에 비해 서술 용어가 달라지고 심지어 현대의 상대주의까지 인정하고 있지만, 대학의 목적에 대한 훨씬 앞선 견해들과 놀라울 정도로 일치한다. 교육은 문제를 해결하고 복잡한 과제를 수행하는 능력을 얻는 것을 넘어서 호기심과 겸손을 배우고 지니는 것을 의미한다. 그것은 혼란에 빠진 자의식을 뛰어넘어 타인의 경험이나 새로운 경험에 비추어 끊임없이 자신을 성찰하듯, 삶에 대해 더욱 폭넓은 관점을 갖게 되는 것을 뜻한다.

이러한 목표를 염두에 두었으므로 청교도들은 교육과 설교를 거의 구별하지 않았다. 뉴잉글랜드 이주 첫 세대들의 대표 목사격인 존 코튼이 그 전형적인 예이다. 존 코튼의 손자인 코튼 매더는 그의 저서 『미국에서의 그리스도의 위업』(1702)에서 그의 할아버지 존 코튼에게 종교적 신념과 학문적 성취는 근본적으로 동일한 것이었다고 말한다. "박학다식한 학자, 교양교육의 살아 있는 시스템, 걸어다니는 도서관"이라 일컬어진 존 코튼은 학구적인 젊은 학생들이 본받을 만한 매우 이상적인 인물이었다. 그가 명성을 얻을 수 있었던 것은 단지 박식한 웅변가였기 때문이 아니라 젊은이들에게 "공익에 기여하는 사람으로 성장할 수 있도록" 자극을 주었기 때문이었다.[25] 그는 설교와 주장을 통해서보다는 주로 성서에 나오는 덕의 전형을 따라 살아가는, 불가능에 가깝지만 반드시 해내야 할 임무를 충실히 이행하는 모습을 보여줌으로써 마치 신도들에게 종교적 지도자가 되었던 것과 같은 방식으로 학생들에게 훌륭한 스승이 되었다. 지금은 도덕심리학이라 부를 만한 내용이 주를 이룬 신학적 저술을 통해 존 코튼은 배움의 신비와 우연성에 대해 탐구했는데, 배움이란 때로는 단계별로 때로는 비약적으로 이루어지기도 하고 아무 노력 없이 순전히 기습적으로 이루어지는가 하면 끈질긴 노력을 통해 지난한 과정을 거쳐 이루어지기도 한다는 것이 그의 믿음이었다.

존 코튼과 같은 교사는 누구든지 배우고 성장할 수 있는 역량을 갖고 있다고 확신한다. 그러나 교사와 학생이 전기가 통하듯 연결되는 순간은 예측되거나 계획될 수 없다. 어떤 학생들에게 그런 일은 결코 일어나지 않을 수도 있고(페리가 말했듯 "어떤 학생들은 대학과정을 다 마치고 나서도 마치 초등생 같은 상태에 머물러 있을 수 있다") 어떤 학생들에게 그런 순간은 전혀 예상치 못한 때에 찾아

오기도 한다.[26] 그런 관계가 형성될 수 있는 최상의 조건을 만들기 위해 훌륭한 교사는 지식을 과시하는 표현을 피하고, 미사여구보다는 평이한 말로 설명하며 주어진 주제 앞에서 겸손한 태도를 취한다. 그는 단지 인간적 매개물로서 학생들에게 '통찰력'을 전달하도록 신이 자신을 선택했을 거라고 생각한다. 이런 교사는 학생들에게 자극을 전달할 수 있는 순간이 언제 올지 또는 과연 오기나 할지 알 수 없다는 것도 잘 안다.

유신론이 지배하던 세계를 대체로 벗어난 학계에서는 이러한 생각을 너무 오래전 이야기로 또는 기이한 이야기로 여길지도 모른다. 그러나 알고 보면 꼭 그렇지 않을 수도 있다. 참된 교사라면 누구나 어떤 교실에서든 교사와 학생 사이에는 알 수 없는 제3의 힘이 존재한다는 것을 알고 있다. 그 힘은 때로는 학습을 북돋우기도 하고 때로는 오히려 그르치기도 한다. 왜냐하면 어떤 아이디어가 교사의 마음과 학생의 마음 사이에 있는 눈에 보이지 않는 간극을 넘어서 전달되어야 하는데 생각의 자극이 그 공간을 어떻게 건널 수 있는지 또는 화자와 청자 간의 그러한 전달이 정확히 어떤 과정을 통해 일어날 수 있는지는 알 수 없기 때문이다. 과거에 자신이 겪었던 경험과 다른 선생들로부터 들은 말이 축적되어 있는 학생들의 머릿속에서 교사의 목소리가 어떻게 받아들여지는지는 아무도 모른다. 때로 교사의 말은 공기중에 흩어지는 소음에 불과하거나 기껏 학생들의 머릿속에서 짜증이나 혼란만 유발하는 데 그칠 수 있다. 또 때로는 교사의 말이 놀랍고도 강렬한 효과를 불러일으키기도 한다. 그러나 그게 무슨 이유로, 언제 어떤 학생들에게 일어나는지, 어떤 학생들에게는 왜 일어나지 않는지 설명하는 건 불가능하다.

이처럼 보이지 않고 들리지 않는 힘을 청교도들은 은총이라고 표현했다. 그들과 같은 믿음을 갖지 않은 사람이더라도, 통상적 의미에서의 신자가 아니더라도 이 말이 무슨 의미인지 이해할 수 있을 것이다. 내가 가르치는 학생들에게 이 은총의 개념을 설명하기 위해 (복음주의 기독교 집안에서 자란 몇몇 학생들에게는 이런 설명이 필요 없겠지만) 나는 가끔 교실 밖의 예를 비유로 든다. 대학 룸메이트 둘이 셰익스피어의 걸작 『리어왕』을 보러 갔다고 하자. 이 희곡은 자식들에게 처참하게 버림받고 권세도 존엄도, 심지어 눈마저 잃고, 은신처도 자비도 희망도 없이 텅 빈 하늘 아래 홀로 떠돌아다니게 된 늙은 왕에 대한 이야기이다. 이들이 본 것은 그 지역 극단이 올린 연극이었는데, 연극이 끝나자 극장을 빠져나오며 한 학생이 이렇게 얘기한다. "전에 본 연극이 훨씬 좋았어. 맥주나 한잔하러 가자." 또는 이렇게 얘기할지도 모른다. "뭘 저렇게 야단인지 모르겠어. 저 남자 그냥 자업자득 아냐? 그런데 무슨 불평이 그렇게 많지?"

반면 다른 학생은 그 연극에 압도되고 만다. 왜, 어떤 장면 때문인지는 알 수 없으나 그는 연극을 보고 자신의 아버지를 떠올리게 된다. 부모에 대한 자식의 책임, 그리고 자식에 대한 부모의 책임, 심신이 쇠약해지는 노년의 많은 이들에게 덮쳐오는 무자비한 슬픔 등을 떠올린 그는, 사실상 자신의 인생 면면을 전혀 새로운 방식으로 생각하기 시작한다. 자식을 갖고 싶은지, 갖고 싶다면 어떻게 키워야 하는지도 그는 자문하게 된다. 어쩌면 그는 의사가 되어야겠다고 생각하게 될지도 모른다. 또는 집에 전화를 걸어 지금까지 관계가 소원했던 아버지의 안부를 물어야겠다고 생각하게 될 수도 있다. 아니 그보다는 당장 어떻게 해야 할지는 모르겠지만 적어도 자신의 인생 계획과 우선순위를 되돌아보고 재정비해야겠다고 느낄 공산이 크다. 한 가지 그가 분명하게 느낀 것은 그 자신이 리어 왕처럼 홀로 거친 황야를 떠도는 신세가 되고 싶지는 않다는 것이다. 요컨대 그 연극 관람은 그에게 세계관을 바꾸는 경험이 되었지만 그의 친구에게는 어떤 변화도 가져오지 못했다. 두 사람이 똑같은 목소리와 대사를 들었고 똑같은 배우의 몸과 소품들이 무대 위를 오가는 것을 보았는데도, 좀더 기술적인 용어를 쓰자면 똑같은 시청각 자극을 받았는데도 말이다.

왜 어떤 청년에게는 매우 중요한 일이 일어나고 어떤 청년에게는 아무 일도 일어나지 않았는지 우리는 정확히 밝힐 수 없다. 두 사람의 SAT 점수는 똑같을 수도 있다. 어쩌면 연극에 아무 감흥을 느끼지 못한 학생이 성적 우수자 명단*에 오를 만큼 점수와 등급, 전망 등 모든 면에서 더 뛰어날지도 모른다. 이 두 학생의 차이점은 어떠한 시험 도구로도 측정될 수 없고, 둘 중 내일 있을 '엘리자베스 시대 희곡' 시험 준비를 누가 더 열심히 했는지와도 아무 관련이 없다. 오늘날 교육계에 몸담고 있는 대부분의 사람들이 이러한 미스터리를 설명하지는 못하지만, 그렇다고 이 미스터리가 존재하지 않는 것은 아니다.

이처럼 설명하기 어려운 사람들 간의 차이점은 초기의 미국 대학 설립자들의 상당한 관심사였고, 이러한 차이점에 대한 그들의 설명은 오늘날 우리의 설명 방식에 의외로 꽤 가깝다. 예를 들어

---

* dean's list. 미국의 대학에서 학기 또는 학년 단위로 발표하는 성적 우수 학생의 명단. 학교에 따라 provost's list, president's list 등의 명칭이 쓰이기도 한다.

그들은 배움이 자만심(학생의 자만심이든 교사의 자만심이든)에 의해 가로막힐 수 있고, 수치심에 의해서도 가로막힐 수 있다고 보았는데, 오늘날 사회심리학자들은 소수집단 출신 학생들의 학업성취도가 낮은 이유를 '고정관념 압박'으로 설명하고 있다. 어릴 때부터 어른들과 또래 친구들에게서 불신받고 비하받았던 경험이 영향을 미친다는 것이다. 이 학생들은 타인들이 자기가 공부를 못하거나 낙제할 거라고 생각한다는 것을 알고 있어서 재능과 노력 여하에 관계없이 자기도 모르게 그들의 예상대로 행동하게 된다. 연구자들은 이런 현상이 널리 퍼져 있음을 입증했는데 이는 17세기의 한 성직자가 신도들에게 설교하며 다음과 같이 말했을 때 염두에 두었음직한 현상과도 매우 유사하다. "종종 자신에 대해 나쁘게 말할 게 너무 많다고 생각하는, 주눅들고 낙심한 기독교인들은 가장 뛰어난, 능력 있는 목사들의 입마저 닫아버리게 한다."[27]

내친김에 시대에 걸맞지 않은 비유를 하나 더 들어보겠다. 때때로 지식은 일부러 얻고자 하지 않을 때 머릿속에 저절로 자리잡기도 한다는 청교도들의 역설적 통찰을 생각해보자. 이런 점 때문에 뉴먼은 사색의 헤아릴 수 없는 가치를, 휘트먼은 빈둥거리기의 중요성을 얘기했던 것이다. 에머슨이 "일상 속에서 일어나는 기적"이라 부른 것을 계획이나 예견 없이 자각하고 정신적 각성을 경험하게 되는 능력은 심리학적 글쓰기의 오랜 주제였다. 이는 적어도 성 아우구스티누스가 개종의 순간이 자신의 의지와 관계없이, 구하려 하거나 얻으려 한 적 없는 선물처럼 갑작스레 찾아왔다고 『고백록』에 언급한 이래 지속되어온 주제였다.

그로부터 1500여 년 후 조너선 에드워즈가 기록했듯 이런 경우에는 "타고난 자질을 개선시키거나 변화시키는 방식으로는"—이를테면 집중하고 몰두하고자 노력하더라도—바라던 결과를 가져올 수 없다. 에드워즈가 속한 프로테스탄트 전통에 가까웠던 학자 막스 베버는 이를 이런 식으로 표현했다. "아이디어는 책상 앞에 앉아 고민하고 구할 때가 아니라 예상치 못한 순간에 찾아온다." 에머슨도 기억에 대한 강연에서 비슷한 이야기를 한 적이 있다. "우리는 깨어 있을 때 알 수 없었던 것들을, 꿈의 도움을 받아 종종 기억해내곤 한다." 헨리 애덤스의 글에서도 마찬가지다. 그는 베토벤 음악에 대해 시큰둥했던 마음이 일찍이 들어본 적 없는 아름다움에 압도된 감각으로 어떻게 갑작스레 변하게 되었는지 다음과 같이 설명하고 있다.

삶의 위대한 측면을 향유할 수 있는 감각을 가로막고 있던 감옥의 벽이 자신도 알지 못하는 사이 갑자기 저절로 무너졌다. [그리고] 새로운 감각이 꽃처럼 만개했다. 이 감각은 이전의 감각에 비해 너무도 뛰어났고 실로 당혹스러웠으며 그런 것이 존재한다는 것 자체가 너무도 경탄스러웠다. 그는 믿을 수 없는 심정으로 자신과 동떨어진, 우연적이고 신빙성 없는 무언가를 보듯 그 새로운 감각을 바라보았다.[28]

이러한 도약은 어떤 노력의 결과로 만들어지는 것이 아니다. 이것은 예상치 못했던 상황(베를린의 어느 지하식당에서 "싸구려 담배와 형편없는 맥주에 취한" 가운데)에서 저절로 일어나, 음악을 듣는 사람을 완전히 그리고 영원히 다른 사람으로 바꿔놓는다.

오늘날의 우리는 기억을 구성하거나, 창조적인 무언가를 목격하고 표현할 때의 쾌감을 설명해주는 기본적인 신경 전달 과정에 대해 아마도 아우구스티누스, 에드워즈, 에머슨, 베버, 애덤스보다 더 많이 알고 있을 것이다. 그럼에도 교수법과 학습법에 대한 최신 이론이 오래전에 정립된 이 문제에 대한 견해에서 거의 조금도 벗어나지 않은 것은 놀라운 일이다. 일례로 희미한 기억을 되살리려는 노력이 어떻게 가로막히는지에 대해 윌리엄 제임스는 이렇게 설명한다.

기억이 가물가물한 이름을 떠올리려 애쓰면 어떻게 되는지 잘 알 것이다. 보통 그 이름과 연관된 장소, 사람, 사물 등을 머릿속에 떠올리는 식으로 기억을 되살려보려 할 것이다. 하지만 이런 노력은 종종 실패로 돌아가고, 노력을 기울이면 기울일수록 이름을 떠올릴 가능성이 줄어드는 것처럼 느끼게 된다. 그 이름이 어딘가에 꽉 끼인 것처럼, 기억을 떠올리려고 가하는 압력이 오히려 그 기억을 더 내리누르는 것처럼 말이다. 그러고는 정반대의 전략을 취했을 때 오히려 우리는 종종 성공을 거둔다. 떠올리려는 노력을 완전히 포기하고 전혀 다른 것을 생각하라. 그러면 떠오르지 않았던 이름이 반시간도 못 되어, 에머슨의 표현처럼 청을 받은 적도 없다는 듯 무심히, 머릿속으로 어슬렁거리며 들어온다. 이름을 떠올리려 했던 노력으로 인해 우리 안에서 무언가 알 수 없는 활동이 일기 시작했고 노력이 멈춘 뒤에도 계속되어, 마치 저절로 일어난 일인 듯 그 이름이 떠오른 것이다.[29]

어려운 수학 문제를 뚫어져라 쳐다보거나 잘 써지지 않는 글을 붙잡고 씨름하다가 결국은 포기했는데, 이 문제가 나중에 갑자기 퍼즐 조각이 맞추어지듯 명쾌하게 술술 풀리는 경험을 한 사람이라면 제임스가 무슨 말을 하고자 했는지 이해할 수 있을 것이다. 오늘날 신경과학자들도 제임스가 꽉 끼었다는 의미로 썼던 '잼jam'과 같은 현상에 대해 설명하고 있다. 다만 그들은 새로운 약어 TOTs(혀 끝에서 맴돌 뿐 기억은 나지 않는 현상Tip-of-the-Tongue events)를 사용할 텐데, 이들의 결론은 그리 새로울 것이 없다. 즉 "마구잡이로 정보를 쌓거나" 아니면 좀더 구어적인 표현으로 "한꺼번에 쑤셔넣는 벼락치기"는 좋은 공부 방법이 아니라는 것이다. 끈질긴 노력은 오히려 그 노력의 목적을 무력화시킬 수 있기 때문이다.[30] 신경과학자들은 대조실험을 실시한 결과, 교사가 수사적 질문을 던진 후 "답을 알려주기 전 학생들에게 잠시 생각할 시간을 주면 더 좋은 효과를 볼 수 있다"고 조언한다. 다시 말하면 "머릿속에서 생각을 키워야하며" 학생들은 "수동적 흡수"보다는 활발히 생각하는 과정을 통해 더 많이 배울 수 있다는 것이다.[31] 이러한 주장을 확증해주는 자료가 있는 것은 바람직하다. 그러나 무엇보다 놀라운 사실은 이 결과물들이 마치 새로운 발견인 양 제시된다는 것이다. 마지막에 언급된 "머릿속에서 생각을 키워야 하며"와 "수동적 흡수"라는 두 구절은 이미 1869년(찰스 W. 엘리엇)과 1915년(존 듀이)에 쓰인 표현이다. 또 1870년에 예일대 총장을 지냈던 성직자 노아 포터는 질문을 통해 가르치는 게 "가장 효과적인 교수법"이라고 논평하기도 했다. 이러한 교육학적 진리를 가장 잘 보여주는 텍스트는 2500여 년 전에 쓰인 플라톤의 대화편이다.

4

요컨대 완전히 새로운 교육학적 아이디어는 좀처럼 접하기 어렵다. 대신에 배움이란 혼자서 이뤄내는 게 아니라 다른 사람과의 협력을 통해 이루는 과정이라고 본 소크라테스의 오래된 아이디어 같은 것이 때로는 새로운 형태를 띠고 대두되기도 한다. 공동체로서의 수도회라는 기독교적 아이디어가 학생들이 함께 생활하며 배우는 대학이라는 아이디어로 진화하게 된 것이 그 예이다. 비슷한 방식으로 대학이라는 아이디어는 뉴잉글랜드로 유입되고 난 뒤 교회에 대한 청교도적 신념을 반영하고 또 확장하는 역할을 했다. 즉 청교도들에게 교회란, 이들이 예배당이라 부른 나무나 돌로 축조된 물리적 구조물이 아니라 진리를 찾는 사람들이 서로 도움을 주고받는 자발적인 모임을 의미했던 것이다. 존 코튼은 무엇이 진정한 교회를 구성하는가에 대해 다음과 같이 말했다.

진정한 교회를 악기에 비교하는 것보다 더 나은 방법이 있을까. 그 악기 안에는 파이프가 여러 개 있지만 한번 세게 불면 모든 파이프가 살아나 일시에 하나의 멜로디로 폭발하고 옆에 있던 사람들에게 듣기 좋은 소리를 선사한다. 모든 파이프가 모여 하나의 악기를 만들고, 하나하나의 소리가 모여 다양한 음악을 만드는 것이다.[32]

비교적 단일민족 사회였던 뉴잉글랜드 식민지에서 다양성의 통합('e pluribus unum*'의 초기 버전이라 할 수 있다)을 향한 열망은 분명 실제적이라기보다 이상적인 기획에 가까웠을 것이다. 그러나 이러한 이상은 교회에서는 물론 대학에서도 근본 원리가 되었다.

코튼 매더는 그의 역사서에서 이 같은 이상을 호소하기도 했다. 그는 유럽의 대학 도시에서는 대학생들이 "여기저기 개인 집에서 하숙하고" 있지만, 대학생들이 "좀더 대학다운 방식으로 생활"해야만 한다는 게 뉴잉글랜드로 이주해온 영국인들의 의도라고 설명했다. 대학은 서로 다른 출신지의 젊은이들이 함께 모여 사는 곳, 함께 식사하고 강의와 예배에 함께 참석하고 학업과 사교 활동의 일상적 리듬을 공유하는 곳이다. 이러한 "대학다운 방식"의 중심에는 수평적 학습이라는 개념이 자리잡고 있는데 수평적 학습이란 학생들이 다른 학생들로부터 중요한 무언가를 배운다는 것을 의미한다.[33]

오늘날 많은 대학들이 웹사이트와 브로셔를 통해 흔히 홍보하는 이러한 아이디어는 당연하게 받아들여질 만큼 친숙해졌다. 너대니얼 호손(보든 칼리지 1825년 졸업)도 이러한 아이디어를 염두에 두고 다음과 같이 말했다. "나와 성향과 관심사가 다른 사람들의 활동과 능력을 인정하며 그들과 교류하는 습관을 갖는 것은 나의 도덕적, 지적 건강을 증진하는 데 큰 도움이 된다." 뉴먼이 대학이란 학생들이 "친숙한 교류를 통해 서로 존중하고 의논하고 돕는 관계를 형성하는" 공간이라고 말했을 때도 이런 점을 염두에 둔 것이고, 듀이가 교육을 "하나의 사회적 생활양식"이라 일컬으며 그 속에서 겪는 "최고 수준의 도덕적 훈련은 바로 지행합일 속에서 타인

---

* '여럿으로 이루어진 하나'라는 뜻을 지닌 라틴어로 1781년 미국의회가 채택한 국가 표어. 1956년부터는 '우리는 하느님을 믿는다In God We Trust'로 바뀌었다.

과 올바른 관계를 맺는 것"이라고 설명한 것도 그런 의미이다. 윌리엄 페리가 대학생으로서 성숙한다는 것은 또래 학생들로부터 배울 게 있음을 깨닫는 데 있다고 말한 것 또한 이런 이유 때문이다.[34]

이러한 확신을 뒷받침하는 원리는 지금의 우리에게는 자명해 보이지만 그렇다고 그게 보편 원리인 것은 아니다. 네덜란드의 루스벨트 아카데미(위트레흐트 대학의 분교)나 홍콩의 링난 대학교 같은 몇몇 예외 사례가 있기는 하지만 기숙형 대학은 영미권 이외 지역에서는 거의 생소한 개념이다. 이런 점은 랜들 재럴이 쓴 대학소설 『어느 대학의 초상』(1952)에서도 부분적으로 다뤄지고 있는데 (이 소설은 미국 베닝턴 칼리지에 대한 이야기라는 사실을 굳이 감추지 않는다), 나치 치하의 유럽 대학을 떠나 미국으로 망명 온 소설 속의 교수들은 피난처를 찾게 된 것을 다행으로 생각하면서도 "어떤 점에서는 학생들이 옳을 수 있고" 교수가 틀릴 수도 있다는 생소한 미국식 개념을 쉽게 받아들이지 못한다.[35]

그럼에도 수평적 학습이라는 아이디어는 아무리 강조해도 지나치지 않다. 이 아이디어는 모든 명문 대학의 입학사정관들이 지원 학생들에게 물어야 할, "지원자는 수업에 어떤 기여를 할 수 있는가?"라는 질문의 원천이다. '소수집단 우대정책'에 관한 '바키 대 캘리포니아 대학' 재판에서 루이스 파월 대법관이 상이한 배경을 지닌 학생들 간의 "생각의 상호작용과 관점의 교류"를 위해서 입학 지원자의 인종을 고려하는 것이 합헌이라고 판결을 내린 것도 그와 같은 생각에서 비롯된 것이다. 이는 대학도 교회와 마찬가지로 근본적으로는 "양심의 상호작용"으로서 존재한다는, 그리고 입학에 필요한 지원자의 가장 중요한 자질은 "다른 사람을 고양시킬

수 있는 능력"이라는 (미국의 기준으로 보자면) 오래된 관점의 현대적 재구성인 셈이다.[36]

5

수평적 학습이라는 아이디어가 현실화될 수 있고 또 그래야만 하는 곳이 바로 교실이다. 아래에 인용한 글은 수평적 학습이라는 아이디어가 실제로 한 학생에게 어떤 의미로 다가왔는지를 예시해준다. 중국에서 태어나 교육받은 한 중국인 학생이 미국의 보든 칼리지(1794년 개교)에 다니기 위해 미국에 온 지 얼마 되지 않았을 때, 그는 청교도주의 원칙의 현대식 변형이라고 일컬을 수 있는 경험을 했다. 그것은 이미 영성체를 받은 사람이라고 할지라도 "스스로 시험해보기 전에는 과거의 어떤 교리도 진리로 받아들여서는 안 된다"는 원칙이었다.

모든 질문에 대해 '정답'이 제공되는 문화에서 자란 나는 어떤 문제에 대한 남들 의견에 동의하지 않을 때도 내 주장을 내세우지 않았다. 그러나 보든 칼리지는 나에게 그 '정답'을 재고하게 하고 적당한 선에서 타협하지 않게 했다. 1학년 때 '동아시아 정치'에 관한 세미나에서 나는 다른 학생들과 토론하고 수업에 참여하는 습관을 들여야 했다. 이 말은 지금까지 제시된 것에 대해 반론을 펴거나 적어도 의견을 달리해야 함을 의미했다. 예를 들어 어느 날 수업에서 유교가 중국의 민주주의 발전에 어떤 역할을 했는가를 주제로 토론한 적이 있었다. 16명의 학생들 중 15명이 유교가 중국의 민주주의 발전을 저해하고 있다고 말했지만 나는 그 의견에 동의할 수 없었다. 나는 급우들 모두와 맞서야 했다. 보든 칼리지는 나에게 '정해진 답'에 대해 끊임없이 회의해보도록 했다. 이것은 나에게 가장 큰 도전이었다.[37]

이런 식의 배움을 위한 (충분조건은 아니지만) 필요조건은 소규모 강의이다. 이 때문에 부자 대학을 제외한 모든 대학들에서 교육과 재정의 이해관계는 언제나 갈등을 빚는다. 교육적 전제는 단순하다. 모든 학생들이 의견을 주고받는 토론에 참여하기 위해서는 강의가 소규모로 이루어져야 한다는 것이다. 경제적 논리 역시 단순하다. 교수 1명당 학생 수의 비율이 낮을수록 비용은 (종신 교수일 경우 특히 더) 높아진다는 것이다.

그럼에도 많은 대학들에서 소규모 강의라는 전제는 강력한 지지를 얻고 있다. 미래의 후배 학생들이 자신들과 유사한 경험을 할 수 있길 바라는 졸업생들은 그 목적을 위해 아낌없이 기부금을 낸다. 여러 대학이 그런 사례를 보여주는데, 사우스캐롤라이나 대학교의 뷰퍼트 캠퍼스나 코네티컷 주 연안의 노워크 커뮤니티칼리지 같은 공립대학들이 대표적이다. 또 미국의 '심장부*'라 불리는 지역에 위치한 대학들도 있다. 여기에 속하는 인디애나 주의 발파라이소 대학교, 일리노이 주의 휘튼 칼리지, 텍사스 주의 베일러 대

---

* heartland. 지리적으로 태평양과 대서양에 닿아 있지 않은 미국의 내륙지역을 가리키지만 보수성이 강한 '공화당 우세 주들red states'이나 근본주의적 기독교도들이 많이 거주하는 '성서 벨트Bible Belt' 지역을 가리키기도 한다.

학교, 펜실베이니아 주 서부의 제네바 칼리지는 (청교도만큼 엄격하지는 않더라도) 그들이 뿌리를 둔 프로테스탄트적 유산을 강하게 의식하고 있다. 물론 수평적 학습이 그 창안자들의 후예격인 학교나 개인들의 전유물인 것은 아니다. 이는 청교도나 프로테스탄트만의 아이디어가 아니라, 영미권 대학에서는 물론이고 탈무드식 토론이나 소크라테스 대화법에서도 명백하게 드러나듯 시대를 초월해 존재해온 아이디어이기 때문이다. 그러나 영미권 대학으로 정황을 한정시켜보면 수평적 학습은 뚜렷한 문제점과 가능성을 동시에 드러낸다.

내가 몸담고 있는 대학의 저명한 교수였던 라이어널 트릴링은 인생 말년 무렵 이런 이야기를 했다. "운에 의해서든 기량에 의해서든" 소규모 토론 수업이 잘 진행된다면, 이는 "특별한 교수법적 가치를 지닐 수 있다." 차분하고도 성찰적인 방식으로 집중도 높은 수업을 진행했던 트릴링임을 고려한다면(학생들은 그를 반어적인 수사 없이 '스릴 있는 트릴링Thrilling Trilling'이라고 불렀다), 이는 꽹장한 찬사인 셈이다. 트릴링이 말하고자 한 요점은 학생들이 소규모 토론 수업을 통해 어려운 문제를 접하면, 즉흥적으로 드는 생각에 대한 근거를 확립해가는 방법을 배울 수 있다는 것이다. 학생들은 이를 통해 근거가 뒷받침된 통찰과 단순한 독단이 어떻게 다른지를 터득할 수 있다. 학생들은 소규모 토론 수업에서 다른 사람들이 나와는 다른 눈으로 세상을 보고 있음을, 그들의 경험이 내 경험과는 대체될 수도 심지어 양립할 수도 없음을 발견하는, 기분좋은 꾸짖음을 경험하게 된다. 소규모 토론 수업은 이상적으로 이루어졌을 때 토의 민주주의를 훈련하는 장이 될 수 있으며 그 속에서 교사는 권위 있는 말의 전달자도, 법칙의 제정자도 아닌 일종의 선동자 역할을 한다.

나 역시 그런 경험을 한 적이 있다. 문학 수업을 하던 중 있었던 일인데, 마침 수강생들은 노스캐롤라이나 중부의 공립 고등학교 교사들이었다. 우리는 수업 시간에 에밀리 디킨슨의 유명한 시를 함께 읽었다. 그 시의 첫 두 스탠자*는 이렇게 시작한다.

> 내 생명은 장전된 한 자루의 총처럼
> 구석에 서 있었네 어느 날
> 주인이 지나가다 알아보고
> 나를 데리고 갔지
>
> 이제 우리는 지고의 숲을 떠돌고
> 이제 우리는 암사슴을 사냥한다
> 내가 그를 대신해 말할 때마다
> 산이 맞받아 대답해주네

이 시는 남자의 쾌락을 자극할 때만 독립성을 인정받는, 남자의 명령에 따르는 노리개와 같은 처지를 벗어날 수 없는 여자가 그 심정을 노래한 것으로 읽힐 수 있다. 처음에 학생들은 이러한 독법에 동조하는 듯, 이를 뒷받침할 만한 여러 독특한 통찰들을 내놓았다.

---

* 흔히 '연'이라 부르는, 일정한 운율적 구성을 갖는 시의 기초 단위로 4행 이상의 각운이 있는 시구를 가리킨다.

그러다가 해석을 마무리지으며 그다음 스탠자("내가 미소 지으니, 따사로운 햇살이/ 계곡에서 작열하네/ 베수비오 화산이/ 만면에 기쁨을 분출했을 때처럼")를 다루고 있을 때, 평소 토론에 활발히 참여하던 학생 하나가 그날은 의아할 정도로 조용히 있다가 마침내 자신의 생각을 털어놓기 시작했다. 그 학생의 말은 대충 이런 내용이었다. "이 시는 에로틱한 힘에 대한 표현으로 읽힌다. 마치 내 결혼생활을 글로 옮겨놓은 것 같다("우리의 멋진 낮이 가고 밤이 오면/ 나는 주인의 머리맡을 지키네/ 함께 나눈 시간이/ 푹신한 오리털 베개보다 더 좋으니"). 이 시는 어떤 타인과 유리될 수 없을 만큼 가까워짐으로써 한 사람의 인생이 완성됨을 찬미한다. 자신의 의지를 굴복시켜 자아를 더 확장할 수 있다는 사랑의 시다." 그날의 토론은 어느 한쪽의 해석이 더 나은지 밝히기보다는 서로 다른 해석 사이에 시가 존재한다는 쪽으로 결론지어졌다.

위의 예처럼 내 수업에서 한 학생이 개입해 안일한 합의를 깨뜨려준 사례는 수두룩하다. 그러나 소규모 수업이 항상 더 나은 학습을 보장해주는 건 아니다. 트릴링이 지적했듯이 "제아무리 부추겨도 입도 뻥긋하지 않는 학생이 있는가 하면, 아무 말이나 막 내뱉는 학생도 있고," "아무리 조목조목 명확히 설명해도 설득이 안 되는 부분은 있기 마련"이다.

트릴링의 이런 지적은 몇 년 전 대학에 다니던 아들이 집에 들렀을 때 아내와 나에게 들려준 한 가지 에피소드를 떠올리게 한다. 아들은 예술사 강좌를 수강하고 있었는데, 토론 중재자로 처음 수업에 나선 대학원생이 슬라이드 프로젝터로 앨프리드 스티글리츠의 유명한 사진 작품 하나를 보여주었다. 그 작품은 뉴욕 항구에 정박

한 여객선의 갑판을 가득 메우고 있는 이민자들의 모습을 담은 〈삼등선실〉이었다. 똑똑하고 자신만만한 한 학생이 일어나, 사진의 흐릿한 이미지에 의해 전달되는 여행객들의 '경계성' 문제를 토론에 부쳤다. 이민자들이 신세계에서의 새로운 정체성을 형성하기도 전에 여행이 구세계의 정체성을 떼어내버림으로써 이들 존재의 절반이 지워진 상태를 보여주고 있다는 것이었다. 다른 학생들 역시 그 학생의 주장을 발전시키면서 경쟁적으로 '헤게모니'와 '타성'에 관한 다양한 이론에 빗대어 토론을 이어갔다. 그러던 중 한 학생이 강사에게 슬라이드 프로젝터의 초점을 좀 조정해보라고 제안했다. 아니나 다를까 초점이 정확히 맞춰지자 사진 작품의 이미지가 선명하게 드러났다. 그런데도 토론은 계속되었다. (오늘날 인문학의 한 특징이 드러난) 이 일화의 교훈은 강의실에 들어갈 때는 항상 각자의 헛소리 탐지기를 휴대하는 게, 그리고 가끔은 그 탐지기의 바늘이 훌쩍 치솟을 수 있음을 염두에 두는 게 좋다는 것이다.

그럼에도 잘 진행된 토론은 굉장한 효과를 가져올 수 있다. 이는 토론자의 정신을 다양한 관점으로 감싸, 윌리엄 제임스(그는 W.E.B. 듀보이스가 "명징한 사고로 이끄는 안내자"라 부른 뛰어난 교사였다)가 언급한 "모든 잠정적 진실들이 언젠가는 하나로 통합될 거라고 우리가 상상해온 바로 그 이상적인 소실점"으로 이끈다.[38] 이 구절은 진리란 이미 정해진 것이 아니라, 유동적이고 만들어지는 과정에 있다는 미국 특유의 인식을 담아내고 있다. 진리에 대한 이와 같은 실용주의적 인식은, 동의하는 것 말고는 아무것도 더할 게 없고 다만 사람들에 의해 받아들여지고 흡수된다는 진리의 계시적 개념과는 상반된다. 같은 맥락에서 이러한 생각은 청교도의 마음을 자극하고 미국의 여러 초기 대학들의 바탕이 되었던 "아우구스티누스 계系의 신심*"과도 맞지 않는다. 그러나 청교도주의 내부에서는 천부적으로 평등하게 태어난 사람들이 토론하고 논쟁하면서 진리를 발견한다는 최초의 민주주의적 인식 또한 품고 있었다.

6

미국의 초기 대학 설립자들이 특별히 정성을 기울였던 또다른 형태의 교수법이 있는데, 그것은 바로 강의이다. 강의lecture는 중세 때부터 사용된 용어로 '읽다'라는 뜻의 라틴어 'legere'에서 파생되었다. 중세 시대에는 구텐베르크의 인쇄술이 발명되기 전이어서 자기 책을 갖고 있는 학생이 드물었고, 그래서 학자들은 성서나 교부의 저서, 고전 등을 소리내어 읽고 설명해주었다. 청교도적 전통에서 '강의'라는 단어는 좀더 구체적인 의미를 얻는다. 16세기 후반 교구 내에 상주하는 성직자들은 대중들이 원하는 만큼 설교를 할 수 없거나 그럴 의지가 없었다. 그래서 평신도들은 강의자를 고용해 대신 설교하도록 했는데 이들은 보통 대학을 갓 졸업한 사람들로 안식일은 물론이고 평일을 포함해 일주일에 몇 차례씩 설교를 하곤 했다.

청교도들은 앞서 수평적 학습이라 부른 방식을 신뢰하기는 했지

---

* 아우구스티누스는 신이 우리 영혼에 내재해 있는 진리의 근원이므로 신을 찾고자 한다면 외계로 눈을 돌릴 게 아니라 자신의 영혼 속의 통찰에 집중해야 한다고 보았다.

만 성직자들의 지도가 부족한 상태에서 비성직자들로부터 많은 설교를 들으면 오만과 이단이 발생할 수 있다고 우려했다. 이런 이유로 그들은 그들 자신에게서는 물론이고, 학식 있는 강의자로부터 설교를 들어야 한다고 강조했다. 사실 설교에 대한 청교도들의 열정은 구대륙에서 극심한 논쟁을 불러일으키기도 했다. 영국국교회는 교회 예배에서의 시청각적 효과, 그러니까 오르간 소리와 스테인드글라스 창으로 들어오는 굴절된 빛 속에 서 있는 주홍색 예복을 입은 사제의 모습 같은 것들을 중요하게 여겼기 때문이다. "믿음은 들음에서 생긴다"(로마서 10장 17절)는 성 바울의 지령을 진지하게 받아들인 사람들에게 이러한 예배의 광경은 너무 부족하기도 또 너무 지나치기도 했다. 애초에 청교도들이 뉴잉글랜드로 이민을 감행한 이유도, 은총이란 회개하는 죄인이 성찬식을 보거나 심지어 영성체를 받을 때가 아니라 가슴을 절절하게 울리는 복음전도자의 목소리를 들을 때 스며들 수 있다고 믿기 때문이었다.

설교를 듣는 가장 이상적인 자세는 듣는 이가 자기 경험에 비추어 설교자의 주장을 판단하고, 또 자신이 느꼈던 것 중에 성경 속 유사 경험이라 할 만한 게 있는지 속으로 끊임없이 성찰해보는 것이다(청교도 성직자였던 존 코튼도 신도들에게 "집으로 돌아가 오늘 받은 가르침들이 진실일지 아닐지 생각해보라"고 말했다).[39] 비록 강의는 다수의 사람들 앞에서 공개적으로 이루어지지만 강의를 듣는 일은 궁극적으로 사적인 경험에 속했고, 이상적으로는 지금도 그렇다. 1590년경 한 영국인 청년은 일기장에 이렇게 적었다. "설교자의 말이 내 양심에 깊은 인상을 남겼다." 그런데 같은 말을 들은 그의 친구들은 아무런 감명도 받지 못한 채 조롱과 경멸기 가득한

"희롱거리는 태도로 내게 덤벼들었다"고 그 청년은 덧붙였다.[40] 청교도들은 이처럼 반은 사적이고 반은 공적인 종교적 경험을 매우 중시했고, 강의 겸 설교가 지옥에 떨어질 자와 구원받을 자를 가려내는 신의 방법 중 하나라고 굳건히 믿었다. 그래서 어떤 집단은 설교가 넘쳐나는 교회를 설립하기 위해 원래 속해 있던 교회에서 나와 뉴잉글랜드로 이주해 오기도 했다. 뉴잉글랜드 설립 초기에 평신도들은 일생 동안 대략 7000번에 이르는 설교를 들을 수 있었다. 한 번의 설교가 2시간 이상 소요된다는 것을 고려한다면 이는 대략 "1만 5000시간 동안의 경청"을 의미했다.[41]

이 같은 맥락에서, 그러니까 구어로 가득찬 세계에서 미국의 대학이 처음 생겨났고, 근대의 대학 강의 또한 유래한 것이다. 과학자들은 오늘날의 인문학자들만큼이나 강의를 중요하게 여겼다. 하버드 대학이 설립되고 두 세기가 지났을 때, 윌리엄 앤드 메리 칼리지와 버지니아 대학교에서 화학을 가르치고 MIT의 초대 총장을 지낸 윌리엄 바턴 로저스는 "교재에 한정된 학습과 암송"에 비해 "구술로 전달된 지식이 훨씬 더 큰 인상을 남긴다"고 언급한 바 있다.[42] 로저스 교수가 상기시킨 전통은 우리가 상상하기 쉬운, 설교자가 단상에서 쩌렁쩌렁한 음성으로 확정된 진리를 전달하는 방식이 아니었다. 물론 그런 설교자형 교사들은 과거에도 있었고 앞으로도 계속 있을 것이다. 그러나 그가 말한 전통의 진정한 위력은 탐구적 성찰이라는 측면에 있었다. 교사가 강의 도중 자연스럽게 내용을 수정할 수 있도록, 정해진 원고 대신 대략의 메모를 보고 강의하는 것처럼 말이다. 이들 교사는 어떤 주제에 관해 이전에도 여러 차례 개진했던 주장을 펼치면서도 새로운 발견을 받아들일 여지를 열어둔다. 좋은 강의(또는 좋은 설교)라면 한번 더 생각하는 가능성을 닫아두어서는 안 되며, 또 대화적인 요소를 갖추어야 한다. 이러한 자기성찰의 자세는 듣는 사람이 자기 자신을 진솔하게 탐구하게끔 이끈다.

그러나 이처럼 오랫동안 이어져온 구술의 힘에 대한 믿음을 오늘날 우리는 어떻게 받아들여야 할까? 어쩐지 남들의 비밀스러운 죄를 알고 있을 것만 같은 설교자가 교회 신도석을 뚫어져라 쳐다보고 있고, 들리는 것이라곤 오직 설교자의 목소리뿐인, 바람이 숭숭 들어오는 교회당에 몇 시간씩 앉아 있는 일은 요즘 같은 디지털 세계에서는 상상하기조차 어렵다. 오늘날 어떤 교육자들은 대학 강의가 지옥불에 관한 설교만큼이나 구태의연해졌다고 생각한다. 요즘 학생들은 가만히 수업을 듣지 않고, 이메일을 보내고 문자를 보내고 '스마트'폰을 확인한다. 설사 잠시 디지털 기기를 꺼놓는 학생이 있다고 해도 웹서핑과 멀티태스킹, "짧은 시간에 물밀듯이 쏟아져오는 여러 정보를 동시에 다루는 데 익숙한" 이들이 긴 독백 같은 강의에서 얻어갈 수 있는 것은 과연 무엇일까? 이 질문은 미국의 대학이 유효한 과거 전통에 대해 계속해서 권리를 주장할 수 있는가, 라는 좀더 큰 질문으로 연결된다.

"다른 영혼에게서 내가 얻을 수 있는 것은 어떤 자극이지 가르침이 아니다"라는 에머슨의 발언에서 우리는 그 질문에 대한 답변의 운을 뗄 수도 있을 것 같다. 훌륭한 강사를 특정짓는 표식은 자극을 줄 수 있는 능력이라고 늘 여겨져왔는데, 이 능력이 과거에 비해 덜 중요해졌다고 말할 근거는 없다. 훌륭한 강사는 사실상 대중 연설이 퇴락한 시대에 그 부족한 부분을 채워줄 수 있고, 꼭 그렇지는 못하더라도 오늘날 널리 쓰이는 마케팅 용어를 사용하자면, 틈새시장을 공략할 수도 있다. 매우 열정적으로 자신을 드러내는 강사도 있지만 어떤 강사는 너무 수줍음이 많아 학생들에게 친밀하게 다가가지 못하기도 한다. 그럴 때 학생들은 마치 강사가 자기 자신과 나누는 사적인 대화를 엿듣는 듯한 기분을 느낄 수도 있다. 나는 요즘도 특정 나이대의 컬럼비아 대학 동문들에게서 마이어 샤피로 교수의 강의를 듣기 위해 몰려갔던 추억담을 듣곤 한다. 이 위대한 미술사학자가 세잔이나 칸딘스키에 대해 이야기할 때면 눈을 반짝이며 무아지경의 미소를 지었다는데, 그래서인지 "샤피로 교수가 뭘 피우는지 모르겠지만, 나도 같은 걸 피워봐야겠어"라고 얘기한 학생이 한둘이 아니었다고 한다.

이런 일화도 있다. 철학자이자 시인인 조지 산타야나가 그의 스승 윌리엄 제임스를 기리며 쓴 글이다.

아마도 가르치기 시작한 처음 몇 년 동안 그는 교수 자리에 앉아 있다는 현실을 마치 장례식에서 추도문을 읽어야 하는 군인의 심정과도 같다고 느꼈을지 모른다. 그는 아마도 자신이 하고 있는 말을 여느 학자보다도 심도 있게 파악하고 있었겠지만 누군가 다른 사람이 대신해 말해주는 것에 더 편안함을 느꼈을 것이다. 그는 창문을 열어두고 수업하는 것을 좋아했고 잠깐씩 창밖을 내다보았다. 수업이 끝나는 종이 울리면 반가웠을 것이고 다음날까지 다시 자기 자신으로 돌아갈 수 있었을 것이다. 그러나 이렇게 정해진 의식 같았던 수업중에 가끔 어떤 정령이 그에게 내려올 때가 있었다. 그러면 그는 머리를 손에 괴고 그림같이 생생한, 가슴에서 우러나오는, 선악에 대

한 지식으로 충만한 금언들이 흘러나오는 대로 가만히 두었다.[43]

위 인용 단락에서 우리는 한 훌륭한 교사의 초상은 물론 이상적인 대학의 한 단면까지 살펴볼 수 있다.

7

미국 교육사를 어렴풋하게라도 접해본 사람이라면 대학이 종교에 뿌리를 두고 있다거나 대학의 목표와 구조, 교수법 등이 주로 프로테스탄티즘에서, 더 구체적으로는 프로테스탄티즘 가운데서도 가장 엄격한 형식을 따른 청교도(처음에 이 호칭은 반대 세력들이 야유의 의미로 붙였지만 나중에는 이 이름을 청교도들 스스로 자랑스럽게 여겼다)들에게서 유래했다는 사실이 낯설지 않을 것이다. 역사의 길고 짧음에 상관없이 많은 대학들이 종교적 뿌리의 흔적을 갖고 있다. 그 흔적의 예로 신고딕 양식의 도서관 건물, 캠퍼스 중앙(혹은 과거에 중앙이었던 곳)에 우뚝 솟아 있는 예배당의 첨탑을 기준으로 방사형으로 뻗어 있는 공간 구조 등을 들 수 있다.

그러나 이상하게도 그런 과거를 불편하게 느끼는 대학들이 많다. 종교적 권위와의 싸움에서 학문적 자유가 승리한 지 이미 오래되었음에도 그러한 종교적 뿌리가 마치 세속 사회의 자유에 대한 위협이나 수치라도 되는 것처럼 느끼듯이 말이다. 만약 오늘날 유명 대학의 총장에게 당신네 대학이 무슨무슨 종파에서 기원했음을 상기시킨다면, 인간이 유인원의 후손이라는 다윈의 주장을 접한 그 유명한 빅토리아 시대의 귀부인처럼 총장은 반응할 것이다. 그게 사실이 아니길 바란다고, 그게 사실이더라도 유포되지는 않았으면 좋겠다고 얘기한 그 귀부인처럼.

안타깝고도 부질없는 노릇이다. 대학교육의 핵심 목표와 도전 과제에 대해 우리는 종교적 배경을 비롯해 과거로부터 배울 점이 많기 때문이다. 우리는 대학이 부를 획득하기 위한 수단이나 사교클럽에 들어가기 위한 자격 요건이 아니라 한때는 목사와 교사 그리고 더 넓게는 공무원을 배출하는 양성소 역할을 했다는 사실을 기억하지 못하거나, 아니면 어느 정도는 일부러 잊으려는 경향이 있다. 미국 대학의 원조격인, 박애주의적 교육기관으로 설립되었던 영국 대학들은 사무엘 엘리엇 모리슨의 표현대로 "우리 아이들에게는 자선을, 이방인들에게는 원조를 베푸는 곳으로 여겨졌다."[44] 청교도 전통의 수호자이면서 혁신자이기도 했던 펜실베이니아 대학교의 설립자 벤저민 프랭클린은 이런 식으로 표현하기도 했다. "진정한 가치는 인류와 국가, 친구, 가족에게 헌신하고자 하는 포부와 역량에 있음을 젊은이들에게 자주 제시하고 설명하며 마음속에 각인될 수 있도록 해야 한다… 이러한 역량을 기르는 것이 모든 배움의 큰 목적이자 목표가 되어야 한다."[45]

프랭클린의 친구 벤저민 러시는 필라델피아에서 서쪽으로 100마일쯤 떨어진 펜실베이니아 주의 칼라일에 디킨슨 칼리지를 설립하면서, 대학은 관청 근처에 지어져야 한다는 조건을 달았다. 그 이유는 디킨슨 칼리지의 현 총장이 표현한 대로 학생들이 대학에서 조금만 걸어가면 "실제로 진행되는 정부 업무를 직접 지켜볼 수 있고" "사회문제에 관심을 갖게 되어 앞으로의 사회를 이끌어가도록 그들을 준비시킬 수 있기" 때문이었다.[46] 요즘 시대에 일부 대학들이 그들의 공적 의무에 대해 뚜렷하게 인식하고 있지 못하다면, 종교 중심 시대는 물론 계몽주의 시대의 대학 전통에 대해 곤혹스러워할 게 아니라 이를 본보기로 삼아야 할 것이다.

'우리 아이들' 즉 학생들에 대한 의무에 관해서는 교탁 앞에 서거나 세미나 테이블의 상석에 앉는 사람을 뜻하는 단어의 어원을 떠올려보는 게 도움이 될 듯하다. 그 단어는 바로 우리가 익히 알고 있는 '프로페서professor'이다. 이는 청교도 교회에서 일종의 공식적인 교회 입문의 뜻으로 신도들 앞에서 신앙을 고백하는 사람을 가리키는 말이었다. 이러한 의미를 오늘날 우리가 계속해서 견지해야 하는 까닭은, 참된 교사는 언제나 반드시 그 어원적 의미에서의 프로페서여야 하기 때문이다. 프로페서는 반복적인 일로 피로가 누적되어도 의연한 사람, 자신의 소명을 수행하는 데 열정적이며 때로는 광적이기까지 한 사람이다.

3장

칼리지에서 대학으로

COLLEGE

1

버지니아 주 제임스타운에 처음으로 영국인들의 정착지가 세워진 지 100여 년, 그리고 매사추세츠 주 플리머스에 '청교도'들이 들어선 지 80여 년이 지났을 무렵, 미국 식민지에는 북부의 하버드대(1636년 설립)와 남부 북쪽 지역의 윌리엄 앤드 메리 칼리지(1693년), 이렇게 단 2개의 대학만이 있었다. 18세기가 시작되고 미국독립혁명이 발발하기까지 뉴잉글랜드, 뉴욕, 뉴저지, 펜실베이니아 등지에 대학이 세워지면서 그 수는 9개로 늘었다. 두 대학에 이어 예일 대학교(1701년), 프린스턴 대학교(1896년)의 전신인 뉴저지 칼리지(1746년)*, 나중에 애국적인 뜻으로 이름을 바꿔 컬럼

_____

* 이름이 같은 지금의 뉴저지 칼리지TCNJ는 1855년에 세워진 공립대학이다.

비아 대학교(1784년)가 된 킹스 칼리지(1754년), 필라델피아 대학교(1755년에 인가를 받고 1779년에 펜실베이니아 대학교가 되었다), 설립 초창기의 후원자 니컬러스 브라운의 이름을 따서 1804년 브라운 대학교로 이름을 바꾼 로드아일랜드 칼리지(1764년), 미국 독립혁명의 영웅 헨리 러트거스를 기리기 위해 러트거스 대학교(1825년)로 이름을 바꾼 퀸스 칼리지(1766년), 1754년 코네티컷주에서 원주민들을 가르치는 미션스쿨로 설립된 후 대학 인가를 받고 지금의 위치인 뉴햄프셔 주의 하노버로 이전한 다트머스 대학교(1769년) 등이 잇따라 생겨났다.[1]

몇몇 신생 대학들은 교회의 확산과 유사한 이유에서 생겨났다. 기존 신도들과의 불화를 이유로, 또는 거리상의 불편함이나 이동 경비 때문에 분리돼 나온 종파가 새 이웃들과 함께 새로운 교구를 형성하게 된 것처럼 대학은 생겨나기도 했다. 하버드대 이사회의 일원이었던 코튼 매더는 대학이 위치한 도시 케임브리지가 종교적 정통성으로부터 멀어지는 데 불만을 품고 남쪽으로 수백 마일 떨어진 뉴헤이븐 지역에 신앙에 더욱 충실한 새로운 대학을 설립하고자 애썼는데, 이는 어느 정도 예일대가 설립된 이유이기도 했다.

한편 예일대는 뉴헤이븐보다 더 남쪽 지역에 또다른 대학이 설립되는 발단을 제공했다. 1740년대 대각성운동*이 일어났을 때 유난히 신앙심이 투철했던 데이비드 브레이너드라는 한 예일대 학생이 자신의 지도교수를 향해 "내가 앉아 있는 의자만큼의 은총도 얻지 못했다"고 비난하자 무례함을 이유로 퇴학당하는 일이 발생했다.

---

* Great Awakening. 18세기 초에 시작되어 북미 전역으로 번진 종교적 부흥운동.

이 일을 유감스럽게 생각한 조너선 에드워즈와 애런 버(미래의 미국 부통령이자 뉴욕 주지사 선거에서 알렉산더 해밀턴의 정적이 된 애런 버 주니어의 아버지)를 비롯한 예일대의 '새빛회*' 동창생들은 예일대도 하버드대와 마찬가지로 가망 없이 신앙심이 약화되었다고 결론을 내리고 '프린스타운'에 새로운 대학을 설립하기 위해 힘을 모았다. 이에 대해 애런 버는 후에 이렇게 언급한 것으로 알려졌다. "예일 대학교가 브레이너드 군을 그렇게 취급하지 않았다면 뉴저지 칼리지(현 프린스턴 대학교)는 설립되지 않았을 것이다."[2] 교회에서 일어난 분파의 세속적인 버전이라 할 수 있는 이러한 대학의 분파 과정은 토머스 제퍼슨에게도 영향을 미쳤다. 19세기 초 모교 윌리엄 앤드 메리 칼리지가 "나태와 비효율"에 빠졌다고 본 제퍼슨은 이러한 문제점을 교정하기 위해 버지니아 대학교를 설립했다.[3]

1820년대에 이르자 신생 대학의 설립에 더욱 속도가 붙었다. 이번에도 역시 몇몇 대학은 기존 대학에 불만을 품고 나온 이탈자들에 의해 설립되었다. 이를테면 오벌린 칼리지(1833년 설립)**는 인근의 레인 신학교 학생들과 교수들이 노예제에 대한 토론을 학교가 금지한 처사에 대해 반발했을 때 설립되어 이들을 오벌린으로 받아들였다. 그때까지 미국의 대학은 50개 정도로 늘어났지만 전체 인구 1300만 명 중에서 대학생 수는 4000명이 채 안 될 정도로 여전히 매우 적은 수였다. 일부 대학은 금세 문을 닫았고 어떤 대

---

* New Lights. 대각성운동 시기에 부흥 집회를 통해 원죄와 회개에 대해 새로운 시각을 얻고 개심에 가까운 종교적 체험을 하게 된 사람들이 결성한 모임.
** 미국 고등교육기관 중 처음으로 흑인들(1835년)과 여성들(1837년)에게 입학을 허용한 대학교.

학은 명성을 얻으며 존속했다. 그리고 대부분의 대학은 여전히 이런저런 교파와 협력 관계를 맺고 있었는데, 그 관계가 얼마나 공고했던지 어느 예일대 졸업생은 1852년에 쓴 글에서 이렇게 불평했다. "일주일에 열여섯 번 예배 출석, 그렇지 않은 자에게 재앙 있으리."[4]

기부금은 대개 충분하지 못했고 등록금 수입은 예측하기 어려운 등록률(학생은 보통 30명에서 100명 사이였다)에 의지해야 했고 지역 교파의 지원금도 들쑥날쑥했다. 역사가 리처드 홉스태터의 말을 빌리면 대부분의 대학들은 "종파에 지배당하고 가난에 찌든 위태로운 작은 기관이었는데… 사실 전혀 대학이라 할 수 없는, 학위를 주기 위해 그럴싸하게 포장해놓은 고등학교나 학원에 가까웠다."[5] 안냐 카메네츠는 화제를 모으고 있는 최근 저서에서 그보다 더 신랄하게 지적했다. "'수세기에 걸친 학문적 탁월성의 전통'을 자랑하는 모든 대학은 거짓말을 하고 있다."[6]

이러한 표현들은 적어도 남북전쟁 이전까지는, 고등교육이라 불리는 것에 대한 일반적인 수준의 설명이었다. 대학은 노동시장에 들어가거나 당시에도 여전히 적은 수였던 관리자 계층에 진입하고자 하는 젊은이에게 거의 아무런 도움도 주지 못하는 소수의 부실한 교육기관이었던 것이다. 이러한 관점에 힘을 실어주는 당시의 인물들은 많다. 『모비딕』(1851)에서 포경선 피쿼드호의 선주는 젊은 이슈메일에게 (좋게 얘기해서) 이상한 선장이 지휘하는 배에 그를 태우게 됐음을 알려줄 의도로, 에이해브 선장은 "식인종들과 함께 지냈을 뿐 아니라 대학에도 다녔다"고, 마치 굉장한 괴짜들만이 그런 세계 주변에 발을 들여놓는다는 듯이 얘기한다. 후일 상원의

원을 지낸 찰스 섬너(하버드대 1830년 졸업)는 "하버드 칼리지의 학부생들은 단 한 가지도 제대로 배운 것이 없다"고 토로했다. 헨리 애덤스(1858년 졸업)도 하버드가 "가르쳐준 것 없이, 설사 있다 해도 제대로 가르치지 못한 채" "텅 빈 자서전"과 같은 자신을 세상 속으로 내보냈다고 말했다.[7] 대부분의 대학생들에게 대학은 지도교수 앞에서 암기하고 '암송'하는 지루하기 짝이 없는 일상의 반복을 의미했다. 호레이스나 베르길리우스를 제대로 읽었는지 검사받고, 수학 계산식을 발표하고, 신학적 주장을 정당화할 만한 적절한 성경 구절을 찾으면서 자신의 탁월성을 증명하거나 부족함을 드러내야 했던 것이다.

학업이 그토록 따분했다면, 훈육은 (적어도 외부인이 보기에는) 전혀 이루어지지 않았다. 피바디 가문의 한 일원에 따르면, 뉴잉글랜드 지역의 대학에서는 폭발물을 터뜨리고, 유리창을 깨부수고, 인기 없는 교수 집에 돌멩이를 던지고, 닭을 훔치고, 말을 "빌려가서는" 갈기를 잘라 돌려주는 등 "교도소에 갈 만한" 범죄들이 "다반사로 일어났다." 끊임없이 발생하는 음식 폭동 같은 학생 시위는 매우 흔해서 대학은 한 편의 '어수선한 풍자극'처럼 보이기도 했다. 버지니아 대학교의 한 학생은 학교 저녁 메뉴를 '파리 수프'라고 부르며 야유하는 시위를 선동했다는 이유로 퇴학당했다. 파리 수프가 파리를 끓여 만들었다는 것인지, 식당에 파리가 들끓어 파리들이 수프 그릇에 빠져 죽었다는 것인지 분명치 않지만, 이유야 어쨌든 학생들은 그를 따라 요란한 시위를 벌였다.[8]

대학생들이 직접 행동에 나선 사례들은 논외로 하고 이와 같이 무력하고 재미없는 대학을 묘사한 몇몇 설명들에 따르면, 이 시기는 중세 유럽을 연구한 역사학자들의 표현처럼 '암흑시대'라 불릴 만하다. 사실 고등교육 문제를 다루는 많은 책들은 과거를 현재를 이해하는 유용한 수단으로만 다루기 때문에, 연구중심대학이 생기기 시작한 남북전쟁 이후부터 이야기를 시작할 뿐 원시적인 모습으로 추정되는 '옛날 대학'에 대해서는 외면한다.[9] 이러한 견해에는 분명 옳은 면이 있지만 그에 못지않게 상당히 잘못된 면도—적어도 간과한 부분이라도—있기 마련이다. 이는 우리보다 앞서 살았던 사람들을 중앙난방장치가 없는 집에 살았다는 이유로, 또는 인종과 종교, 성에 대해 시대착오적이라는 이유로 무시하는 것과 별반 다르지 않다.

사실 교육개혁을 위한 다양한 실험들이 1820~30년대에 진행되었고, 여러 대학에서는 교육 자체에 대해서는 물론 종교와 정치에 대한 토론도 활발하게 전개되었다. 1819년에 설립된 버지니아 대학교는 해부학과 법학 같은 전문화된 전공을 포함해, 오늘날로 치면 8개 '트랙'이라 부를 법한 과정을 개설했다. 유니온 칼리지(1795년), 애머스트 칼리지(1821년), 호바트 칼리지(1822년 제네바 칼리지로 설립), 트리니티 칼리지(1822년 워싱턴 칼리지로 설립) 같은 상대적으로 생긴 지 오래되지 않은 많은 대학들에서는 현대 어문학과 과학이 그리스·로마 고전들을 대체하기 시작했다. 하버드와 예일 같은 유서 깊은 대학들에서도 이러한 개혁의 움직임이 일기 시작했다.[10]

사실은 대학이 커리큘럼 논쟁에서 어떤 입장을 취하는지에 상관없이 이미 대학 내부에서는 중요한 일이 벌어지고 있었다. 아니면 적어도 몇몇 학생들이 대학에 들어오면서 중요한 변화를 몰고 왔다고 할 수도 있다. 예를 들어 남북전쟁사 전문가 제임스 맥퍼슨은 노예해방운동 지도자들 가운데 대학 졸업생의 비율이 매우 높았다는 점을 지적한다. 표본으로 선정된 노예해방운동 지도자 250명 중에서, 대학 졸업자와 대학에 잠시 몸담았던 사람의 비율은 80퍼센트에 육박했다. 더구나 당시는 전체 인구 중 불과 2퍼센트도 안되는 사람들이 대학교육을 받았을 때였다.[11] 이러한 사실은 대학에 다니는 것이 노예제에 대한 분노를 갖게 하거나 적어도 분노의 정도를 높여주었다는 것을 의미할까? 아니면 이전 세대가 품었던 전제들을 도려낼 준비가 된 "머릿속에 칼날"(1830년대 청년들에 대한 에머슨의 표현)을 품은 젊은이들이 우둔하고 순종하기 좋아하는 젊은이들보다 대학에 갈 확률이 높았다는 의미일까?

이처럼 닭이 먼저냐 달걀이 먼저냐 또는 인과관계냐 상관관계냐와 같은 질문은 확신을 갖고 답하기가 불가능하며, 특히 과거에 대한 질문의 경우 답하기는 더욱 어렵다. 대학이 학생들의 정신을 확장시켜주었을까? 아니면 대학생들은 대학에 가기 전부터 이미 다른 사람들보다 도량이 넓었을까? 이에 대한 정황증거도 서로 상반된다. 예를 들어 인종 문제에 한정해 살펴본다면 1826년과 1866년 사이 미국 전역에서 학사학위를 받은 아프리카계 미국인은 모두 28명에 불과했다. 그 기간이 끝나갈 무렵 흑인 인구는, 남북전쟁 이전에 해방된 노예 60만 명(그중 일부는 가족들이 몇 세대에 걸쳐 자유인이었던 사람들이었다)을 포함하여 450만 명을 넘어섰다.[12] 그러나 다른 한편으로, 몇몇 대학들은 확실히 개혁 성향의 젊은이들을 불러들였다. 처음으로 인종차별을 철폐하고 또 처음 남녀공학을 실시한 오벌린 같은 신생 대학들은 물론이거니와 오랜 대학들도 마찬가지였다. 1842년 책 홍보를 위해 미국 투어에 나선 찰스 디킨스는 미국을 가리켜 민주적으로 고르게 퍼져 있는 탐욕이 이끄는 저속한 나라라고 평가하면서도 단 하나의 예외를 꼽았는데, 그게 바로 "케임브리지의 대학"(그의 이 명칭은 섬너와 애덤스가 비하했던 그 하버드를 가리킨다)이었다. 디킨스가 높이 평가한 것은 "하버드가 심어준 인간적인 취향과 열정, 돈독한 우정, 그리고 하버드가 추방시킨 허영과 편견의 정도" 등이었다.[13]

남북전쟁 이전에 세워진 몇몇 대학들은 틀림없이 퇴행적이고 고루하며 또 과거에 사로잡혀 있었다. 물론 역동적이고 개방적이며 활기로 가득찬 대학들도 있었다. 적어도 1800년대 중반까지 대부분의 대학들은 처음 설립될 때부터 품고 있었던 종교적 일관성(프린스턴대는 장로파, 브라운대는 침례파 등)을 그대로 유지했다. 그러나 어떤 종파를 따랐든 '도덕교육의 시대'라는 명명이 딱 적합했던 시기에, 대학들은 건전한 인성을 갖춘 학생을 양성하는 게 대학의 주요 목적이라는 점에서는 뜻을 같이했다.

이러한 목적을 위해 대학 총장이 4학년들을 대상으로 가르친 도덕철학 과정은 대학마다 특정 종파에 따라 세부 내용이 조금씩 다르긴 했지만 사실상 보편적인 내용을 다루고 있었다. 한 역사가가 언급했듯 (오늘날 "캡스톤 과정*"과 유사한) 그 과정은 "그간 학생에게 전해진 온갖 충고와 질책을 한데 모아 체계화하기 위해서, 그리고 그 시대의 도덕적 유산을 학생들에게 전해주어 학생들이 이를 연구하고 소중히 간직하며 가능하다면 일생 동안 따르게 하기

---

* capstone experience. 학사학위를 받기 전 그간 배우고 익힌 것을 논문이나 작품, 프로젝트, 인턴십 등을 통해 정리하고 발표하는 과정.

위해서 고안되었다."[14]

인성에 대해 이렇게 체계화해보고자 한 관점은 본질적으로는 초기 청교도들의 생각과 크게 다르지 않았다. 다만 자발적인 자기계발에 대해서는 전보다 좀더 관대해지고, 강렬한 은총에 사로잡힌 영혼에 대해서는 전보다 덜 강조하는 경향이 있기는 했다. 이러한 사정에 대해서는 스코틀랜드 출신의 철학자이자 후일 프린스턴대 총장을 지낸 제임스 매코시(한 세기 전 즈음 스코틀랜드 출신으로 프린스턴대 총장을 지냈던 존 위더스푼의 정신을 그는 계승했다)가 자세히 설명한 다음 단락을 대표적으로 참고해볼 수 있다.

자유와 법칙은… 정신세계의 기본 헌장이다. 두 가지가 조화를 이루고 자유의지가 정해진 법칙에 따라 움직일 때, 정신은 고결해진다. 자유의지가 동반자이자 남편격인 법칙을 배신할 때 정신은 죄를 짓게 된다. 분열, 그러니까 가족 간의 불화가 시작되는 순간 우리의 영혼은 어지럽혀진다. 이러한 내적 갈등은 적법한 이혼 절차를 밟더라도 결코 해소되지 않는다. … 이런 이유로 의지를 가진 자들의 가슴에서 끓어오르는 내적 불화는 그들 본성의 법칙에, 그러니까 신의 법칙에 저항하기 마련이다. 이러한 분열은 신의 중재 없이는 영원히 지속될 수밖에 없고, 혼란에 빠진 두 당사자는 갈라서지도 못하고 진심으로 화합하지도 못한다.[15]

대학에 다닌다는 것은 자기반성, 자기수양, 자기희생의 훈련을 의미했다. 아니면 적어도 그렇게 하기로 약속되어 있었다.

2

19세기 대학에서 행해진 엄격한 종교적 가르침에 청교도주의의 영향이 여전히 남아 있었다면, 가르치는 사람들은 그만큼 교육의 가치를 증명해야 하는 부담을 더 크게 느꼈을 것이다. 19세기 후반 무렵, 모든 대학들이 지원을 호소하기 위해 보내는—지금도 그렇게 하고 있다—공식적인 서신에는 방어적인 논조가 슬며시 자리잡고 있었다. 일례로 예일대 총장은 『미국 대학과 미국 대중』(1870)이라는 인상적인 제목의 책에서 대학생활을 극찬했는데, 그 장점의 장황한 목록은 그의 영업 전략에 모종의 불안감이 스며 있음을 암시한다. 이를테면 이런 식이다. "대학 구성원들의 따뜻한 우정, 진지한 경쟁, 인성의 고양, 성장의 증명, 악행에 뒤따르는 신랄한 징벌과 수치심, 성공과 명예를 향한 불굴의 노력에 대한 보상…"[16] 그리고 전에는 굳이 언급할 필요가 없었던 기독교 교육, 그리스·로마 고전 교육, 친구들과 함께 생활하기 등의 가치들을, 당시 대학은 대중의 의심을 불식시키고 스스로를 옹호하기 위해 공표했다.

어떤 곳에서는 이러한 의심이 조롱으로 변하기도 했다. 1890년대 초, 주로 독학을 했던 앤드루 카네기는 "오늘날의 대학교육이란 다른 행성의 생명체"에게나 어울릴 한물간 아이디어와 "죽은 말"들을 가르치는 곳이라고 비난했다.[17] 그로부터 몇 년 후, 아일랜드 태생으로 시카고에서 저널리스트로 활동한 핀리 피터 던은 미스터 둘리라는 가공의 인물을 앞세워 대학을 두 가지 유형으로 나누었다. 하나는 "말로 표현할 수 없는 생각을 하는 대학"이고 다른 하나는 "생각 없는 말을 하는 대학"인데, 후자에 대해 그는 이렇게 묘사한다.

이런 대학의 우두머리는 젊은이들이 시민적 이상을 배워야 한다고 생각하지. … 말하자면 이렇게 믿는 거야. '젊은이들은 용기, 절제, 목적의 고결함으로 무장되어야 해.' 그러니 패키(화자 둘리의 아들)가 대학에 가면, 그래서 에라스뮈스 H. 노들 같은, 목적의 고결함 박사한테서… 강의를 듣게 된다면 말이지, 나도 고결, 너도 고결, 패키도 고결, 이렇게 되겠지. 나는 늘 누군가 우리 젊은이들에게 이런 걸 가르쳐야 한다고 생각해왔어. 어둠 속에서 집까지 걸어가는 걸로는 얻을 수 없는 용기, 배가 고프니 일을 찾는다는 식으로는 시작되지 않는 목적의 고결함. 그런 것 말이지. 그리고 이런 걸 가르치는 학교라면 그러한 시민적 이상을 배우는 것보다 직접 실천에 나서는 게 더 좋다는 것도 알고 있지.[18]

30여 년 후, 〈풋볼 대소동〉*(1932)이라는 영화에서 그루초 맑스가 분한 퀸시 애덤스 왝스태프 교수는 갑자기 즉흥적으로 노래 부르기 시작한다.

그네들이 무슨 말을 해야 하는지 나는 몰라./ 아무래도 상관없지./ 무슨 말이든 나는 반대./ 무슨 말이든 누가 먼저 꺼냈든 나는 반대!/ 네 제안이 괜찮을 수도 있지./ 하지만 한 가지만 기억해두자

---

* 원제는 'Horsefeathers'이다. 교육에는 무관심한 대학 총장이 아들 말만 믿고 경쟁 대학 축구팀 선수를 영입해 오려다 벌어지는 소동을 그린 코미디 영화.

고./ 그게 무엇이든 나는 반대./ 이리저리 바꾸고 간추려도 나는 반대!/ 내 아들이 태어나기 전 몇 달 동안/ 나는 밤새도록 아침이 올 때까지 소리를 지르곤 했지./ 그게 무엇이든 나는 반대!/ 처음 소리 지르기 시작한 이래 나는 줄곧 그래 왔지, 나는 반대.

대학이 미국의 주류문화와 견고하게 연계되어 있는 한 이런 문제는 대학 문을 밟아보지 못한 사람들의 불평쯤으로 넘길 수도 있었을 것이다. 그러나 그루초보다 훨씬 앞선 던의 시대에 그 연계는 이미 삐걱거리고 있었다.

그 이유는 여러 가지였다. 한 가지 명백한 문제는 종교적, 인종적으로 다양화되어가는 사회에서 옛 대학들이 여전히 강경한 프로테스탄티즘을 고집했다는 점이다(1789년에 문을 연 조지타운 대학교를 필두로 세워지기 시작한 몇몇 가톨릭 대학교들은 처음에는 사제를 양성하는 신학대학이었다). 1850년에는 미국인 10명 중 9명 이상이 미국에서 태어났지만, 미국 독립선언 100주년인 1876년에는 그로부터 100년이 흐른 시점에 비해서도 외국 태생의 미국인 수가 더 많았다.[19] 또하나 문제를 일으킨 것은 1859년에 출간된 찰스 다윈의 『종의 기원』이었다. 종교적 정통성에 타격을 입힌 이 책의 영향은 사실 그전부터 예견되기도 했다. 1830년대 들어 성서의 신성한 저술 작업 자체에 의문을 제기하는 '고등비평*' 옹호자들이 늘었고, 지질학자들은 지구의 나이가 성서가 공표한 것보다 훨씬 더

---

* higher criticism. 텍스트의 배경이 되는 세계를 이해할 목적으로 고전 텍스트들의 기원을 연구하는 문학비평의 한 분야. '역사비평'이라고도 한다.

많다고 측정했기 때문이다.

신학이 어떻게 최고의 지위를 잃고, 자연과 역사, 인간의 심리가 어떻게 종교적 관점에서 과학적 관점으로 옮겨져 조명되기 시작했는가에 대한 이야기는 이미 많은 역사가들이 다양한 방식으로 들려주었다. 다윈은 적절한 출발점이 되겠지만 실상 그 이야기에는 뚜렷한 시작도 확실한 결말도 없다(아직 우리가 그 한가운데 있기 때문이다). 이 책이 쓰인 의도를 고려한다면, 대학의 변화는 다른 모든 미국적 생활의 변화와 마찬가지로 남북전쟁 이후 피할 수 없는 일이 되었다고 언급하는 것만으로 충분할 것 같다. 에머슨의 지질학적 은유를 빌린다면, 남북전쟁이 "그때까지 화강암 같았던 과거에 균열"을 만들어냈던 것이다.[20]

적지 않은 대학들이 그 쪼개진 틈 사이로 추락했고(전쟁이 학생들을 군인으로 차출해간 것도 한 이유다), 몇몇 대학은 빠져나오지 못했다. 살아남은 대학들은 서부 개척과 이민으로 국토가 엄청나게 확장되는 동시에 새로 등장한 통신(처음에는 전신, 그다음에는 전화)과 운송(기차, 그다음에는 자동차)의 네트워크로 인해 거리가 좁혀지고 있는 나라에 속해 있다는 사실을, 그리고 근대산업과 농업, 관료, 법률 기술 부문의 전문가를 양성해야 한다는 압박을 실감하게 되었다.[21] 전쟁이 정점으로 치닫기 전에 미 의회는 연방제에 충실한 주들이 새로운 대학을 설립할 수 있도록 연방의 토지를 제공하는(연방 상하원 의원 1명당 3만 에이커의 토지를 그 의원이 소속된 주에 제공하는) '모릴법Morrill Act'을 통과시켰다. 이 대학들은 "여타 과학과 고전 교과들은 그대로 개설하되 농업과 기술 관련된 분야의 교육을 가장 중요한 목표로 삼아야" 했다. 정부로부터 '무상 토지 지원'을 받은 이러한 대학들이 발전해 오늘날의 주립대학 체제를 만들었다. 일리노이 대학, 펜실베이니아 주립대학과 같은 세계적인 수준의 교육기관들은 이러한 배경에서 세워졌다.

이와 동시에 낡은 도제 시스템은 축소되고, 법학이나 의학 같은 직업 분야에서는 전문성 입증과 인재 발굴의 수단으로 전문 학위를 요구하기 시작했다. 대학은 젊은이들이 근대적인 직업 분야로 나아갈 수 있도록, 신학과 고전을 중심으로 짜인 기존의 커리큘럼 너머로 움직이기 시작했다. 시대를 막론하고 모든 대학은 과거 세대(졸업생과 원로 교수)와 현재 세대(이사회, 담당 의원, 기부자)와 미래 세대(신입생과 장래의 대학생)들에 느끼는 의무를 다하고자 노력한다. 19세기의 대학들도 예외는 아니었다. 모든 구성원들의 동의 여부와 관계없이 변화는 남북전쟁 전부터 시작되었고 이후 변화의 속도는 더욱 빨라졌다. 전문화된 지식을 다루는 선택과목의 수가 크게 늘어났고, 학생들은 시험이나 필수과목 이수를 통해 드러난 자신의 성취도에 따라 소규모 토론반*을 배정받았고, 강의는 총장이나 원로 교수 집단의 통제를 벗어나 점차 학과별로 조직되기 시작했다.[22]

이러한 변화를 두고 과거에 대한 갑작스럽고도 전면적인 단절이라고 해석하는 것은 그럴싸하다. 전근대 시대 교육 이념의 핵심이 근대에 들어 맹공격을 당했다는 듯이 말이다. 그러나 『종의 기원』이 발표되고 남북전쟁이 발발하고 그로 인한 지적, 사회적, 경제적

---

* recitation sections. 대규모 강의와 연계된 소규모 토론 수업으로 수강생들은 조교의 지도하에 강의 내용을 복습하거나 심화학습을 하고 강의 내용과 관련한 발표, 토론 등에 참여한다.

변화가 일어나기 훨씬 이전부터, 미국의 대학들이 손쓸 수 없을 정도로 낙후되었고 진짜 필요한 것들과는 무관하다고 비판한 유명인사들은 늘 있었다. 일찍이 1730년대에 벤저민 프랭클린은 하버드 대학을 일컬어 지적으로 변비에 걸린 곳이라 비꼬았고, 곧 필라델피아에 "인류에게 유용한 발견들"을 선물해줄 새로운 유형의 대학을 지어야 한다고 제안했다(이 대학이 후에 세워진 펜실베이니아 대학이다). 프랭클린의 동료인 필라델피아 출신 벤저민 러시는 미국 발전의 인큐베이터로서 기능할 훌륭한 대학상을 그리기도 했고, 제임스 매디슨은 대통령으로 재임하는 동안(1808~1816) 연방정부 기금으로 운영되는 대학을 설립하기 위해 (비록 성과는 없었지만) 의회에 네 차례나 교서를 제출하기도 했다.

남북전쟁 이후 마침내 연구중심대학들이 생겨나기 시작하자 '칼리지'들은 변화에 적응하는 수밖에 다른 도리가 없었다. 일부러 '대학'이 되지 않는 길을 택한 '칼리지'들의 처지도 마찬가지였다. 그리고 '대학'이라는 단어는 새로운 의미를 얻었다. 전에는 '대학'이 '칼리지'와 함께 구분 없이 쓰였지만 이제는 학부생 교육은 물론이고 연구와 직업훈련을 망라하는 전혀 다른 종류의 교육기관을 뜻하게 되었다. 학부생을 뜻하는 단어 'undergraduate'는 칼리지 학위를 받을 사람과 고등 학술연구를 계속하는 사람을 구분하기 위해 일반적으로 사용되기 시작했다. 새로 생긴 몇몇 '대학'들은 식민지 시대에 세워진 칼리지(하버드, 예일, 컬럼비아)를 중심으로 자리를 잡아가기 시작했고, 시카고 대학과 노스웨스턴 대학처럼 아무런 기반 없이 카네기와 존 D. 록펠러 같은 실업가의 기부금만으로 세워진 '대학'도 있었다. 또한 클라크 대학, 존스홉킨스 대학처럼 학부과정이 없는 '대학'이 설립되기도 했다.*

컬럼비아 대학은 점점 늘어나는 연구 활동을 감당할 공간을 확보하기 위해 도시 외곽으로 부지를 옮겼다. 대학 교정은 1900년부터 10여 년간 주로 조성되었는데, 그때 세워진 돔 모양의 건물 정면에는 다음과 같은 문장이 새겨져 있다. "종교와 학문을 함께 익히고 인성과 지식이 함께 성장하는 학생들을 위해 세우다." 여전히 교목실이 있는 그 건물을 지나갈 때마다 나는 나의 선생님 중한 분이 지성사의 금언처럼 강조했던 말을 떠올린다. 어떤 신조가공식 선언문이나 건축물에 명시적으로 표현된다면, 당대인 누구도그 말을 믿지 않는다고 봐도 무방하다는 것이다. 또 그 건물에 새겨진 "학생들을 위해 세우다"라는 표현은 다른 대학 건물들이 다른 목적으로 세워졌음을 암시한다. 아니나 다를까, 다른 건물들은수학과 화학, 법학 같은 특정 학과목의 발전을 위해 세워졌다고 할수 있다. 그리고 종교의 경우, 점점 시대착오적으로 변하는 바람에이제는 더이상 대학생활의 구심점 역할을 하지 못하게 되었다.

새로 떠오르기 시작한 미국의 '대학'들은 신설 여부와 관계없이모두 어느 정도씩은 당시 독일의 명문 대학을 모델로 삼고 있었다. 독일의 대학에서는 학문의 자유가 보장되었고, 연구실험실과 대학원 세미나가 근대적 형태를 갖추어가기 시작했고, "교수는 학부생의 서툰 점을 바로잡아주는 일에 신경쓸 필요가 없었기 때문에 오로지 학자로서 또 연구자로서 역할할 수 있었다."[23] 그리고 마침내이들 신흥 '대학'들은 애초에 독자적으로 세워졌던 의대와 법대를

---

* 지금은 두 대학 모두 학부과정을 개설하고 있다.

흡수했고, 공대와 경영대는 물론 사범대로도 영역을 넓혀갔다.

신흥 '대학'들의 한 가지 특징은 교수진이 동료 평가제도와 국가 표준의 승인제도를 갖춘 공인된 전문가 집단으로 변모했다는 점이다. 그리고 고등교육을 규제해온 교회의 권한은 현대언어학회(1883년 창설), 미국역사학회(1884년), 미국수학회(1888년) 등과 같은 학술협회로 이전되었다. 이러한 변화는 1915년 존 듀이와 존 스홉킨스 대학의 저명한 역사학자 아서 러브조이의 주도로 미국대학교수연합이 만들어지면서 절정에 달했다. 이 단체는 총장과 이사진의 간섭으로부터 학문의 자유를 수호하기 위해 발족되었다. 교수와 총장 사이의 산발적 갈등은 20세기 들어서도 그치지 않았다. 일례로 1917년 컬럼비아 대학교의 니컬러스 머리 버틀러 총장이 1차 세계대전에 대한 미국의 개입을 공개적으로 반대한 교수 2명을 해임하자 이 대학 최고의 역사학자였던 찰스 비어드 교수는 이에 대한 항의의 뜻으로 사퇴했다. (비어드 교수는 총장 편에 선 대학 이사진이 "정치적으로는 반동적이고 포부가 없고, 종교적으로는 편협하고 중세적"이라고 평했다.) 그러나 국가적 차원에서는 변화가 감지되었다. 1895년 코넬 대학의 초대 총장 앤드루 딕슨 화이트는 모릴법에 따라 뉴욕 주에 수여된 토지의 수익금으로 코넬대의 기부금 규모가 더 커진 상황에서, 대학들이 특정 종파에 속해 있던 시대를 회고하며 "수학이나 어문학, 수사학, 물리학, 화학 교수를 채용하면서 그가 어느 종파 소속인지, 심지어 그 종파 내의 어느 계파 또는 분파에 속해 있는지를 가장 우선적으로 물었던 통제 체제"가 사라져서 다행이라고 술회했다.[24]

19세기 말 미국의 '칼리지'는 과거와는 완전히 다른 환경에 직면하게 되는데 그중에서 가장 눈에 띄는 제도적 특징이 바로 새로운 '대학'의 출현이었다. 전문적인 학문과 연구를 지향하는 '대학'은 '칼리지'의 경쟁 상대인 동시에 미래 교수진의 공급원이었다(새로 설립된 '대학'과 거리를 두고 있던 '칼리지'의 처지도 마찬가지였다). 박사학위가 '칼리지'에서 가르치기 위한 자격 요건이 되었기 때문 인데, 1903년 윌리엄 제임스는 "박사 문어발*" 현상에 대해 경고하 기도 했다. 이는 호재인 동시에 악재였다. 이러한 현상은 전문성을 북돋고 미국 고등교육의 전반적인 수준을 끌어올렸다. 그러나 한 편으로는 학문적 포부가 큰 교수들이 학부생 교육을 학문적 관심을 벗어난 부담스러운 짐으로 여기는 분위기를 만들어내기도 했다.

　기존의 '칼리지'를 주축으로 형성된 '대학'에서는 학부 수업을 결함 있는 연구자나 퇴임한 연구자들로 구성된 이류 교수진에 위 임하자는 제안들이 거론되었다. 도심에 위치한 몇몇 대학들은 한 발 더 나아가 학부생을 본교에서 지방 캠퍼스로 내보내는 계획을 세우기도 했다.[25] 시카고 대학교의 초대 총장 윌리엄 레이니 하퍼 는 칼리지 학생들을 내쫓지 않는 건 "설립자의 여린 마음에 대한 일시적 양보"일 뿐이라고 생각했다. 설립자인 존 D. 록펠러가 이 해할 수 없는 이유로 학부생들에 대해 애정을 갖고 있다는 게 그 이유였다.[26] 한편 교수들은 대학들의 채용 경쟁으로 덕을 보기 시 작했다. 경쟁 대학이 구애를 해올 때 교수들이 제일 먼저 내세우는

* 'octopus'라는 어휘는 부정적인 맥락에서 문어발이 뻗어나가는 것처럼 강력하고 광범한 영향을 미친다는 사전적 의미를 가진다. 윌리엄 제임스는 교사로서의 자질 과는 무관하게 대학에서 가르치기 위한 필수 요건으로 박사학위만을 요구하는 대학 과 칼리지의 풍토를 비판하기 위해 'The PhD Octopus'라는 제목의 에세이를 썼다.

협상 조건은, 연구 시간을 확보할 수 있게끔 수업 부담을 덜어달라는 것이었다. 일례로 1876년 하버드 대학의 문헌학자 프랜시스 제임스 차일드*는 존스홉킨스 대학으로부터 스카우트 제안을 받았는데, 하버드대는 그를 붙잡기 위해 학부생들의 페이퍼를 채점하는 일을 면제시켜주었다.[27]

되돌아보면 이 모든 일들이 오늘날 우리가 당연시하는 교육기관의 서열화로 귀결되는 숙명적 과정이었던 듯하다. '칼리지'라는 단어는 고등교육의 명예로운 이수를 뜻했지만, 이제는 자격 취득 절차상의 초급 단계로 그 의미가 쪼그라들었다. 카네기고등교육위원회가 이러한 서열 구조로 교육기관의 순위를 매기는 공식적 분류 체계를 확립한 지도 40년이 지났다.** '대학'(연구중심대학과 종합대학comprehensive university)은 이 서열의 가장 높은 그룹에, '칼리지'(리버럴 아츠 칼리지와 커뮤니티칼리지)는 가장 낮은 그룹에 속한다. 게다가 이 분류 체계는 어디에 속한다고 구분 짓기 어려운, 폭발적으로 늘고 있는 영리 목적의 교육기관들을 고려하고 있지 않다. 어느 비평가는 이 교육기관들이 "대학으로 위장한 돈 버는 기관"이라는 카테고리로 분류될 만하다고 꼬집었다.[28]

이렇게 공식적으로 체계화된 서열 구조의 한 가지 효과는 카네기재단(카네기고등교육위원회의 모조직)이 최근 언급했듯이 "많은 기관들이 분류 체계에서 '승격'되기 위해 노력한다"는 것이다.[29] 웨슬리언 대학, 드루 대학 그리고 '스와니'라는 별칭으로 더 잘 알려

---

* 그해 그는 하버드의 초대 영문과 교수로 임명되고, 이후 연구 활동에 더욱 전념하게 된다.
** 2013년 기준.

진 사우스 대학 등은 본질적으로 리버럴 아츠 칼리지에 가깝지만 얼마 안 되는 대학원생들을 입학시키고 있다는 근거를 내세워 스스로 '대학'이라고 일컫는다. 요컨대 오늘날 학계의 분위기는 연구 중심대학을 교육기관의 존재 사슬에서 가장 고등한 종으로 분류하고 있으며, 이는 그 아래의 교육기관들이 결핍과 실패의 정도를 다양하게 드러내고 있음을 암시하거나 적어도 그런 추론을 가능하게 만든다. 이와 같은 부당한 차별이 시작된 때는 한 역사가가 언급했듯이, 미국의 '칼리지'들이 처음으로 "'대학 동경'이라는 벌레에 물렸던" 19세기 후반이었다.[30]

3

이러한 내력을 이해하는 한 가지 방법은 당시 '대학'이 되기에 좋은 조건을 갖추었던 '칼리지'들의 내부에서 또 '칼리지'들 사이에서 발생한 논의들을 살펴보는 것이다. 한 예로 1885년 프린스턴 칼리지 총장 제임스 매코시와 하버드 칼리지 총장 찰스 W. 엘리엇은 중립 지점인 뉴욕에서 만나 바람직한 칼리지의 커리큘럼에 대해 논의했다. 매코시는 자신이 "학문의 삼위일체"라고 부른 "언어와 문학… 과학, 그리고… 철학"을 옹호했는데, 언어와 문학과 철학 분야는 역시 고전을 포함하고 있었다. 매코시는 엘리엇보다 틀림없이 좀더 보수적이었지만, 그렇다고 그를 비방하는 사람들이 말하듯 꽉 막힌 전통주의자는 아니었다. 사실 매코시는 1868년 프린스턴 대학에 취임하고 얼마 안 있어 선택과목제를 도입했고 이는 일부 교수들을 아연실색게 했다. 1학년과 2학년은 전처럼 정해진 커리큘럼을 따르고 3학년과 4학년은 일부 과목을 선택하는 제도였는데 물론 그 선택 범위는 매우 제한적이었다. 매코시는 모든 전공 과정에서 "자연과학"을 가르쳐야 한다고 생각하는 한편, 모든 학생들이 "정신과학과 도덕학"을 필수적으로 이수해야 한다고 주장했다. 감수성이 예민한 젊은이들은 불신앙의 유혹에 흔들리기 쉬워, 만약 "학생들이 물질에 대해서만 배운다면, 물질 외에 존재하는 것은 없다고 결론 내리기 쉽다"는 게 그 이유였다.[31]

반면 엘리엇은 "잘 지도받은 18세의 젊은이라면 어떤 대학교수보다 자기에게 어떤 과정의 공부가 필요한지 스스로 더 잘 선택할 수 있다"고 확신했다. 여기에는 다음과 같은 몇 가지 전제가 깔려 있다. 좋은 대학은 스스로 방향을 설정하는 능력을 갖춘 학생을 선발할 수 있다. 학생들의 각기 다른 재능과 성향은 육성되고 장려되어야 한다. 건전한 경쟁을 북돋우는 대학 분위기는 학생들이 자신에게 가장 잘 맞고 흥미를 느끼는 분야에서 탁월해지려는 의지를 갖게끔 할 것이다. 게다가 "미국의 18세 소년이라면 강제적인 외부 규율이 유용한 시기를 이미 지났다"는 것이다.[32] 요컨대 매코시가 통제와 지도를 중시했다면 엘리엇은 자유를 옹호했다.

두 사람이 의견을 달리한 까닭은 젊은이의 심리적, 지적 성장에 대해 완전히 다른 관점을 가졌기 때문이다. 엘리엇은 젊은이가 자신이 책임질 수 있는 포부를 내면화하게 된다면 그 과정은 이미 대학 입학 전에 이뤄진다고 믿었다. 반면 매코시는 그렇게 이른 성장은 가능하지 않다고, 설사 그렇더라도 신뢰하기 어렵다고 생각했다. 매코시의 이러한 판단은 스코틀랜드와 잉글랜드는 물론 독일,

스위스, 네덜란드 등 다양한 나라의 교육기관을 폭넓게 접한 경험에 근거했다고, 또는 (보는 이의 관점에 따라) 그 경험 때문에 왜곡되었다고 생각할 수 있다. 그러나 전반적으로 그는 옳았다. 유럽의 고등학교(독일의 김나지움이 대표적인 예다. 공부에 소질이 있는 독일의 젊은이들은 대학에 진학하기 위해 통상적으로 이곳을 거친다) 졸업생들은 미국의 고등학교 졸업생들에 비해 언어, 역사, 문학, 과학 분야에서 대체로 더 뛰어났다. 매코시는 이러한 격차를 염두에 두고 미국의 대학은 학생들에게 처음 2년 동안은 물리적 경험세계와 도덕적 경험세계에 대한 검증된 진리를 소개함으로써 교양교육의 기초를 가르치는 데 집중해야 한다고 생각했다. 그리고 다음 2년 동안은 학생들이 학업 계획을 세우는 데 완전한 통제까지는 아니더라도 강력한 지도가 필요하다고 보았다.

반면 엘리엇은 이 모든 것을 학생들의 상상력과 포부를 가로막는 방해물이라고 여겼다. 이런 방식은 "가장 수준 낮은 학생들의 요구가 반영된" 획일적이고 기초적인 커리큘럼이라는 난제를 초래한다는 것이다. 또 이런 방식은 "철저함"보다는 "가벼움"에 치우치고, "개개인의 고유한 기술과 능력과 적성이 최고 수준으로 발달되고 활용될 때 더 좋은 사회가 이룩된다"는 원칙에 위배된다고 엘리엇은 판단했다.[33]

둘 중 하나가 전범을 만들어내거나 한쪽이 다른 한쪽의 학교에게 자기 관점을 따르도록 만들지 못했다는 점에서 이 논쟁의 승자는 없었다. 그러나 장기적 관점에서 누가 승리했느냐는 분명히 밝혀졌다. 오늘날 대부분의 대학에서 엘리엇의 접근법이 표준이 되었기 때문이다. 세인트존스 칼리지 같은 특별한 예외가 아니라면*, 오늘날 학부생 커리큘럼을 철학, 문학, 과학의 고전들로 한정하는 대학은 거의 없다. 그리고 적지 않은 대학들이 학생들에게 원하는 공부라면 무엇이든 할 수 있는 자유를 사실상 무한히 보장하고 있다. 컬럼비아 대학이나 시카고 대학 내의 '칼리지'들, 그리고 어사이너스 칼리지 같은 소수의 독자적인 '칼리지'들은 1, 2학년생에게 중핵 교과를 가르쳐야 한다는 매코시의 방식을 계승해서 나름의 절충안을 도입하고 있다. 이 과정을 밟는 학생들은 고전을 읽으며 (최근 어사이너스 칼리지의 요람에 실린 표현을 빌리면) "인간 존재에 대한 주요 질문들을 깊이 생각한다." 가령 이런 질문들이다. "인간으로 존재한다는 것의 의미는 무엇인가?" "우리는 인생을 어떻게 살아야 하는가?" "우주는 무엇인가, 그리고 우리는 우주와 어떻게 조화를 이룰 것인가?"[34]

그러나 오늘날 대부분의 대학이 취하는 방식은 위에서 말한 두 가지 중 어느 쪽도 아니다. 보통 대학들은 학생들이 전공 공부나 서로 무관한 과목들의 잡동사니 속으로 정신없이 빠져들기 전에 일종의 신입생용 '입문' 과정을 개설하고, 어느 한 주제를 계속 공부하기는 어려운(불가능하다고까지 얘기할 수는 없겠지만) 느슨한 '배분' 이수 교과를 개설하고 있을 것이다. 달리 말하자면 밥존스 대학이나 오럴로버츠 대학 같은 포교 목적의 교육기관을 제외한다면 오늘

---

* 리버럴 아츠 칼리지인 세인트존스 칼리지는 1937년부터 '그레이트 북스 프로그램'을 도입해 오늘날까지도 그 전통을 이어오고 있다. 대학 4년간 서양문화 형성에 기여한 철학, 종교, 역사, 수학, 과학, 문학 등의 고전 100여 권을 주 교재로 읽고 15~20명의 학생이 모여 강사의 지도하에 토론하고 에세이를 쓰는 식으로 수업이 진행된다.

날 학생들에게 무엇을 생각해야 할지 가르쳐주는 대학은 극히 드물다. 마찬가지로 드물게 예외는 있지만, 대부분의 대학은 학생들에게 무엇이 생각해볼 만한 가치가 있는지를 가르쳐주는 일에도 관심이 없다.

4

어떤 사람들은 위의 일화를 실존 인물인 매코시 박사와 가상의 인물인 왝스태프 교수("무슨 말이든 나는 반대") 같은 완고한 전통주의자들의 저항에 맞서 근대화를 성취해낸 이야기로 본다. 어떤 이들은 같은 일화를 저항 정신은 고귀하나 결국 실패로 돌아가고 마는 좌절의 이야기로 여긴다. 두 시각 모두 얼마간의 진실을 담고 있어서, 특정 학교 내에서가 아니라면 과거의 싸움을 재현해 얻을 수 있는 것은 없다. 모든 대학은 나름의 문화와 지지층이 있고 각 대학은 학생들에게 필요한 것과 학생들이 원하는 것—이 둘이 일치하는 경우는 극히 드물다—사이의 절충안을 찾아야 하기 때문이다.

그런데 두 가지 시각 모두는 학생들에게 무엇이 최선인지에 대한 깊은 고민에서 비롯하지 않았다는 한계를 지닌다. 학계의 대대적 홍보와는 대조적으로, 오늘날의 대학 지도자들이 자원을 어떻게 배분하고, 어떤 '분야'에 투자할 것인가 등을 결정할 때 학부생은 대체로 중요한 고려 대상이 아니다. 클라크 커가 말한 대로 "대규모 대학에서 학부교육은 뛰어난 수준이기보다는 용인할 정도의 수준이기 마련이다."[35] 오늘날 주요 연구중심대학의 총장들이 학부

교육에 대해 논하는 장면에서, 매코시와 엘리엇이 과거 토론에서 보여준 섬세한 이해와 지식은 물론이거니와 커와 같은 솔직한 태도도 발견하기 어렵다.

지금도 매우 적은 수의 '칼리지' 학생들이(전체 대학생의 1퍼센트에도 미치지 못한다) 큰 규모의 '대학'과는 별개로 존재하는, 독립적인 기숙형 칼리지에 다닌다. 그러나 모든 교수들은 어디에서 누구를 가르치든 간에 사실상 '대학'에서 교육받았고, 그렇기 때문에 그들이 배운 것을 자연스럽게 자신의 학부 수업으로 들여오기 마련이다. 이렇게 시각을 넓혀보면 매코시를 특별히 고집스럽고 성미 까다로운 사람으로 보거나 엘리엇을 대단한 개혁가라고 평가하는 것은 타당하지 않다. 엘리엇이 "교육의 자유"가 필요하다고 부르짖기 훨씬 이전부터 대학교육에서 전문화를 지향해야 한다는 움직임은 이미 있어왔다. 물론 이러한 움직임을 추동한 것은 학생들을 위하는 고매한 마음이라기보다 신생 대학들이 당면한 경제적, 인구통계학적, 전문적 필요성 때문이었다.

대학의 전문화(어떤 이들이 보기에는 파편화)를 부추긴 한 가지 동력은 학생 수가 언제나 증가한다는 신뢰할 만한 사실에 있었다. 엘리엇이 인정한 대로 대학에는 "많은 학생들이 필요하다. 그렇지 않으면 고도로 전문화된 수업 대다수가 폐강되기 때문이다."[36] 또 등록금 수입에 대한 수그러들 줄 모르는 욕구가 대학 규모의 성장을 이끌기도 한다. 그 자금으로 대학은 연구 활동비를 지원하고, (오늘날 우리가 '사회경제적 다양성'이라 부르는 것에 대해 대학이 책임을 진다는 점에서) 도움이 필요한 학생들에게 재정 지원을 해주고, 미래의 후원을 약속해줄 동문 회원들을 키워낸다. 이런 이유들로 칼리지들은, 특히 대학 내의 칼리지들은 등록 목표에 미치지 못하는 경우를 제외한다면, 대개 그 규모를 늘려왔지 줄이는 경우는 거의 없었다. 20세기 후반에는 남녀공학 제도의 확산으로 대학의 성장이 가속화되기도 했다. 기존의 남학교들이 여학생들을 받아들이면서도 남학생 수를 줄이기를 원치 않았기 때문에 전체 학생 수는 증가했던 것이다.[37] 21세기에는 더 많은 해외 유학생을 유치하려는 노력으로 대학의 성장이 계속되고 있다.

그러한 성장은 때로는 서서히 때로는 가파르게 일어나기도 한다. 예를 들어 최근 경기불황의 여파로 커뮤니티칼리지의 입학생이 급증하고 있는데, 이는 젊은이들은 물론 그보다 나이 많은 성인들이 미래의 취업을 위해 재교육을 받고자 하기 때문이다. 증가 속도가 빠르든 늦든 학생 수의 증가 추세는 적어도 지난 150년간 뚜렷하게 나타났다. 전체 인구수가 늘어날 때 대학 수가 상대적으로 소폭 증가한 점을 감안하면 이는 예나 지금이나 당연한 결과인 셈이다. 1869년 하버드대 총장으로 부임하면서 이 같은 성장의 불가피성을 감지한 엘리엇은 "150명의 젊은이들은 50명이었던 때처럼 서로 친밀하게 지낼 수 없을 것"이라고 시인했다. 다시 말해 성장이 대학의 이념을 곤경에 빠뜨린 것이다. 결국 하버드의 신입생 수는 1885년 엘리엇이 매코시와 논쟁을 벌일 때까지 2배로 늘어났다. 내가 1985년부터 지금까지 컬럼비아 대학에 재직하는 동안에도 학생 수는 50퍼센트 증가했다. 등록금 수입을 더 늘리기 위해 (경기불황으로 학생들을 위한 재정적 지원 요구는 높아졌고 기부금 수입은 낮아져 그 필요성이 더욱 절실해진 상태이다) 해외 유학생들을 더 많이 모집하는 것은 물론이고 미국 내에서도 더 많은 학생들을 받아들이고 있으므로, 대학의 규모는 가까운 미래에도 계속해서 빠르게 커질 것이다.

그렇다면 규모의 성장이 교육적 밀착성 면에서 나쁜 이유는 무엇일까? 한 가지 이유는 커리큘럼에 필수과목이 많지 않더라도, 학생 수가 많아지면 이 과목들을 수강하는 학생 수가 많아져 1명의 교수자가 감당할 수 있는 능력과 의지 수준을 넘어서기 때문이다. 이미 1825년에 자유 이수 제도의 한 지지자는 이렇게 썼다. "대학 학업 기간이 연장된 것도 아닌데 모든 학생들이 모든 교수에게서 배워봐야 한다는 과거의 원칙을 적용하는 것은 더이상 합리적이지 않다."[38] 이 사람은 지난 시절 1명의 교수가 신학, 고전, 수학, 역사와 같은 필수과목들을 가르쳤던 때를, 그래서 모든 학생이 대학에 다니는 동안 적어도 한 번 이상은 그 교수에게서 배워야 했던 때를 염두에 두고 있다. 1840년대 일부 대학에서는 소규모 강의가 이미 과거의 일이 되었고, 모든 학생들이 공통과목을 이수하도록 한다는 좀더 소박한 목표도 달성하기 어려운 일이 되어버렸다. 학생 수가 늘어나는 상황에서 필수 커리큘럼을 유지하자면 많은 수의 교수자들을 끊임없이 고용해야 했기 때문이다.

필수 커리큘럼을 가르칠 수 있는 교수를 채용하고 고용을 유지하는 것은 특히 경쟁이 심한 학술시장에서는 비용이 많이 드는 일이다. 게다가 그러한 커리큘럼이 잘 진행되기 위해서는 담당 교수들이 자신의 전문 연구 분야에 대한 관심을 제쳐두고 열여덟, 열아홉 살의 학생들과 '입문' 공부를 하고 교수들끼리 무엇을 어떻게 가르칠지 서로 협조적으로 논의하는 과정이 필요하다. 실제로 교수들은 '대학'에서 갈고 닦은 자신의 전공 분야를 접어두거나 아니면 적어도 자신이 배운 것과 다른 사람이 배운 것을 연결하고자 노력해야만 한다.

일부 대학들은 모든 학생이 필수적으로 수강해야 하는 입문 과목들을 개설해 이러한 협력교수*를 계속 발전시키고 있다. 인상적인 사례를 하나 들자면, 어사이너스 칼리지는 '공동의 지적 체험'이라는 세미나를 개설해 모든 신입생들에게 협력교수를 시행하고 있다. 심지어 이 칼리지에는 수업 조교를 맡아줄 대학원생이 없는데도 말이다. 컬럼비아 대학교에서는 여전히 모든 칼리지 학생들에게 어려운 중핵 교육과정을 필수적으로 수강하게 하고 있다. 중핵 교육과정의 필요성에 대해 확신하는 동문들이 이 교육을 강력하게 요구하고, 대학원생과 박사후 과정에 있는 학생들이 많은 역할을 해주고 있기 때문에 가능한 일이다. 이 과정을 가르치는 교수들 중 적어도 일부는 교수들 간의 협력과 자기 공부를 통해 얻는 것이 연구 시간의 손실을 상쇄해줄 만큼 크다고 느낀다. 이런 커리큘럼을—사실상 어느 교육과정이든—소규모 수업으로 진행하는 것은 상당한 비용을 필요로 한다. 최근 주요 대학들이 비용 효율성이 높은 대규모 강의 모델을 버리고 소규모 강의 쪽으로 방향을 틀고 있다는 사실은 그래서 고무적이다. 일례로 MIT 물리학과는 최근 소규모 강의를 도입했는데, 그 결과 출석률은 높아지고 낙제율은 낮아졌다.[39]

또다른 대안도 있다. 규모가 큰 칼리지에서 이러한 중핵교육을

---

* 둘 혹은 그 이상의 교수자가 함께 학생들을 가르치는 교수법으로 협력 관계 방식에 따라 같은 반을 두 교수자가 번갈아가며 강의하는 팀티칭, 주 교수자와 보조 교수자가 함께 가르치는 방식, 같은 내용을 반을 나누어 소규모로 강의하는 평행 교수 방식 등의 유형으로 나뉜다.

시행하고자 한다면, 교수자들이 모두 동의하는 강의 주제를 선정해 대규모 강의를 개설한 다음, 이를 가르칠 의사가 있는 교수에게 맡기는 방법이다. 대규모 강의이더라도 훌륭한 강연자에게 배우는 경험은 언제나 짜릿한 일이기 때문이다. 1945년 발행된 하버드대의 '레드북*'은 바로 이 점을 전제로 작성됐다. 이 기획 아래 과학, 인문학, 사회과학의 기초를 다루는 '교양교육' 프로그램이 만들어졌으며, 이를 가르치고 싶어하는 일부 뛰어난 교수들이 강의를 맡았다. 이러한 커리큘럼의 흔적은 오늘날 마이클 샌델 교수의 '정의' 같은 유명한 강의에서 찾아볼 수 있다. 수강생이 800명가량 꾸준히 모이는 이 강의는 학생들의 만족도도 높다. 그러나 사회과학자들도 인정하겠지만 샌델 교수는 아웃라이어**이다.

오늘날 많은 대학들은 이처럼 규모와 관련된 문제에 시달리고 있다. 이러한 문제 뒤에 도사린 더 근본적인 문제는 전문화된 지식의 폭발적 증가이다. 19세기 중반 무렵 세계에 대한 (특히 자연계에 대한) 지식의 범위가 엄청나게 확대되면서 인류 지식의 주요 핵심을 섭렵하겠다고 하는 포부는 (이를테면 토머스 제퍼슨이 일생 동안 독학하고자 했듯이) 한때는 존경받을 만한 일이었지만 이제는 황당무계한 일로 여겨질 뿐이다. 매코시와의 논쟁에서 엘리엇은 이렇게 지적

---

* 하버드 칼리지의 한 교수위원회와 외부 전문가들이 발행한 보고서로 정식 제목은 『자유사회에서의 교양교육General Education in a Free Society』이다. '레드북'은 표지 색깔 때문에 붙은 별칭이다. 교양교육의 필요성을 강조한 이 보고서는 하버드대뿐 아니라 고등학교, 대학 전반의 교과과정 편성에도 큰 영향을 미쳤다.

** 원래 본체나 무리에서 떨어져나온 대상, 다른 표본과는 확연히 구분되는 통계치 등을 가리키는 말로, 어떤 분야에서 통상적인 기대를 벗어나 탁월한 성공을 거둔 사람을 지칭하는 말로 사용된다.

했다. "올해 하버드대가 개설한 200개의 강의 목록 중에서, 강의의 교육적 품질을 위해 필수적이라고 여겨지는 표본, 자료, 방법론과 함께 금세기 초에도 개설될 수 있었을 강의를 고른다면 채 20개도 안 될 것이다."[40] 그로부터 몇 년 전과 비교해보더라도 200개의 교과목은 이미 깜짝 놀랄 정도로 많아진 수치였다. 오늘날에는 모든 주요 대학들이 수천 개의 강의를 개설하고 있다.

매코시와 엘리엇 둘 다 앞서 언급한 근대 학계의 실상에 대해 자각하고 있었다. 매코시는 이에 저항하고 싶어했고 엘리엇은 수용하고 싶어했다. 학생 수가 늘어남과 동시에 그들이 선택할 수 있는 과목과 방법이 확대되면 어떤 대가를 치러야 하는지 두 사람 모두 알고 있었다. 양방향의 확대는 실제로 급속도로 일어났다. 매코시는 그 대가가 너무 크다고 생각했고 대가를 치르다보면 밀착된 교육은 불가능할 것이라 생각했다. 엘리엇은 그것이 발전의 대가이며 치를 수밖에 없는 대가라고 생각했다. 두 사람 다 옳았다.

5

학생 수의 증가와 지식의 증가는 철학자 알래스데어 매킨타이어가 "현대 학계에서 벌어지고 있는 분열적이고 파편적인 구획화"라고 언급한 것을 가속화시킨 두 가지 동력이었다. 학생 수의 증가 속도는 늦출 수 있을지 모르지만 지식의 증가 속도는 제어하기 어렵고 거꾸로 되돌리기란 더더욱 어려운 법이다. 스스로를

"아우구스티누스적인 토마스주의자*"라 부른 매킨타이어는 관심사는 다양하되 궁극의 가치에 대해서는 뜻을 같이하는 교수진들로 구성된 "탐구의 공동체"가 곧 이상적인 대학이라고 명료하게 표현한 바 있다.[41] 그러나 학문의 자유—스스로 선택한 연구를 수행해나가고 동료 교수들의 평가를 받아들일 자유—를 논외로 한다면, 오늘날 교수들은 궁극의 가치가 무엇인지 파악하는 데 어려움을 겪는다.

사실 규모가 큰 대학에서는 교수들이 학문적 경계를 넘어 협력하기도 하고, 정기 교수회의에 상당한 수의 교수들이 참석하기도 한다. 다만 후자의 경우는 학문의 자유가 위기에 처했다거나 예산 부족 문제로 소속 학과에 교수를 충원하기 어렵다는 등의 문제가 있을 때만 일어난다. 학부생 교육이라는 화두를 가지고 진지하게 협력하는 일은 좀처럼 일어나지 않는 게 사실이다. 최근 하버드대가 학부 커리큘럼을 대대적으로 개편하려다 실패한 사례는 이런 학계의 문제를 단적으로 보여준다. 그 개편을 구상하고 이끈 위원회의 공동 의장은 수년간의 노력이 수포로 돌아가자 냉소적으로 이렇게 말했다. "우리는 그저 일반적인 의미로서의 교육을 생각하

---

* 초월적인 이데아의 세계를 강조한 플라톤의 사상적 전통을 이어받은 아우구스티누스는 인간은 어떤 의지나 지성의 노력으로도 자신을 원죄에서 구원할 수 없고 오로지 신의 은총에 의해서만 무한한 진리를 파악할 수 있다고 본 반면, 아리스토텔레스의 사상을 이어받은 토마스 아퀴나스는 신앙과 이성은 서로 대립되는 것이 아니라 보완적 관계에 있으며 신의 존재를 이론적으로 증명할 수 있다고 주장하면서 이성에 따르는 삶을 강조했다. 아우구스티누스적인 토마스주의자라는 명칭은 궁극적 가치의 존재를 믿는 한편 인간의 탐구와 지성적 노력을 통해 이에 다가갈 수 있다고 믿는 태도를 의미한다.

는 데 익숙하지 않은 것 같다. 그게 우리 전공이 아닌 것이다."[42]

컬럼비아 대학에서도 문리과대학(지금은 예술대학원, 국제홍보대학원을 포함한 6개의 전문대학을 포함한다)의 교수진 내부에서 독립적인 영역을 차지하고 있던 칼리지 교수 집단이 해체된 지 20년이 흘렀다. 그 20년 동안 학부교육에 대한 실질적 논의가 오간 교수회의는 딱 한 번 열린 것으로 알고 있다. 이 회의에서 일군의 저명한 과학자들은 중핵 교육과정에 새로운 과학 입문과정을 추가해야 한다는 설득력 있는 주장을 펼쳤다. 고무적인 일이었다. 그러나 안타깝게도 이 책의 서문에서 언급한 것과 같은 (칼리지의 학생 재정 지원정책에 대해 상당한 근거와 적극성을 갖고 논의하는 식의) 교수회의가 오늘날 재현되기란 불가능에 가깝다. 교수들의 학부교육에 대한 무관심은(컬럼비아 대학에는 대학 입학과 재정 지원 문제를 다루는 교수위원회가 더는 존재하지 않는다) 결코 특정 대학에만 한정된 문제가 아니다.[43] 이는 현대 학계가 관료화되고 '발칸반도처럼 분열되는'(교수들이 상호 견제하는 이해집단들로 분열되는) 현상에 뒤따르는 자연스러운 결과이다.

이렇게 파편화된 현실에 맞서 매킨타이어는 뉴먼의 기획과 상당히 유사한 이상적인 대학상을 구상한다. 매킨타이어가 재직중인 노터데임 대학교 같은 교회 소속의 대학이나 캘리포니아 공과대학교와 록펠러 대학교(학부생이 없는 대학원대학교)처럼 과학적 탐구에 거의 전적으로 매진하는 대학은 지금도 그러한 이상을 추구하고 있다. 그러나 공동체로서의 대학이 거의 존재하지 않는다는 게 오늘날 고등교육계의 어쩔 수 없는 현실이다.

오래전부터 그래왔다. 1929년부터 1951년까지 시카고 대학 총장을 지낸 로버트 메이너드 허친스*는 시카고 대학교를 "중앙난방 시스템 아래 모여 있는" 잡다한 학부와 전공 모음 같다고 말했는데, 이는 이후 종종 인용되는 표현이 되었다. 그로부터 20년이 지난 후 커는 허친스의 이 말을 캘리포니아인의 관점으로 바꿔서, 버클리 대학의 교수진을 "주차 시스템에 대한 공통된 불만을 중심으로 뭉친 일련의 개인 기업가들" 같다고 묘사했다. 요컨대 현대의 대학을 지배하는 힘은 중심으로부터 멀어지려는 원심력이다. 19세기 말에 등장한 연구중심대학이 20세기 중반 들어 커가 명명한 "멀티버시티multiversity"로 변모하면서 이러한 원심력은 더욱 커졌다.

1922년에 이미 싱클레어 루이스는 소설『애로스미스』에서 위스콘신, 미네소타, 미시간을 섞어놓은 듯한 이름의 거대한 대학을 이렇게 묘사했다.

> 위네맥Winnemac 대학교에는 유리로 둘러싸인 야구 경기장이 있고 대학 건물들은 서로 몇 마일씩 떨어져 있다. 학교측은 수백 명의 젊은 박사학위자들을 채용해 산스크리트어, 항해학, 회계, 안경 조정, 위생공학, 프로방스 시詩, 관세율표, 루타바가** 재배, 자동차 디자인, 러시아 보로네시의 역사, 매슈 아널드의 문체, 운동마비성 근비대증의 진단, 백화점 광고 등등을 속성으로 가르치고 있다.

이는 넓은 의미의 민주주의적 교육으로서, 코넬대를 설립한 에즈

---

* 30세에 대학 총장에 임명된, 미국 역사상 최연소 대학 총장이었다.
** 순무의 일종.

라 코넬이 품었던 "누구나 어느 분야든 교육받을 수 있는 학교"라는 꿈의 극단을 보여준다. 또 이는 커가 말한 멀티버시티가 현실화되기 이전 모습이며, 곧 나타나게 될 미국적 거대주의의 예시豫示로도 볼 수 있다. 대형 슈퍼마켓과 쇼핑몰의 모습으로, 그리고 정보를 무한히 생산해내지만 그 정보의 가치를 구분하지는 못하는 구글과 위키피디아의 모습으로 드러나게 되는 미국의 거대주의 말이다.

루이스가 약 한 세기 전에 이 글을 썼을 때는 대학에 대한 그의 묘사가 패러디에 가까웠지만, "프로방스 시" "보로네시의 역사" 같은 몇몇 '가벼운' 과목들이 커리큘럼에서 사라졌을 거라는 점 말고는 오늘날 그의 묘사는 제법 그럴듯하게 읽힌다. 요즈음 멀티버시티는 애리조나 주립대학의 총장 마이클 크로가 "종합 지식산업"이라 일컬은 형태로 빠르게 변모해가고 있다. 종합 지식산업은 대학기관과 정부, 항공우주산업, 제약회사, 생명공학회사 등의 국제적 네트워크가 공통의 이해관계에 기반하여, 주로 막대한 수익이 기대되는 프로젝트를 공동으로 진행하는 방식으로 운영된다.

엘리엇이 추구한 독일식 연구중심대학에서부터 마이클 크로의 세계적 차원의 아이디어까지, 근대 대학의 이 모든 반복들은 과학이 (전적으로까지는 아니더라도) 강력하게 주도해왔다. 일찍이 1876년, 존스홉킨스 대학의 지질학과 교수였던 대니얼 코이트 길먼은 총장 취임 연설에서 새로운 '대학'의 연구 임무와 교육의 목적을, 학생들에게 "어떻게 하면 지식의 영역을 아주 조금이라도 더 확장시킬 수 있을지 방법"을 일러주는 것이라고 정의했는데, 이는 당시 대학이 처한 정황을 보여준다. 화학자였던 엘리엇도 같은 목소리를 냈다. "'대학'의 가장 중요한 기능 중 하나는 인류의 축적된 지식을 저장하는 것이다. 이로써 젊은 세대들은 이전 세대들이 이뤄낸 모든 성취를 등에 업고 출발하게 될 것이다." 이런 관점에서 보자면 인간의 역사 전부는 일종의 릴레이경주여서 모든 주자는 이전 주자가 지나간 곳을 되밟을 필요가 없게 된다.[44]

이러한 신조의 효능은 한 가지 간단한 사실로 확인된다. 이를테면, 17세기의 두 천재 뉴턴과 라이프니츠가 처음 미적분을 고안해내기까지 역사상 수천 년의 시간이 소요됐지만, 오늘날의 성실한 학부생들은 적어도 미적분의 첫 단계를 완전히 익히고 대학에 들어온다는 식이다. 같은 이유로 우리는 26세의 의대 4학년생이 질병의 유전적 근거나 장기이식술에 대해 20년 전, 심지어 10년 전의 의사들보다 더 많이 알고 있을 것으로 기대한다. 이처럼 과학의 혁신적 동력은 인류 문명의 놀라운 성취 중 하나이다. 이는 훌륭한 학교교육을 받은 명석한 젊은이가 과거의 젊은이보다 더 많은 재능을 타고났다는 뜻이 아니지만, 어떤 형태의 지식은 점차 증가하고 축적된다는 전제를 완벽하게 입증한다. 새로운 진리가 한번 발견되고 나면 그것은 다시 발견될 필요 없이, 그것을 이해하고 확장시킬 수 있는 사람에게 전해질 수 있기 때문이다.

바로 이런 이유로 과학은 대학의 자원 경쟁에서 다른 학문 분야보다 상당한 우위를 점한다. 과학은 발전을 증명할 수 있는데, 그 능력은 과거보다는 미래를 지향하는 문화 속에서 굉장한 가치를 지닌다. 19세기 후반 길먼과 엘리엇이 말한 발전이라는 개념은, 프레더릭 윈슬로 테일러가 『과학적 관리법』(1911)이라는 책에서, 발전은 "낡은 것을 재창조하기보다 세계의 지식에 진정 뭔가를 더할 수 있는지"[45]에 따라 좌우된다고 언급했을 때 의미했던 바의 학문적 동의어이다(잘 알려져 있다시피 이 책은 전문화된 노동의 합리적 분배가 효율적 산업 생산을 위해 필수적임을 주장한다). 지식의 가치를 평가하는 이러한 방식은 과학의 작동 원리와 일치하고, 또 인문학에 까다로운 도전 과제를 부과한다. 인문학자들이 옛것을 버리고 새것을 취하는 식으로 진리의 향상을 꾀하지 않고, 진리를 거듭 주장하고 보존하는 일에만 관심을 기울인다면 그만큼 인문학은 과학의 도전을 받게 될 것이다.

과학이 이끌어낸 수많은 기술적 성취들을 대중들이 눈으로 확인하고 받아들인다는 사실은—물론 많은 훌륭한 과학자들은 자신들이 하는 일의 가치를 그런 식으로 한정 짓는 방식에 이의를 제기하겠지만—과학의 또다른 장점 가운데 하나다. 과학은 과학적 주장을 검증하는 수단(실험 방법)을 갖추고 있을 뿐 아니라, 사실상 살아 있는 모든 이와 앞으로 태어날 모든 이의 삶에 (물론 항상 이로운 것은 아니지만) 명백한 영향을 미친다. 트랜지스터, 컴퓨터, 자동진단장치, 의학요법, 대체에너지원(우리 모두의 바람이다) 등, 어떤 측면에서 고등교육의 공적, 사적 투자에 대한 과학의 '보상'으로 여겨지는 목록은 끝이 없다.

이 목록을 살피다보면 이런저런 역사적, 철학적 '도약'이 인정되기도 하겠지만 목록을 지배하는 것은 예외 없이 과학적 성취들이다. 최근 발간된『미국의 명문 연구중심대학』에 제시된 목록이 레이저와 자기공명영상법에서 시작해 비아그라로 끝나듯 말이다.[46] 사회과학 분야에서 같은 방식으로 목록을 만든다고 해도 과학에 공을 돌려야 할 일이 많을 것이다. 이를테면 과학이 법률, 경제 시스템을 만들기 위해 합리적 원리를 고안해낸 것을 생각해볼 수 있다(물론 최근의 금융 붕괴를 예견한 경제학자가 거의 없었다는 점 때문에 경제 시스템의 과학성에 대한 회의가 생겨나기도 했다). 교통과 통상을 위한 인프라 관리와 공중 보건의 향상 역시 과학의 공으로 돌릴 수 있다. 요컨대 대학이 현대 문화의 근본적인 이념을 키우고 예증하고 증진시켜온 핵심 기관이라면 그 근본적 이념이 바로 발전인 셈이다.

찰스 W. 엘리엇은 특유의 자신만만한 어조로 이렇게 말했다. "발전의 과정이 누적적이기 때문에 전례 없는 문명의 발전은 매 세기마다 목격된다고 할 수 있다." 그리고 이 문장 뒤에 그는 짧은 조건절을 덧붙였다. "대참사가 그 발전을 가로막지 않는다면." 이 부언의 의미는 중요하다. 엘리엇은 살아생전에 노예해방을 지켜봤고 전신과 전화와 라디오와 비행기의 발명을 목격했고 90세 생일 파티에 자동차를 타고 갈 수 있었다. 심지어 그는 1차세계대전을 목도할 정도로 오래 살았다. F. 스콧 피츠제럴드(프린스턴대 1917년 졸업)가 하나의 제국이 "최전선에서 죽어가면서도 뒤에서 밀어붙이는 힘으로 아주 천천히" 앞으로 나아갈 때 "또다른 제국은 수백만 장의 피투성이 융단 같은 시체들을 남긴 채 매일 몇 인치씩 아주 느리게 뒷걸음질쳤다"고 묘사하기도 했던 그 오랜 전쟁을 엘리엇은 목격한 것이다. 엘리엇이 타계한 1926년으로부터 15년이 채 안 됐을 무렵, 현대의 조직적 기술들을 동원해 유럽의 유대인들을 절멸하려는 계획이 이미 실행에 옮겨졌고 이는 대체로 성공을 거두었다. 이러한 유대인 절멸 기도는 세계 최고라 여겨지는 대학들이 있는 나라에서 자행한 일이었다.

6

그렇다면 근대의 대학은 현실의 문제들을 어떻게 파악하고 있는가?

과학은 이런 주제 앞에서 무력하다. 과학적 발전의 원리는 문화적, 역사적 경험에 대한 연구에 '잘 적용되지' 않는다. 그럼에도 『근대 대학의 형성: 지적 혁신과 도덕의 주변화』라는 귀중한 책에서 줄리 루벤이 지적했듯이 "학생들이 과학적으로" 생각할 수 있도록 "교육시키는 것"은 대학가 전반의 "주요 목표"가 되었다.[47] 과학적 패러다임의 위력은 계속 커져왔고 그 결과, 적절한 수준에서 과학을 포함해왔던 인문학이나 교양과정이 이제는 저마다의 목적에 따라 과학의 패러다임에 적응하고자 노력하고 있다.

매킨타이어는 이러한 현상을 일컬어 "전혀 기술이 적용될 이유가 없는 영역에서 기술을 흉내내는 것"이라고 표현했다.[48] 근대 대학의 역사가 시작되던 무렵, 인문학자들은 옆방 실험실의 과학자 동료들이 가스나 빛의 성질을 연구하는 방식을 따라 언어도 그렇게 연구될 수 있는 것처럼 묘사하며 과학자들을 흉내냈다. 문헌학연구가 언어의 구조나 언어 간의 유사성에 대한 이해를 어느 정도 증진시킨 것은 사실이다. 상세한 자료가 뒷받침된 일대기 연구가 역사적 인물의 삶을 조명하는 데 유용한 것으로 드러났고, 미발표 자료들을 공들여 필사하고 텍스트의 다양한 판본을 조사해 정본을 만드는 작업들은 인류 지식의 총합을 신장시켰다. 이른바 '과학적' 역사의 시대였던 것이다. 실증적 연구를 통해 오랜 시간 인간 행동을 지배해온 법칙을 세울 수 있을 거라는, 그리고 이 법칙이 일관성과 예측 가능성 면에서 물리법칙 못지않을 거라는 생각이 지배적인 시대였다.

그러나 과학자들은 이렇게 아첨하는 식의 흉내를 그다지 진지하게 받아들지 않았고, 인문학자들은 또 그들 나름대로 의혹을 품고 있었다. 문학자인 앨빈 커난 교수는 2차세계대전 직후 옥스퍼드 대에서 영문학을 공부했는데, 이때 아주 재밌는 경험을 했다고 한다. 커난을 가르치던 교수는 한 미국인 학생이 잔뜩 긴장한 채 '언어학'의 전문용어를 붙잡고 끙끙대는 것을 보고는, 그가 가여웠는지 이렇게 조언해주었다고 한다. "텍스트에서 모르는 단어를 발견하면 그냥 발음이 비슷한 요즘 단어와 연결해 둘 사이에 가교를 만들어보게. 대부분의 심사자들이 의심은 품겠지만, 언어학이라는 게 얼마나 애매한지, 이들은 자네의 별것 아닌 단어 연구에 흥미로운 가능성이 있다고 생각할 걸세." '과학적' 역사의 경우도 문제를 해결하기보다 더 많은 혼란을 초래했다. 일례로 1차세계대전을 연구한 어느 저명한 역사가는 1920년대에 쓴 글에서, 그와 동료 학자가 같은 단서를 가지고 어떻게 정반대의 결론에 도달했는지 그때 느낀 당혹감을 이렇게 표현했다. "이 골치 아픈 문제에 관한 한 나는 지금껏 요령부득이다. 우리 둘 다 저명한 대학교에서 박사학위를 받았다. … 우리는 각자의 저술을 준비하는 과정에서 같은 문헌을 다루었고, 같은 전기와 회고록을 읽었다. 그리고는 서로 전혀 다른 해석을 도출해냈다. … 우리의 연구 방법에 무슨 문제가 있었던 걸까?"[49]

20세기 후반 무렵에는 객관성이라는 유령을 좇는 일이 더이상 일어나지 않았다. 인문학자들이 한때 과학자들을 흉내내려고 애썼다면, 이제는 그들에게서 완전히 돌아선 것이다. 인문학자들은 여러 '포스트모던'적 아이러니를 근거로 내세워 모든 추정적 진리들은 불확정적이고 모든 가치들은 상대적이라고 주장하며, 진리라는 개념 자체를 부정했다. 그럼에도 결과적으로 달라진 것은 없었다. 인문학자들은 계속해서 '대학'의 주변부에 머물러 있었고, '낙수' 효과에 따라 '칼리지'에서의 상황도 마찬가지였다.

오늘날 인문학의 추세는 다시 과학주의로 되돌아간 듯하다. 매킨타이어가 "진일보했다기보다 유행이 바뀌었다"고 언급하며 강단 인문학의 특징을 가차없이 묘사했듯이 말이다. 예를 들어 스탠퍼드 대학의 소설연구센터에서는 '문학실험실'을 운영하고 있는데, 이곳에서는 오랜 산문픽션*의 역사 속에서 주제나 문체의 변화를 암시해주는, 반복되는 단어 사용의 패턴을 찾아내기 위해서 대학원생들이 팀을 이루어 디지털화된 텍스트들을 검색하고 있다. "간단히 읽기**"의 방법으로 우리는 인간 독자가 감당할 수 있는 것보다 훨씬 더 많은 데이터베이스를(더 많은 소설을) 기계로 스캔해서 읽을 수 있다. 이를 연구하는 학자들의 궁극적 목표는 "책 읽기를 멈추는 대신 책을 셈하고 도표화하고 지도로 그리는 것이다."[50]

---

* prose fiction. 노스럽 프라이가 『비평의 해부』에서, 소설과 같은 의미로 쓰이고 있는 픽션을 대신해 사용한 용어. 프라이가 산문픽션의 하위 장르를 소설, 로망스, 아나토미(해부), 고백록으로 구분했듯, 산문픽션은 소설보다 폭이 넓은 상위 장르이다.

** distant reading. 문학 텍스트의 세부적인 내용과 구조에 집중하고 분석하는 비평 방식인 '자세히 읽기close reading'에 맞서 프랑코 모레티가 내놓은 분석 방법으로 문학작품들을 데이터베이스화해 사용된 어휘의 빈도와 문법적 구조를 분석해 주제를 파악하는 독법이다.

간단히 읽기는 조만간 문화사가들에게 유용한 결과물들을 내놓겠지만, 옛날 방식의 독서에 이제 막 흥미를 붙이기 시작한 학부생들에게 앞으로 어떤 일이 벌어질지는 상상에 맡길 수밖에 없다.

대부분의 학부생들이 대학에 다니는 이유는, 친과학이냐 반과학이냐 따위의 전문적 논쟁을 일삼는 '대학' 세계에서 벌어지는 일들과는 별 관련이 없다. 과학적 발전의 원리가 인문학에 제공할 수 있는 것은 거의 없는데, 만약 있다면 사상사의 한 에피소드를 제공하거나 가치의 질문들에 대한 사유에 이의를 제기하는 수준일 것이다. 1722년에 출간된 대니얼 디포의 『런던 대역병 일지』와 1947년에 출간된 알베르 카뮈의 『페스트』가 기원전 5세기경 아테네의 전염병을 기록한 투키디데스의 글보다 역병의 사회적 파장에 대해 더 많은 것을 알려준다고 말할 수는 없다. 마찬가지로 20세기 초반에 쓰인 제임스 조이스의 『율리시스』가 그보다 2500년도 더 전에 쓰인 『오디세이』보다 완성도 높은 경험담이라고 할 수는 없다.

게다가 과학은 인생을 어떻게 살지, 어떻게 죽음을 맞을지, 사랑의 의미가 무엇인지, 책임의 범위는 어디까지인지에 대해서 아무것도 말해주지 않는다. 과학은 이런 질문에 답하는 것은 물론, 이런 질문을 제시하지도 못한다. 일부 사람들은 언젠가 과학이 이런 질문도 하고 답도 해줄 거라고 믿는다. 언젠가 '통섭'의 시대가 도래하면, 신경과학이 행복을 정의하며 보장해주고, 원죄와 구원의 본질에 대한 종교적 이해가 옳은지 그른지도 입증해줄 거라는 식이다. 생화학이 언젠가는 성과 젠더에 대한 오늘날의 단순한 의견들에 대해 옳고 그름을 가려주고, 인간의 모든 선택이 실제로 실험적 검증과 논리적 분류에 의해 영향받게 될 거라고 그들은 믿는다.

물론 이런 미래가 올 수는 있다. 그러나 그때쯤 우리 중 누가 살아 남아 있을까? 또 과연 우리가 그런 세계에 살고 싶어하기는 할까?

그러는 사이 문학, 역사, 철학, 예술은 대학에서 홀대를 당하고 있다.[51] 참으로 커다란 손실일 수밖에 없다. 왜냐하면 이 학문 분야는 젊은이들에게 언제나 특별한 절박함으로 다가왔던 기본 질문을 만들어내고, 또 그 표현 수단을 제공한다는 점에서 종교의 상속자이기 때문이다. 사실 인문학은 인문학이 왜 필요한지 모르는 학생들에게 가장 많은 것을 줄 수 있다. 이는 인문학 교육을 가로막고 있는 현실을 부끄러워해야 할 한 가지 이유이기도 하다. 오늘날 대학의 아이러니한 풍경 중 하나는 인문학이 대학의 주변부로 밀려나고 있을 때 의학, 법학, 경영학 분야에서는 거꾸로 인문학이 입지를 세워가고 있다는 점이다. 문학, 예술 분야 과목은 미래의 의사, 법률가, 사업가들이 자기비판적 성찰을 할 수 있게끔 도와주기 때문에 이들 과목에 대한 관심이 커져가는 것이다. 전 세계 '지식경제' 영역에서 미국의 경쟁력에 대한 걱정이 커져가고 있는 이때, 미국에서는 기술교육의 필요성에 대한 이야기가 점점 많아지고 교양교육의 가치에 대한 이야기가 점점 줄어드는 반면, 해외 경쟁 대학에서는 교양교육 지지자가 늘고 있다는 것도 역시 아이러니다.[52]

이러한 교육의 가치를 간결하게 또는 요약해서 설명하기란 늘 어렵다. 그럼에도 많은 사람들은 우연한 계기로 스스로 그 가치를 발견하기도 한다. 한 예로, 위대한 예술작품은 외로움의 해독제가 되기도 한다. 시인 레이철 하다스의 최근작*은 이러한 진실을 감동

---

* 2011년에 출간된 『별스런 관계: 결혼과 치매와 시에 대한 회고』를 말한다.

적으로 표현해내고 있다. 하다스는 치매에 걸린 남편에 대해 이야
기하면서, 문학이 어떻게 그 어떤 친한 친구보다도 더 열렬히 그녀
의 고통에 귀기울이는 친구가 되어주었는지를 회고한다. 예를 들
어 그녀가 필립 라킨의 시를 읽었을 때, 이 시는 그녀가 한때 함께
웃고 사랑했던 그러나 이제는 한없이 작아진 남편 곁에 누웠던 경
험을 정확히 포착해 보여주는 듯했다.

  침대에서의 대화는 가장 쉬워야지
  함께 눕는 것은 예전부터의 일
  두 사람이 진실하다는 상징.

  한데 시간은 점점 더 말없이 흘러간다.
  밖에는 바람의 불완전한 불안이
  하늘 여기저기 구름을 짓고 흩트린다.

  그리고 어두운 마을은 지평선에 쌓인다.
  어떤 것도 우리를 돌보지 않아. 어떤 것도 이유를 말해주지 않지
  고독과의 이 독특한 거리에서는

  왜 찾기가 오히려 더 어려워지는가를
  진실하면서 다정한 말을
  혹은 진실하지 않은 것도 아니고 다정하지 않은 것도 아닌 말을.[53]

또 문학은 시공간의 거리를 축소할 수도 있다. 컬럼비아대의 1학

년 수업에서 『일리아드』를 처음 읽던 날 그런 순간이 찾아왔다. 호메로스식 직유와 구비시가의 정형화된 구조, 민족 정체성의 신화적 기원 등에 대한 토론을 막 마치고 난 후, 우리는 마치 우리 자신의 유년의 이야기를 읽은 것처럼(우리가 모두 남자였다는 가정하에) 느끼게 되는 순간을 갑작스레 맞이했다. 트로이 병사들이 어떻게 그리스 적군을 격파했는지에 대한 호메로스의 묘사를 읽고 그 장면을 머릿속에 떠올리던 때였다. "트로이인들이 물밀듯 쏟아져들어갔다./ 빽빽이 밀집한 대열 앞에 선 아폴론은/ 무시무시한 방패 아이기스를 들고 아카이아족의 요새를 손쉽게 무너뜨리니 마치 어린 소년이 바닷가에서 모래를 쌓아/ 그저 재미 삼아 모래성을 만들었다가/ 또 재미 삼아 손과 발로 모래성을 허물어버릴 때와 같았다." 3000년 전 에게 해 바닷가에서 노는 어린 소년들의 모습은 오늘날 존스 비치와 햄프턴스*에서의 모습과 분명히 같을 것이다.

이와 같은 보편적 진실을 어떤 식으로 설명하든 간에, 어떤 책은 (오래되었든 오래지 않았든) 우리에게 전복적인 귓속말을 들려주어, 발전이라는 개념이 엉터리는 아닐지 의심하게 해준다. 이 책들은 이렇게 속삭인다. 죽음의 그림자 아래서 우리가 맞닥뜨리는 질문들은 새로운 게 아니라고, 어떠한 신기술도 우리가 그 질문들에 대답할 수 있게 도와주지는 못할 거라고 말이다. 과학이 제기한 질문들 못지않게 이 질문들 또한 난해하고 중요하다. 그래서 모든 대학교육에서는 이 질문들을 다루어야 한다. 『일리아드』의 아킬레우스가 생각한 명예가 오늘날 우리에게 어떠한 구속력을 발휘할까?

---

* 둘 다 뉴욕 롱아일랜드 해변의 지명이다.

자연 착취를 최소화한다는 소로의 윤리관이나 칸트의 정언명령을 충실히 따르며 산다는 것은 무슨 의미가 있을까? 원죄에 대한 아우구스티누스의 생각에 경험적 근거가 있을까? 이런 질문들은 증명할 수 있는 답이나 반복해 쓸 수 있는 답을 인정하지 않는다. 왜냐하면, 우리 모두는 자신의 삶을 건 실험을 통해 답을 구해야 하기 때문이다.

4장

낮춰도
낮춰도
높아지는
문턱

COLLEGE

1

근대의 대학은 완전히 새로운 존재였다. 좁게 보면 대학원 과정과 전문 직업훈련에 초점을 둔 교육기관이었지만, 넓게 보면 과학이 주도하는 연구업체였다. 여러 대저택들이 모여 있는 듯한 이곳에서 칼리지의 위치는 어디였을까? 칼리지는 자신을 탐색하고 있는 젊은이들에게 자아발견을 위한 길잡이가 되어주는 장소였을까? 지금은 어떨까?

약 한 세기 전 막스 베버는 이 질문에 대한 한 가지 접근법을 제안한 바 있다. 싱클레어 루이스가 소설 속에서 '위네맥'이라는 대학을 만들어내기 얼마 전, 막스 베버는 "두 가지 정반대의 교육 유형"을 구분했다. 베버가 말한 이 두 가지 유형은 내가 지금까지 사용해온 '칼리지'와 '대학'이라는 두 용어의 구분에도 매우 잘 들어

맞는다. 첫번째 교육 유형은 종교와 연관되며 "초심자들이 '새로운 영혼'을 얻어… 다시 태어날 수 있도록 돕는 것"이고, 근대사회의 관료주의적 구조와 연관된 두번째 유형은 "공공기관, 사업체, 작업장, 과학 또는 산업 실험실" 그리고 "체계화된 군대" 등의 조직에서 행정적 목적"으로 요구하는 일종의 "세분화된 전문적 훈련"을 제공하는 것이다.[1] 베버의 이러한 구분은 다양한 말로 대체될 수 있을 것이다. 이를테면 이는 지식 대 기능, 영감 대 훈련, 직관 대 정보, '배움 자체가 목적인 배움' 대 '사용이 목적인 배움' 등으로 대별할 수 있다. 그러나 어떤 용어로 표현하든 좋은 교육기관이라면 양쪽 모두를 추구하게 마련이다. 베버도 말했듯이 "두 가지 유형은 상호 간의 어떤 연관이나 전이 없이 대극점에 머물러 있는 것은 아니다." 두 유형은 역동적인 관계 속에서 서로 공존한다. 아니 적어도 그래야만 한다.

연구중심대학이 부상한 이래로 줄곧 미국의 고등교육기관은 이러한 두 교육 유형의 변증법적 관계를 유지하기 위해 노력해왔다. 엘리엇의 뒤를 이어 하버드 대학 총장이 된 애벗 로런스 로웰은 칼리지가 대학의 원심력에 휩쓸리고 있으며 이에 대해 뭔가 조치를 취해야 한다고 생각했는데, 이는 비단 하버드만의 문제가 아니었다. 역사가 긴 부자 대학들은 싫든 좋든 다른 대학기관들이 따르는 표본이 되었기 때문이다.

로웰 총장은 1920년대 초 하크니스 가문으로부터 1300만 달러(오늘날의 가치로 하면 최소한 1억 5000만 달러가 넘는다)의 지원을 받아 학부생을 위한 기숙사인 '하우스'들을 건립했다. 각 하우스에는 교직원이 상주하고 식당, 학생 휴게실, 도서관 등이 구비돼 있었다.

예일 대학교는 처음에는 하크니스 가문이 같은 목적으로 기부하려던 기금을 거절했지만 곧 노선을 바꿔 하버드대의 하우스와 유사한 건물들을 짓고 '칼리지'라고 불렀다. 옥스브리지 전통에 대해 더욱 노골적인 경의를 담은 것이다. 그로부터 10여 년 전인 1901년부터 1910년까지 프린스턴 대학교 총장을 지낸 우드로 윌슨도 유사한 계획을 추진했으나 결실을 맺지는 못했다. 학생들이 자체적으로 만든 '이팅클럽*'이 이미 오래전부터 존재하고 있었던 것이 한 가지 이유였다. 전통을 중시했던 동문들은 이 클럽만으로 학생들 간의 친목 도모가 충분히 가능하다고 보았던 것이다. 그러나 하버드대 학생신문 〈하버드 크림슨〉의 패기 넘치는 한 학생기자가 프린스턴 대학을 견학하고 나서 이 클럽에 대해, 학생들을 출신 계층에 따라 분류함으로써 "독단적이고 분별없는 편견을 노골적으로 제도화하고 있다"고 꼬집었는데, 이팅클럽이 어느 정도 그런 성향을 띠고 있었던 것은 사실이다.[2]

윌슨 총장은 본인도 어느 정도는 품고 있었을 그러한 편견을 일소하는 데는 실패했지만 많은 비용을 들여 수십 명의 새로운 강사 또는 '프리셉터**'를 채용하는 데는 성공했다. 목적은 학생들이 대

---

* eating club. 19세기 후반부터 20세기 초까지 여러 대학들에서 운영되었던 재학생들의 식사와 친목 모임. 영국 대학의 '다이닝클럽'에 기원을 두고 있다. 대부분의 학교에서는 다른 사교클럽 형태로 대체되었지만 프린스턴 대학을 비롯한 몇몇 대학에서는 아직 그대로 유지되고 있다. 프린스턴 대학에는 현재 11개 '이팅클럽'이 운영되고 있으며 학생들은 2학년 말이 되면 이중 하나에 가입할 수 있다. 각 클럽은 도서관, 기숙사, 편의시설 등을 갖춘 자체 건물을 갖고 있지만 학교의 공식기관은 아니며 학생들의 자치로 운영된다.
** preceptor. 대학에 따라 용어의 쓰임새에 차이가 있지만 프린스턴 대학에서는 주로 대학원생들이 맡는 조교를 의미한다.

규모 강의실에 일렬로 앉아 입을 다물고 강의만 듣는 것이 아니라 학생들끼리, 또 교수와 학생들이 '마음과 마음'을 여는 관계를 유지하도록 하는 것이었다.[3] 오늘날까지도 운영되고 있는, 본 강의에 부속된 토론 시간을 의미하는 이 '프리셉트'의 규모는 학생 수가 최대 14명을 넘지 않는 선에서 유지되고 있다. 하버드, 예일, 프린스턴에 비해 상대적으로 덜 부유한 시카고대나 컬럼비아대를 비롯한 대학에서는 대학의 세분화 경향에 대한 저항으로 중핵 교육과정이라는 제도를 만들어냈고 학부생들의 교육이라는 닻이 이 교육과정을 중심으로 내려지기를 바랐다.

이러한 개혁의 주된 목적은 앞서 말한 수평적 학습에 있었다. 예일 대학교에 기숙형 칼리지가 세워지기 훨씬 이전에 비록 가상의 인물이긴 하지만 예일대생의 전형으로 그려진 딩크 스토버는 대학에 다니는 목적이 "자신의 삶과 정반대의 삶이 어떤 것인지 배워 스스로를 교육시키는 것"이라고 말했다.[4] 스토버의 시대를 되돌아보며 오늘날의 우리는 그가 말한 '정반대'의 개념을 말도 안 되게 사소한 것으로, 프로이트의 유명한 표현을 빌리면 "사소한 차이에 대한 나르시시즘"과 같은 현상으로 보기 쉽다. 또 우리는 당시의 대학생들을, 가수 루디 벨리(예일대 1927년 졸업)처럼 부드러운 저음으로 말하고, 브이넥 티셔츠에 격자무늬의 헐렁한 바지를 입은, 사회적 출신 배경이 비슷한 젊은이들로 상상한다. 스토버가 말한 '정반대'의 의미를 외곽의 고급 주택가에서 자란 것과 도심의 두 세대용 주택에서 자란 것의 차이로, 또는 케이프코드 대신 뉴포트에서 여름을 보내는 정도의 차이로 생각하면서 말이다.

대학가의 동종교배가 그 정도까지 극단적이지는 않았지만(벨리는 이민자 집안의 아들로 아버지는 프랑스계 캐나다인이고 어머니는 아일랜드 출신이었다) 20세기 초반에 '빅3' 대학교, 혹은 오늘날 방식으로 말하면 'HYP하버드, 예일, 프린스턴' 대학교는 컨트리클럽 사람들과 협약을 맺어 기부금과 기증으로 자기 대학에 대한 충심을 증명하면 그들의 아들들을 입학시켜줄 것을 약속했다. 비록 조건부이긴 하지만 아들의 자질이 기준에 못 미쳐도 입학을 허락하겠다는 협약인 셈이었다. 동부의 엘리트그룹들이 서로 동족처럼 행세하는 것을 예리하게 포착한 마크 트웨인은 『바보 윌슨』이라는 작품에서 응석받이 미주리 출신 청년이 "상당한 '조건'을 달고" 예일대에 입학하는 이야기를 그리고 있다. 그 청년은 고등학교에서 낙제한 과목의 시험을 통과한다는 조건으로 대학에 들어갔다.[5]

이런 유형의 조건부 입학은 한 역사가가 일컬은 대로 "특권층에 대한 적극적 우대정책"의 일환이었다. 그러나 특권층 내부의 모든 사람이 이런 정책을 전적으로 지지한 것은 아니었다.[6] 찰스 W. 엘리엇은 "멍청한 부잣집 도련님들"을 입학시키는 것에 분개했다. 그의 지휘 아래 대학의 문턱인 지적 기준은 서서히 그러나 확연하게 높아졌다. 보는 이에 따라 이렇게 높아진 기준은 칼리지가 지닌 사회적 가치를 약화시킨 것일 수도, 또는 뛰어넘은 것일 수도 있었다.[7] 적어도 마크 트웨인의 소설 속 가상의 세계에서는 가족의 지위와 예일대 학위를 맞바꾸는 일이 따 놓은 당상처럼 쉬운 일은 아니었다. 『바보 윌슨』의 우둔한 청년은 결국 낙제를 했고, "훨씬 세련된 태도"는 배웠지만 "그 어느 때보다도 무기력한" 상태로 집으로 돌아가야 했다.

(오늘날 우리가 쓰는 말로) 입학의 문턱을 높이는 일은 사회적 출

신에 상관없이 인재를 받아들이는 것을 의미했다. 그러나 이전까지 소외되었던 집단에게 대학 문을 여는 과정에는 언제나 부침이 있었고, 그 범위와 속도를 결정하는 문제에 있어서는 다양한 학계 지도자 집단끼리는 물론이고 같은 집단의 내부자들끼리도 의견이 갈렸다. 컬럼비아대 총장 니컬러스 머리 버틀러의 경우 사실상 20세기 상반기 내내 유대인 입학 정원제에 찬성하기도 했다. 그러나 그는 다른 한편으로 영문학과의 원로 교수들에게 컬럼비아 칼리지의 명석한 졸업생 라이어널 트릴링(그들은 트릴링이 마르크스주의자, 프로이트주의자, 그리고 가장 치명적이게도 유대인이라는 이유로 무시했다)을 종신 교수로 받아들여달라고 압력을 행사하기도 했다.[8]

컬럼비아대의 명문가 출신 동문들은 "유대인의 침범"이 모교를 망치고 있다고 보았는데, 하버드대의 로웰 총장도 이를 교훈 삼아 유대인 출신의 입학에 규제를 가했다. 유대인들이 머리는 뛰어날지 모르나 '인성'은 부족하다는 게 그 이유였다. 또 그는 대학 신입생 기숙사에 소수에 불과했던 흑인 학생들의 입소를 불허하는 데 찬성했으며 공인으로서는 제한적 이민법을 지지했다. 그럼에도 로웰 총장이 학부생 기숙사인 하우스 시스템을 세운 것은 부유한 학생과 가난한 학생 간의 격차를 줄이려는 노력이었다. 그는 넉넉지 못한 학생들이 집세를 내려고 학내에서 (주로) 단순 육체노동을 하는 반면 부유한 학생들이 자기들끼리 소위 "골드코스트"에 위치한 고급 아파트에 따로 모여 사는 것을 보고 경악했다. "부의 정도에 따라 학생들을 구분하는 속물적인 경향이 인성을 도야하는 장소라는 대학의 주요 가치를 훼손시킬 수 있다"고 그는 느꼈던 것이다.[9]

물론 로웰 총장의 혁신이 학생들의 패거리 문화나 계층화에 종지부를 찍지는 못했다. 1930년대에 출간된 소설적으로 각색된 한 회고록은 "대학 시절 사진을 보면 학생들의 얼굴이 굉장히 비슷하게 느껴졌다. 아일랜드인이나 유대인이 끼어 있을 때는 예외겠지만, 심지어 그럴 때조차도 이들의 얼굴은 앵글로색슨계하고 비슷하게 보였다"고 전한다. 또 회고록은 이렇게 앵글로색슨족화된 아일랜드인이나 유대인이 비컨 힐*의 철부지 규수를 통해 인종적 순수성을 더럽히는 일이 생기지 않도록 한 대학 관료가 수완을 발휘해 한 가지 사업을 운영했음을 덧붙인다. 번창했던 이 사업은 "사교계에 갓 데뷔하는 딸을 둔 보스턴 상류층 어머니들에게 자신들이 엄선한 대학 2학년 앵글로색슨계 남학생의 주소를" 판매하는 것이었다.[10] 소설 같은 이 이야기는 2차세계대전 발발 전까지는 충분히 개연성이 있었다. 20세기 중반까지 하버드대 기숙사비는 방크기와 위치에 따라 천차만별이었고 소수의 통학생들(주로 록스베리나 도체스터 출신의 유대인)은 '미트볼**'이라 불렸다.[11] 1970년대까지도 학비 지원을 받는 하버드 학생은 그 지원의 대가로 학교 친구의 방 화장실을 청소해야 했다. 자루걸레와 들통을 들고 친구의 화장실을 치우러 온 학생에게 돌아오는 것은 등뒤에다 때론 면전에다 대고 '토일럿맨'이라고 부르는 소리였다.

요컨대 20세기의 3분의 2에 해당하는 기간 동안 엘리트 대학에서는 사회적 속물근성의 거센 물살이 흐르는 것은 물론 그 아래로는

---

* 미국 보스턴의 유서 깊은 부유층 거주 지역.
** 얼간이라는 뜻의 속어.

반지성주의의 저류가—노골적인 인종차별주의와 반유대주의는 말할 것도 없이—흐르고 있었다. 그러나 그러한 흐름은 유동적이었다. 물살이 한결같이 한 방향으로만 흐르지는 않았으며 한 학교로 흘러들어갈 때 다른 한 학교에서는 흘러나오기도 했다. 1953년, 로웰 총장의 뒤를 이은 제임스 브라이언트 코넌트 총장이 퇴임할 무렵에는 하버드대 신입생의 3분의 1가량이 장학금을 받았다. 이는 100년 전 경제적 지원을 받은 학생 비율의 2배에 해당하는 수치였다. 그러나 1957년 신임 총장 네이선 마스 푸시가 재직할 때에는 장학금을 받는 학생의 비중이 20퍼센트에도 미치지 못할 정도로 줄어들었다. 2차세계대전 중에는 프린스턴대 재학생들의 3분의 2 정도가 흑인의 입학에 반대했다. (프린스턴대에서 학사학위를 받은 첫 흑인은 1947년 졸업생이었다.) 전쟁이 막바지에 이르렀을 무렵에는 예일대 학생 90퍼센트가량이 흑인들을 위한 장학금을 인상하자는 캠페인에 찬성했다. 컬럼비아대에서는 1960년대까지도 경비원들이 백인은 학생이든 아니든 마음대로 교내로 들어와 돌아다닐 수 있게 한 반면 흑인 학생의 신분증은 반드시 확인했다.[12]

2

이처럼 배타적인 역사를 우리는 의구심과 분개가 뒤섞인 시선으로 돌아보게 되며 그러다보면 과거를 깎아내리는 대신 현재를 찬미하고 싶기 마련이다. 충분히 그럴 만하다. 애초에 유대인을 걸러내기 위해 고안된 입학사정 과정(자기소개 에세이, 추천서, 인터뷰

등)은 오늘날 평점이나 시험 점수로 판별할 수 없는 학생의 자질을 파악하기 위한 장치로 홍보된다. 과거에는 소외되었던 흑인이나 히스패닉계 학생들(많은 대학교에서 사실상 아예 입학을 금지당하기도 했다)이 지금은 '인종을 고려한' 입학정책의 수혜자가 되었다. 말하자면 과거에는 획일성을 유지하던 대학이 지금은 다양성을 성취한 것이다.

한쪽에서 다른 한쪽으로 변모해간 이야기는 흥미로울 수밖에 없다. 그 이야기의 수많은 챕터 중 엘리트 대학들이 민주화된 과정은 단지 한 챕터를 차지할 뿐이며 규모 면에서는 지엽적인 수준에 불과하다. 20세기 들어 스토버가 예일대 입학을 준비할 무렵에는 25만 명이 채 안 되는 미국인들이, 혹은 18~24세 인구의 약 2퍼센트만이 대학에 다녔다. 2차세계대전 종전 무렵에는 대학생 수가 200만 명으로 증가했고, 1975년에는 거의 1000만 명(청년 인구의 3분의 1)에 달했다. 오늘날 '비전통적인' 나이의 학생들까지 포함한다면 그 수는 또 2배로 늘어난다.

대학생 수의 급증은 다양한 점진적 발전들이 종합되어 나타난 결과이다. 19세기 말에 여성대학과 '흑인'대학이 설립되었고 정부의 무상 토지 지원정책을 통해 '위네맥' 규모의 주립대학들이 많아졌기 때문이다. 클라크 커가 주창해 1950년대에 채택된 캘리포니아 "종합계획"(커뮤니티칼리지, 주립칼리지, 연구중심대학을 잇는 3단 구조의 개발 계획)은 폭발적인 인구 증가를 감당할 수 있는, 사실상 보편적인 고등교육 제공에 목표를 두고 있었다. 인종 간 장벽의 붕괴는 처음에는 자발적으로 나중에는 강제적으로 이루어졌고, 인종 통합정책은 훗날 소수집단 우대정책이 되었다. 남학생만 다니던 사립

대학에서는 점차 남녀공학 교육이 실시되기 시작했다. 이러한 모든 진일보 사례들이 오늘날 통상적으로 '인적자원'이라 불리는 자원 개발의 밑거름이 되었으며 많은 경제학자들은 이것을 20세기에 미국이 세계의 패권을 쥐게 된 중요한 동력으로 꼽는다.[13] 일부 사람들은 이제 다음으로 쓰여질 챕터는 인터넷을 통한 '원격 학습' 제공자와, (비록 최근 들어 그 부작용이 드러나고는 있지만) 영리 목적 교육 사업가의 몫이 될 거라고 믿고 있다.

사실 이 이야기는 앞서 언급한 사건들보다 오래전에 시작되었다. 멀게는 17~18세기 무렵 촉망받는 남학생에게 수여되던 교회 장학금을 예로 들 수 있다. 빈자에게 은혜를 베풀고 부자에게 벌을 내리는 신의 뜻을 믿었던 17세기 청교도들은 한 인간의 영혼과 그가 타고난 세속의 지위에는 확실한 연관성이 없다고 보았다. 민주적 감성을 지닌 18세기의 작가들은 "하녀, 구두 수선공, 요리사들은 상류층이 그들에게 허용한 범위보다 더 많은 지성을 타고났다"고 생각했다.[14] 다시 말해 인적자원은 여러 사회계층에 걸쳐 폭넓게 존재하는 것이지 타고난 조건이나 사회적 지위와 연관되지 않는다는 인식은 오래전부터 있어왔다. 1781년 한 예일대 졸업생은 "많은 데이비드 리튼하우스*가 우리가 알고 있는 기술 천재들 가운데 나올 수 있으며 어느 농장에서고 미국판 킨키나투스**가 나올 수 있다"고 썼다.[15] 100년 뒤 하버드대 총장은 "뛰어난 학생 중 누구도 단지 가난하다는 이유 때문에 케임브리지***에 들어오지 못하거나 대학을

---

* 미국에서 처음으로 망원경을 만든 천문학자이자 발명가.
** 고대 로마의 장군, 정치가.
*** 하버드대가 위치한 도시 이름.

떠나야 하는 일은 없을 것"이라고 언명했다. 노스다코타 주립대학교(1883년 창립)의 총장은 학비가 필요한 학생들에게 자신의 개인계좌에서 무이자로 돈을 빌려주기도 했다.[16]

이러한 원칙은 천명하기는 쉽지만 실천하기는 어렵다. 그럼에도 1930년대에 들어서부터는 '대학출신종the college bred'이라는, 마치 경주마나 애완견 대회의 개처럼 특별한 종을 지칭하는 듯한 말이 더이상 통용되기 어려워졌다. 1944년 의회가 '지아이빌GI Bill'로 불린 제대 군인 원호법*을 통과시킨 이후 그 말은 확실히 쓸 수없게 되었다. 1차세계대전 종전 이후 노동시장에서 거부당한 제대군인들이 초래한 사회적 불안을 반복하지 않기 위해 제정된 이 법안은 최고 명문대를 포함한 미 전역의 모든 대학 캠퍼스에, 그리고 아버지가 (대학의 수위나 주방 보조로서가 아니라면) 대학 문턱에도 가보지 못했을 학생들에게까지 전면적으로 적용되었다. 이로써 "전쟁 전에는 비록 생각은 있었으나 비현실적인 소망에 불과했을, 또는 다른 손위 형제들은 꿈도 꾸지 못했을 진로를 택하는 일이 가능하게 되었다."[17] 그 결과 대학생활의 풍토에 큰 변화가 생겨났다(1946년 하버드 대학에 입학한 학생의 약 4분의 3이 군복무 경험자였다). 또한 전체 인구 면에서 보면 기존의 빈부 간 격차가 세대간 격차로 전환되는 계기도 되었다.[18] 아서 밀러의 작품『모두가 나의 아들』을 보면 노령의 회사원인 한 등장인물이 약간의 적의를 담아 이렇게 말한다. "요즘 길모퉁이에서 침이라도 뱉으면 십중팔구

---

* 전쟁에 참전한 제대 군인들에게 교육, 직업훈련, 주택, 의료 등의 혜택을 제공하기 위해 제정된 법률.

는 대학생이 맞을 거야."

미국 고등교육의 민주화를 가져온 가장 중요한 원동력은 전후에 급속히 성장한 주니어칼리지였다. 2년제 교육기관인 주니어칼리지는 19세기에 설립되기 시작해 20세기 초 크게 번성한 교사 양성 목적의 '사범대학normal college'에 그 기원을 두고 있다. 어떤 학생들에게 이 학교는 2년제 칼리지 졸업생들이 학사학위를 받고자 인근 대학교나 제휴를 맺은 대학교로 진학하는 통로 구실을 했다. 이러한 2년제 칼리지는 1950년대 들어 지금은 커뮤니티칼리지로 불리는 전국적인 시스템으로 발전했다. 오늘날 커뮤니티칼리지는 1200개가 넘으며 재학생은 600만 명을 상회하는데, 이는 전미 학부생 수의 약 3분의 1에 해당한다. 캘리포니아에서는 커가 주도한 종합계획하에 커뮤니티칼리지가 고등교육 시스템에 들어가기 위한 진입점으로 구상되었다. 학생들이 첫 2년간 학업을 잘해나간다면 4년제 주립대학이나 연구중심대학까지도 진학할 수 있게 된 것이다.

한편 사립대와 명문 공립대는 일반적인 '피더 스쿨*' 바깥의 유능한 인재를 발굴하기 위해 표준화된 시험을 점점 더 많이 활용하기 시작했다. 1950년대에는 아이비리그 대학들이 학생들의 경제 형편을 고려한 '니드-베이스드need-based' 재정 지원책을 만들었다.[19] 과거의 지원정책이 장학금 수혜 대상을 주관적으로 판단해 원칙 없이 마구 퍼주던 식이었다면 이제는 가족의 경제력을 주의깊게 살펴보고 판단해 비용을 줄여주는 합리적인 방법으로 바뀐 것이다. 이

---

* feeder school. 같은 지역의 상급학교에 학생들을 보내는 역할을 하는 학교.

는 세계가 시장의 원리에 지배당하지 않도록 분배의 정의—일부 사람들은 ('각자의 필요에 따른다'는 점에서) 사회주의적 처방이라고 일컫기도 한다—를 추진하는 방법이기도 했다.

가장 부유한 축에 속하는 학교들에서는 경제 형편을 기준으로 한 재정 지원정책에 뒤이어 '니드-블라인드 입학정책'을 시행하기 시작했다. 이 둘을 조합한 정책은 오늘날 상당한 기부금을 보유하고 있는 50여 개 대학에서만 시행되고 있다. 이 두 가지 정책의 시행은 적어도 이론상으로는 입학처와 학자금지원처 사이에 일종의 '방화벽'이 세워져 있음을 뜻한다. 즉 입학처는 지원자들을 경제적 여건과 관계없이 평가하고, 학자금지원처는 입학처가 합격자를 결정하고 나면 합격자 가족이 공개한 자산을 바탕으로 각 합격자가 지불할 수 있는 금액을 계산한 후 총비용과 가족이 낼 수 있는 비용의 차액을 메울 수 있도록 지원 '패키지'(지원금, 대출금, 교내 근로)를 제시한다. 그러나 '니드-블라인드'나 '니드-베이스드' 정책을 시행하는 모든 대학이 입학생 모두의 필요를 똑같이 세심하게 충족시켜줄 수 있는 것은 아니다. 특히 그리 넉넉지 못한 학생을 받아들이기 위해 대학이 이 두 가지 정책을 동시에 시행하고자 한다면 그 비용은 상당히 높아질 수 있다. 이 정책들이 전후 시기에 만들어졌다는 건 우연이 아니다. 당시는 경기가 호황이었고, 사회정의에 대한 요구가 높았으며, 구소련의 사회주의와의 냉전으로 대학들이 어디서든 인재를 찾아 육성해야 할 것 같은 분위기였다.

저소득 가정 출신 학생, 가족 중 대졸자가 없는 집안의 학생에게 더 많은 기회를 주고 모든 분야에 걸쳐 최고의 교육과 연구를 지원한다는 점에서 공립대학들이 이룬 성과는 더욱 괄목할 만하다. 20세기의 상반기를 거치며 브루클린 칼리지와 뉴욕 시립칼리지는 세계에서 지적으로 가장 우수한 대학들의 반열에 올랐다. 20세기 중반 무렵 캘리포니아 대학교 버클리 캠퍼스는 HYP에 도전장을 내밀었고 접근성과 질적인 면에서 HYP를 능가하기도 했다. 한편 오하이오, 미시간, 위스콘신, 인디애나, 일리노이, 그리고 최근에는 텍사스, 노스캐롤라이나, 오리건, 워싱턴, 플로리다 주립대학들의 주요 캠퍼스들은 세계 최고 대학의 반열에 올라섰다. 그리고 대개의 경우 이들 대형 대학들은 학부생들에게 제대로 된 기숙사 생활을 제공하기 위해 노력해왔다. 19세기 초 알렉시스 드 토크빌이 "기초교육은 모두에게 제공되지만 고등교육은 사실상 누구에게도 제공되지 않는" 나라라고 묘사했던 미국이 이제는 그 말을 뒤집고 있는 것처럼 보였다.[20]

3

위에 나온 이야기는 보통 성공담으로 언급되는 것들이다. 그러나 이 이야기에는 얼마간의 허위도 담겨 있다. 그중 하나는 이 이야기가 우리가 보통 자신에 대해 말할 때 쓰고 싶어하는 진보적인 서사와 너무 잘 맞아떨어진다는 점이다. 일례로 니드-블라인드 입학정책은 감탄스러울 정도로 이상적이지만 스카즈데일*이나 리야

* 미국 뉴욕 주 동남부의 소도시.

드* 같이 재정 지원이 그다지 필요하지 않은 사람들이 거주하는 지역에서 학생들을 선발한다면 그러한 정책은 듣기 좋은 슬로건에 불과할 것이다. 이 정책에 대해 내가 처음 알게 되었을 때 한 대학 총장은 내게 "니드-블라인드 입학정책을 제대로 시행하고 싶다면 지원자가 살고 있는 지역의 주소를 가리고 선발해야 한다"고 말했다. 학생 선발을 위한 교내 인터뷰도 지원자가 어떤 사람인지 전인적으로 파악하려는 것처럼 보이지만 면접은 대개 자원한 동창생과 학생 조교에 의해 진행되고 이들의 판단은 최종 결정에 그다지 영향을 끼치지도 못한다. 스탠퍼드 대학교의 사회학자 미첼 스티븐스가 『대학 합격자 만들기』라는 저서에서 밝힌 것처럼 지원자 인터뷰는 "대학이 지원자를 좀더 잘 파악하려는 목적도 있지만 그보다는 해당 대학이 개별화된 평가에 얼마나 충실한가를 가시적으로 보여주려는 지독히 상징적인 절차"이기 십상이다.[21]

또하나 인종차별이나 민족차별이 완전히 없어졌느냐 하는 것도 확실치 않다. 『대학 입시의 대가: 미국의 상류층은 어떻게 돈을 들여 명문대에 들어가며 대학 문 밖으로 소외되는 자는 누구인가』라는 저서에서 대니얼 골든은 오늘날의 '신 유대인'은 아시아계 미국인이라고 주장한다. 평점과 시험 점수만 놓고 본다면 더 많은 수의 아시아계 미국인들이 명문 사립대학에 다니고 있어야 한다. 지역적 차이와 이런저런 대학에 대한 집단적 선호를 감안하더라도, 시험 점수와 평점을 압도적으로 중시하는 버클리에 다니는 아시아계 미국인 비중(약 50퍼센트)과 '개인적 자질' 점수가 들어가는 프린

---

* 사우디아라비아의 수도.

스턴의 아시아계 미국인 비중(20퍼센트 미만)은 그 차이가 매우 크다.[22] 이런 그림은 뭔가 잘못된 것처럼 보인다. 물론 주로 캘리포니아(주민의 약 13퍼센트가 아시아계이다)에서 학부생을 모집하는 버클리와 좀더 폭넓게 미 전역(아시아계 인구는 5퍼센트 정도이다)에서 학부생을 모집하는 프린스턴 모두에서, 아시아계 미국인의 입학률은 자신의 인구 비중보다 약 3배 정도 높다. 만일 의식적인 차별이 지금도 여전히 존재한다고 해도 유대인, 가톨릭교도, 그리고 한때 기피 대상이었던 여타 소수집단들의 역사적 경험은 그러한 차별이 점차 누그러들 것임을 시사한다.

정작 빠른 시일 내로 해결되기 어려워 보이는 것은, 저소득층 학생들이 명문대의 입학 허가를 받을 때는 물론이고 대학에 들어간 후 학업을 마칠 때까지 겪게 마련인 만연한 문제들이다. 펜실베이니아 주립대학의 도널드 헬러 교수는 "학업성취도는 가장 낮고 사회경제적으로는 최고의 위치에 있는 학생의 대학 진학률은, 학업성취도가 가장 높고 경제적으로는 가장 빈곤한 학생들의 대학 진학률과 같다"고 주장했다.[23] 이 의미심장한 말은 그러나 우리에게 어떤 한 학생의 대학 진학 가능성을 높이거나 낮추는 유불리(충분한 재력 혹은 불충분한 재력, 안정된 가정 혹은 결손가정, 학교의 경쟁력 등)에 대해서 많은 것을 말해주지는 않는다. 또 한 가지 놀라운 사실은 경제적으로 어려운 조건에서 자랐지만 좋은 고등학교에 다닌 학생이 변변찮은 고등학교에 다닌 학생보다 대학 진학에서 훨씬 더 좋은 결과를 보인다는 것이다. 물론 그들보다 경제적 여건이 좋은 학생들과 비교해보면 여전히 진학률이 상당히 뒤처져 있기는 하지만.[24] 그러나 자료를 어떤 식으로 쪼개보더라도 기회의 확대라는 이 진보적인 이야기는 그 속도가 분명 느려지거나 정체되고 있다. 오늘날의 미국이 과연 재능과 노력으로 가난과 편견을 이겨낼 수 있는 평등한 기회의 나라인지에 대해서는 의심할 만한 근거가 충분한 셈이다.

속도가 느려진 주요 원인은 1970년대 말로 거슬러올라가 찾아볼 수 있다. 당시 캘리포니아의 '주민 발의안 13호*'(1978)가 일련의 납세자 저항운동을 촉발했고 이것이 만성적인 조세 저항으로 이어져 그 여파로 주정부들이 잇따라 고등교육에 대한 '대규모 투자 중단'을 결정하게 된 것이다.[25] 일례로 토머스 제퍼슨이 공공복지를 위해 설립했던 버지니아 대학교는 최근 들어서 '유명무실한 공립대학'이 되었는데, 이는 버지니아 주정부의 지원이 대학 기금의 8퍼센트대로 줄었기 때문이다. 이는 25년 전과 비교하면 거의 30퍼센트나 하락한 수치다.[26] 오랜 진보적 전통으로 유명한 위스콘신 대학교는 학교 기금의 19퍼센트만을 공공기금에서 충당하는데, 이 역시 10년 전에 비해 약 30퍼센트 줄어든 수치다. 공립대학들은 이러한 공공기금의 감소분을 메우기 위해 등록금 비중을 늘리고 있는데, 그 비중이 사립대학보다 더 가파르게 증가하고 있다. 이러한 추세는 앞으로 더욱 가속화될 전망이다. 한편 주립대학들이 해당 주 학생들보다 더 많은 등록금을 지불하는 다른 주 학생들을 뽑는 비율도 점점 높아지고 있다. 상황을 더욱 악화시키고 있는 것은 지난 20~30년간 개별 학생에 대한 주정부의 지원금이 경제적 필

---

* 캘리포니아 주의 부동산 가격이 상승하자 주민들이 재산세에 상한선을 두는 발의안을 주민투표로 통과시켰다. 이 발의안은 캘리포니아 주정부가 안고 있는 고질적인 재정난의 원인이 되었다.

요보다는 점점 더 소위 학업성취도에 근거해 지급되고 있다는 점이다. (1999년부터 2009년 사이 성적 기준 지원은 150퍼센트 이상 증가했지만 같은 기간 니드-베이스드 지원은 100퍼센트 이하의 증가율을 보였다.)[27] 점점 더 많은 장학금이 고소득층 출신이 편중된 성적우수 학생들에게 돌아감으로써 정작 장학금이 필요한 저소득층 학생들은 학자금을 감당하기 어려워진 것이다.

학자금 지원이 형편이 더 어려운 학생에게서 덜 어려운 학생으로 옮겨가는 현상은 연방정부 차원에서도 뚜렷이 나타나고 있다. 1976년에는 연방정부 지원금 펠그랜트가 4년제 공립대학의 저소득층 학생 학자금의 최대 90퍼센트까지, 사립대학에서는 거의 40퍼센트까지 지급되었다. 2004년에는 공립대학의 경우 그 수치가 25퍼센트 미만으로, 사립대학에서는 10퍼센트 미만으로 떨어졌다. 또한 저소득층 학생을 위한 보조금이 대학교육비의 증가세를 따라잡지 못하고 있는 반면, 중간소득층 학생들이 주로 신청하는 비보조성 대출*은 급증했다.[28] 2010년 중간선거를 앞두고 미국의 오바마 대통령과 민주당은 펠그랜트를 강화하고 물가 상승분을 반영할 수 있도록 지원을 보강해 이러한 상황을 반전시키고자했다. 그러나 세수의 감소, 계속되는 등록금 인상, 현 정부의 적자축소 기조 등을 고려할 때 그러한 노력은 뒷걸음질치게 될 소지가크다. 이 글을 쓰고 있는 2011년 8월 현재, 펠그랜트 프로그램이

---

* unsubsidized federal loan. 미 교육부에서 빌려주는 학자금 대출은 보조성 대출과 비보조성 대출로 나뉜다. 전자는 학생이 재학중인 기간과 졸업 후 상환이 면제되는 6개월 동안 정부에서 이자를 대신 내주는 대출인 반면 후자는 학생이 이자 상환을 하는 방식이다.

첫 적자감축처리안에서 제외되기는 했다.

　사립대학의 경우, 적어도 20세기 중반부터 '니드-베이스드' 지원이 증가한 덕분에 '로빈 후드' 시스템이 지배적인 재정 지원 모델로 자리잡아가고 있다. 이 시스템은 상대적으로 더 부유한 학생들이 가정 형편이 어려운 학생보다 더 많은 학자금을 내는 구조이다. 일부 학부모들이 이에 반발하는 것도 무리는 아니다. "내 아들 조니의 룸메이트는 무임승차하는데 왜 우리는 운임 전액을 내야 하나?" 같은 항의는 학자금 지원 담당 사무관에게 익숙한 질문이다. 그러나 그런 질문은 '정가'(등록금이 가장 비싼 대학의 경우 현재 5만 달러를 상회한다) 전액을 낸다고 해도 사실은 자녀의 대학교육에 드는 전체 비용—교직원 연봉, 식사, 도서관, 보건, 운동 시설, 그 외에 조명, 난방, 시설 보수 등의 간접비—에 훨씬 못 미치는 금액을 내고 있다는 사실을 모르고 하는 말이다. 다시 말해 영리 목적의 대학을 제외한 미국의 사립대학에 다니는 모든 학생은 경제 여건과 관계없이 어떤 식으로든 보조를 받고 있는 셈이다.[29] 이 말은 대학의 입장에서는 기금 투자 수익금, 정부 보조금, 개인 기부금과 같은 여타의 재원을 통해 운영비용과 등록금 수입 사이의 차액을 보전해야 한다는 뜻이다.

　그러나 2008년 금융위기 이후 이는 훨씬 더 어려운 과제가 되었다. 기금, 정부 지원, 기부금 액수는 모두 줄었거나, 늘었더라도 증가 속도가 둔화된 반면 학자금 지원 예산에 대한 요구는 급격히 증가했기 때문이다. 이러한 비대칭 때문에 학자금지원처는 늘어나는 요구에 대한 극심한 압박을 느끼고 있다.[30] 심지어 실직을 하지 않은 부모들까지도 은퇴 자산이 줄고 집값이 떨어짐으로써 이전에 자녀의 학자금을 조달하는 방법 중 하나였던 주택담보대출이나 다른 대출을 받을 수 없을지 모르는 상황에 처해 있다.

이와 동시에 대학이 느끼는—반드시 경제적인 이유만은 아닌— 또다른 압박감도 있다. 대학은 이사진, 동문, 그리고 대중으로부터 끊임없이 감시받고 있다. 이들은 대학 순위를 주시하며 특히 『유에스 뉴스 앤드 월드 리포트』에서 발표하는 순위를 가장 주의 깊게 지켜본다. 이러한 순위를 매기는 사람들은 졸업률이나 등록률, '선별성'(지원자 대비 합격자 비율), 교직원 보수, 동문 기부금, 동료 평가 등과 같은 명백한 측정 기준을 근거로 대학 순위가 결정된다고 주장한다. 그러나 정작 대학 순위가 나타내는 것은 '명문'이라는 말로 요약되는 전체적인 인상일 뿐이다. 경제학자이자 사회학자인 소스타인 베블런은 미국의 고등교육이 "서커스단이나 극단, 오페라단"과 많은 점에서 닮았다고 오래전에 지적한 바 있다. 이와 같은 공연의 표 판매율은 곡예사나 주연 배우의 유명세에 달려 있는데, 학계에서 이에 해당하는 사람은 교수, 운동선수, 총장이라는 것이다.[31]

명성을 좇는다는 것은 전혀 새로운 일이 아니다. 그러나 최근 학계에서 명성을 좇는 경향은 광적인 수준에 이르러 많은 대학기관의 교육적 임무에 심각하게 부정적인 영향을 미치고 있다. 한 가지 예를 들면 일부 대학은 교육 경험의 질을 얼마나 많은 수의 지원자들을 거절했는가와 혼동하고 있다. 지원자 대비 낮은 합격률이 명성을 대변해주기 때문에 대학들은 억척스럽게 더 많은 지원자를 찾아 나선다. 이는 '더 우수한' 학생을 찾기 위한 목적에서가 아니라(명문대들은 고교 평점과 SAT 점수가 완벽한 수많은 고교 수석 졸업생들을 떨어뜨리기도 한다) 이 대학에 들어오기가 얼마나 어려운가를 요란하게 홍보하는 데 주된 목적이 있다. 그러나 이들 대학은 어떤 지원자가 상대적으로 입학에 더 큰 어려움을 겪는지를 밝히는 데는 그다지 적극적이지 않다. 스카우트 받은 운동 특기생, 동문 자녀, 교원의 자녀, 역사적으로 소외된 소수집단의 일원, '기부금 입학대상'(많은 돈을 낸 기부자의 자녀) 등이 대학 입학에 이점을 갖는데 이런 학생들을 전부 고려하고 남는 정원은, 계속 늘어나는 전체 지원자 수에 비해 턱없이 적을 수밖에 없다. 요컨대 오늘날 명문 대학들의 입시 문화는 그 수위가 점점 높아지는 기만과 냉혹함—물론 의도한 바는 아니겠지만—으로 특징지을 수 있다.[32]

또다른 문제는—아마 문제의 일부겠지만—시험 점수에 대한 과도한 집착이다. 시험 점수는 각 학생들이 대학교에서 무엇을 배우고 어떤 기여를 할지를 부분적으로만 보여줄 수 있는 예상치일 뿐이지만, 이는 점점 줄어드는 저소득층 학생들의 대학 진학 기회와 더 깊은 상관관계를 지니고 있다. 더구나 심리학자 로버트 J. 스텐버그가 말했듯이 시험 점수와 평점은 "학생이 갖고 있는, 세계에 긍정적 영향을 미칠 수 있는 전반적인 잠재력"에 대해 말해주는 것이 거의 없다. SAT 점수가 가족의 사회경제학적 지위와 밀접한 상관관계를 갖는다는 것도 주지의 사실이다. 연소득 10만 달러 이상 가정의 학생들의 전체 평균 SAT 점수는 5~6만 달러 가정의 학생들에 비해 100점 이상 높다.[33] 이론적으로 보자면 그러한 상관관계는 부모의 경제력이 어떤 사람의 지적 능력—그것이 무엇을 의미하든—을 좌우할 수 있음을 보여준다. 그러나 그런 추론에 대해서는 가장 강경한 사회진화론자조차도 의구심을 드러낼 것이다. 그보다는 돈이 많은 부모는 자녀의 점수를 끌어올릴 수 있는 수단을 갖고 있다고 보는 편이—이를테면 좋은 공립학교나 사립학교가 있는 부유한 동네에 살 수 있는 것처럼—더 맞을 것이다.

돈이 많은 부모는 자녀들의 SAT 준비를 따로 시킬 수도 있고 사립대학 전문가를 고용해 상담을 받을 수도 있다. 반면 저소득층 학생들은 그러한 혜택을 누릴 수도 없을뿐더러 대입 관련 상담이 거의 혹은 전혀 제공되지 않는 고등학교에 다니는 게 일반적이다. 그들에게는 여러 대학에 지원하는 응시료나 집에서 멀리 떨어진 대학을 방문하는 비용조차 부담스러워 엄두가 나지 않을 수도 있다. 상황이 이런데도 아이비리그 동문 잡지에는 최근에도 이런 광고가 아무렇지도 않게 실렸다. "대입 준비 지옥 훈련… 4일 집중과정." 전직 입학처 사무관이었던 사람이 운영하는 이 과정은 비용이 1만 4000달러에 이른다. 개인지도, 입시 상담을 포함한 '플래티넘 패키지'를 자랑하는 '아이비 와이즈'라는 또다른 서비스는 3만 달러—그것도 몇 년 전의 가격이다.[34]

4

이러한 불평등 사례들은 쉽게 눈에 띄어서 개인과 학교의 행동에 대해 정당하게 비난할 수 있는 빌미도 제공한다. 그러나 이 모든 일들은 까다로운 윤리적 질문들을 제기하기도 하는데, 사실 이러한 유형의 질문은 대학교육에서 다루어져야 한다.[35] 만일 우리자신에게 자녀를 뒷바라지할 충분한 경제력이 있다면 과연 우리

중 몇 명이나 아이의 눈을 바라보며 이렇게 말할 수 있을까. "얘야, 우리 가족의 재력으로 네 시험 준비를 지원하지는 않을 거야. 그렇게 널 불리한 입장에 처하게 할 거란다." 또한 다른 집안 자녀들이 우리집에서 제공해줄 수 없는 이점을 누리는 것을 볼 때 반감이 드는 것은 당연한데도, 수 세기 동안 백인 우대정책이라 부를 만한 것에 반대해온 사람은 거의 없었다. 수혜자 대부분은 자신들이 받는 특별 대우를 당연시했고 소외된 사람들은 자신이 배제당한 사실을 놀라울 정도로 너그럽게 수용했다. 그런데 오늘날 많은 사람들은 소수집단 우대정책에 대해 반발한다. 이 같은 상황은 앤서니 크론먼이 언급했듯, "권리 대 권리의 다툼, 그러니까 소수집단 지원자가 일종의 특별 대우를 해달라고 하는 정당한 주장과, 비소수집단 지원자가 자신들을 개인적 자질만을 가지고 판단해달라고 하는 역시나 정당한 주장 사이의 갈등"을 낳고 있다. 동문 자녀에 대한 우대정책(이렇게 불리는 경우는 드물지만) 역시 간단히 시비를 가릴 수 있는 문제가 아니다. 대학 동문들—이들이 내는 기부금에 저소득층 학생들을 포함한 모든 학생들의 교육이 달려 있다—의 (자격을 갖춘) 자녀들의 입학을 지금보다 더 많이 거절함으로써 애교심이 강한 동문들을 멀리할 수 있는 대학은 많지 않다.[36]

명문대 입학을 둘러싼 복잡한 문제에 대해 깊이 생각하면 할수록 더 많은 질문들이 대두된다. 입학 제의를 받아들일 것 같은 학생들(예를 들어 동문 자녀나 인터뷰를 보러 먼 곳에서 오는 성의를 보인 학생들)에게 줄 수 있는 지원금 예산을 줄이고, 등록금을 내는 데 '인센티브'가 필요한 학생들을 위해 예산을 마련하는 게 과연 합당한 일일까? 돈이 많은 대학이라면 학자금 지원 신청 자격이 되는 모든 학생들에게 대출 대신 무상 보조를 제공해서 학생들이 빚 때문에 상대적으로 임금이 낮은 교사나 공무원 등의 직업을 꺼리는 일이 없도록 해야 맞는 일일까? 아니면 명문대 학위의 시장가치를 고려해서 가정 형편이 어려운 학생들에게는 보조금을 주고 (빌린 학자금을 나중에 별 어려움 없이 상환할 수 있을) 가정 형편이 덜 어려운 학생들에게는 대출을 해주는 정책을 고수해야 할까? 2008년 금융위기 이전까지 하버드대와 예일대가 그래왔던 것처럼 1년에 20만 달러를 버는 가정의 자녀에게도 특별 보조를 해주는 식으로 재원을 사용하는 것은 공정한 일일까? 그런 사례 때문에 상대적으로 돈이 많지 않은 대학들이 명문대의 정책을 따라야 할 것 같은 압박감을 느끼게 되고, 그러다보면 가정 형편이 더 어려운 학생들에게 알맞은 도움을 제공하지 못할 수도 있다. 이러한 딜레마를 하버드대 학장을 지낸 시더 스카치폴은 다음과 같은 신랄한 질문으로 표현했다. 어째서 미국의 일류 대학들은 "소득 수준 상위 5퍼센트 출신이 내는 연간 등록금이 신형 고급 자동차 가격의 절반에도 못 미치게" 만들었는가?[37]

조기 입학 지원서를 내고 합격하면 등록하기로 약속하는 학생에게 더 나은 기회를 주는 프로그램은 또 어떤가? 점점 더 인기가 높아지는 이런 프로그램을 찬성하는 쪽은 그 근거로 매년 가을 새 학기에 자신들이 선택한 첫 대학에 합격해 흡족해하는 신입생 비율이 더 높아질 것이라는 점을 내세운다. 또다른 찬성의 근거—공개적으로는 거의 언급되지 않지만—는 정원의 절반 정도를 미리 결정짓고 나면(보통 크리스마스 이전에 합격생이 결정된다) 나중에 지원하는 학생들 중에서 더욱 선별적으로 좋은 학생들을 고를 수 있고,

『유에스 뉴스 앤드 월드 리포트』의 대학 순위를 올리는 데 더 유리할 수도 있다는 것이다. 반대 의견도 있다. 하버드대와 프린스턴대는 처음에는 이 반대 의견을 묵살했다가 조기 입학 프로그램을 시행한 지 얼마 되지 않아 폐지할 때는 받아들였고, 다시 시행을 재개한 지금은 이를 또다시 묵살하고 있다. 반대 의견의 요지는 그러한 프로그램이 "이미 혜택받은 학생들에게 더 많은 혜택을 준다"는 것이다. 왜냐하면 이러한 프로그램에 지원할 수 있는 학생들은 입시과정에 준비가 잘되어 있고, 집안의 넉넉한 경제력 덕분에 다른 대학의 학자금 지원 조건이 어떤지 알아보기 위해 기다릴 필요 없이 한 대학에만 집중할 수 있기 때문이다.[38]

위와 같은 질문들(그 밖에도 질문은 수두룩하다)에 윤리적으로 단순하게 답하기는 어렵다. 다만 이러한 질문들이 문제삼고 있는 관행이란 게 경제력이 있는 가족의 자녀들이 유리하게끔 심하게 편중되어 있다는 점은 재론의 여지가 없다. 2008년의 금융위기 발발 이전만 해도 점점 커져만 가는 이러한 불공평에 대처하려는 국가적 움직임이 형성되는 듯했다. 1970년대 중반부터 1990년대까지 11개 명문대의 표본을 살펴보면 해당 대학 학생 중 전미 가계 수입 하위 25퍼센트 가정의 자녀 비중은 대체로 큰 폭의 변화 없이 10퍼센트대에서 유지됐다. 같은 기간 동안 상위 25퍼센트에 해당되는 가정의 자녀 비중은 급격히 증가해, 3분의 1을 약간 웃돌던 수치에서 절반까지 치솟았다. 그리고 표본을 〈고등교육 신문The Chronicle of Higher Education〉이 선정한 150위권 대학까지 확대해보면 하위 25퍼센트 가정의 학생 수는 3퍼센트대로 떨어진다.[39]

이런 상황에 대해 절망할 이유는 많아 보인다. 프린스턴대 전임 총장 윌리엄 보엔도 그런 절망을 언급한 사람 중 1명이었다. 그는 2005년에 "만일 부자들이 능력과 관계없이 일류 칼리지와 대학에 들어가는 반면, 경제적으로 넉넉지 못한 배경의 재능 있고 자격을 갖춘 지원자들이 입학을 거절당한다고 사람들이 믿게 된다면 민주주의적 정당성은 훼손된다"고 썼다.[40] 그러한 정당성을 회복하기 위한 한 방편으로 보엔은 학문적으로 전도유망한 저소득층 학생들에게 동문 자녀, 운동 특기생, 소수집단 출신 지원자들이 이미 갖고 있는 이점에 비견될 만한 '저울에 올린 엄지*' 수준의 혜택을 주어야 한다고 제안했다. 만일 이 학생들의 시험 점수가 낮고, 도시 빈민가나 시골 지역 고등학교에서는 거의 제공되지 않는 대학 선이수과정**을 많이 듣지 못했다고 해도 이런 부족함은 기회가 적었다는 맥락에서 고려되어야 하며, 이런 장애 요소를 이겨내고 대학에 지원했다는 것은 성공의 증거로 참작되어야 한다는 것이다. 보엔이 언급한 것과 같은 제안은 대부분의 명문 사립대학에서 이미 저조한 수준이었던 저소득층 학생의 등록률이, 금융위기 이전 대학 기금 규모가 증가하고 있을 때조차도 더 아래로 떨어졌던 현실에 대한 대응책으로 나왔다. 그러나 그러한 제안을 실행에 옮긴 명문 대학은 극소수였는데, 그중 하버드와 애머스트의 실행 사례는 주목할 만했다. 애머스트 대학은 앤서니 맑스 총장의 재임 시절 (2003~2011년) 저소득 지역에서 학생들을 적극적으로 선발하고

---

* a thumb on the scale. 물건을 팔 때 저울에 엄지를 살짝 올려 무게를 올리는 수법에서 유래된 표현으로 누군가에게 유리한 혜택을 준다는 의미이다.

** 고교생들에게 대학 수준의 교육과정을 대학 입학 전에 미리 이수하게 하거나 시험을 치르게 함으로써 대학의 학점으로 인정하는 프로그램.

펠그랜트 신청 자격을 갖춘 더 많은 학생들이 커뮤니티칼리지로부터 편입해올 수 있게 했다. 이런 정책이 학생 전체의 학력에 부정적인 영향을 주었다는 증거는 없다.[41]

이러한 세부사항들에서 한 걸음 뒤로 물러났을 때 눈에 들어오는 전체 그림은 어떤 모습일까? 엄혹한 진실은 미국 대학들이—커뮤니티칼리지, 역사 속에 존재했던 흑인대학, 켄터키 주의 버리아 칼리지(등록금이 없고 입학생들은 의무적으로 교내 근로를 하는 대학. 학생 전원이 집안의 첫 대학 진학자이다)와 같은 독특한 대학, 막대한 기부금을 보유한 극소수의 부유한 명문대와 같은 뚜렷한 예외들을 제외하고—미국 사회의 부와 기회의 불평등 문제를 개선하기보다는 오히려 최근 들어 더욱 강화하고 있다는 것이다. 한 작가는 미국의 일류 대학들을 일컬어 "미국 사회의 계층 구조는 결코 도전받을 수 없는 철옹성이라는 점을 분명히 보여주기 위해 고안된 선전 기관"이라고까지 평했다.[42]

그러나 설사 명문대의 입시정책이 근본적으로 바뀐다고 해도 입학 자격을 갖춘 소수의 학생 이상을 합격시키는 일은 결코 일어나지 않을 것이다. 이들 대학 중 일부는 입학 정원을 늘리고는 있지만 대부분 더 많은 해외 유학생—이들 중 다수가 세계무대를 배경으로 일하는 사업가나 엘리트 정치가의 자녀들이다—을 유치하는 쪽으로 집중하고 있다. 더욱이 오늘날 미국에서는 자격을 갖춘 학생들 중 상당수가 고등학교 졸업 후 학업을 계속할 수 없는 처지에 놓여 있다. 그리고 학업을 계속하려는 학생들 중 상당수는 가난한 대학이나 과밀 대학에 가기 마련이다. "지난 40년간 커뮤니티칼리지의 등록률은 4년제 공사립 대학의 등록률보다 4배는 빠른 속도로 증가했다. 그러나 커뮤니티칼리지의 정규 학생 1명당 들어가는 비용은 돈 많은 공사립 대학이 학생 1명에게 쓰는 비용의 3분의 1에 불과했다."[43] 어느 커뮤니티칼리지 총장의 말이다. 이 말은 그러니까 정작 가장 절실하게 멘토링과 지원이 필요한 학생—집안의 첫 대학 진학자나 소수집단 출신—이 오히려 도서관과 실험실에서 더 적은 시간을 보내고, 교사의 상담과 보충 지도와 육아 시간의 부족을 겪으며, 부족한 보수와 과중한 업무에 시달리는 시간강사—아마도 생계를 위해 동시에 대학 두세 곳에서 가르쳐야 하는—에게 배우게 될 가능성이 높다는 뜻이다. 그러니 대학생들의 실질적인 배움이 부족하고 졸업률이 낮은 것—공립대학이 특히 더 그렇다—은 그리 놀라운 일이 아니다.[44]

과거의 선입견과 특권에 대해 우리들이 즉각적으로 반응하는 것처럼 이 같은 상황이 사람들의 분노를 자아낼 거라 예상할 수 있다. 그러나 오늘날 명석한 저소득층 학생 앞에 놓인 장애물들은 한때 만연했던 공공연한 배타적 관행들과는 다르게 은밀히 작동한다. 내가 동료 교수와 함께 가르치고 있는 이러한 주제의 수업을 들은 어느 3학년 여학생이 수강 신청을 하면서 뉴욕 시 공립학교에 다녔던 친구들의 이야기를 적어놓은 적이 있다(그녀 자신은 사우스 브롱크스에 위치한 우수한 대학 상담 프로그램을 갖춘 가톨릭계 고등학교에 다녔다). 그녀는 그녀의 친구들이 "뉴욕 시립대학교 시스템"* 외에 어떤 대학들이 있는지 모를 뿐만 아니라, 대학 지원 시기, 지원

---

* CUNY system. 미국 뉴욕 시에 위치한 24개의 공립대학들을 가리키는 말로 11개의 4년제 칼리지, 7개의 커뮤니티칼리지, 6개의 (전문)대학원 등으로 구성되어 있다.

서 작성 형식이나 방법 따위도 몰랐다"고 썼다.

상황이 이럼에도 불구하고 현실에 분노하는 정도는 과거에 비해 훨씬 약화된 듯하다. 아마도 이는 부분적으로 우리 사회가 점점 더 뚜렷하게 '혜택'(돈의 완곡어)받은 사람들과 그렇지 못한 사람들로 양분되고 있고, 두 부류가 서로에 대해 점점 더 낯설어지고 있기 때문일지 모른다. 누구 혹은 무엇에 책임을 물어야 할지 알기도 어렵다. 정치가에게 책임을 물어야 할까? 아니면 학계 지도자? 아니면 우리 자신을 포함해 편의상 뭉뚱그려 말하는 납세자들? 만일 우리가 국회의원이 된다면, 예를 들어 한정된 예산을 가지고 메디케이드*와 고등교육 중 어디에 투자할지 선택해야 한다면, 공정한 한 표를 자신 있게 던질 수 있을까?[45] 엄연한 사실은 우리의 조세 구조와 정치적 우선순위가 근본적으로 바뀌지 않는 한, 그 '둘 다'를 선택할 수 있는 시대를 떠나보내고 '둘 중 하나'만을 택하는 시대를 맞이해야 한다는 것이다.

_____

* 저소득층을 위한 의료보장 제도.

5장

멋진 신세계

COLLEGE

1

앞서 살펴보았던 불편한 사실들에도 불구하고 오늘날 대학, 특히 최고 명문대에 들어가 학업을 성공적으로 끝마치는 사람들을 묘사할 때 우리는 '메리토크라시*'라는 단어를 사용한다. 이는 지성과 노력, 포부가 있었기에 최고의 자리에 오를 수 있었던 사람들에 대해 쓰는 말이다. 이 단어가 만들어진 배경은 흥미롭다. 어감상 'aristocracy귀족 계층'나 'oligarchy과두 집권층'처럼 고대 그리스어에서 유래했을 것 같지만 사실 이 단어는 만들어진 지 50여 년밖에 되지 않았다. 1958년 이 말을 처음 사용한 사람은 영국의 사회 비

---

* meritocracy. 능력주의 또는 능력주의 사회, 능력을 갖춘 사람들을 가리키는 말. 이후 이 단어는 맥락에 따라 적절한 우리말로 옮겼다.

평가 마이클 영으로 그는 뛰어난 사람을 두둔하기 위해서가 아니라 곧 현실이 될 거라 우려했던 악몽 같은 사회체제를 묘사하기 위해 이 단어를 만들어냈다.

영의 저서 『능력주의 사회의 등장』은 역사서가 아니라 2033년 시점의 미래 세계를 상상해 그린 소설이다. 소설 속에는 "지능+노력=능력"이라는 공식에 근거한 섬뜩할 정도로 경쟁적인 사회의 모습이 그려져 있다. 이 사회에서는 어린 시절부터 치르는 표준화된 시험을 통해 사회 구성원 전체가 두 그룹으로 나뉘고 이 두 그룹은 서로 다른 행로를 걷게 된다. 한 그룹은 엘리트 교육기관을 거치며 부와 권력을 향해 가고 다른 그룹은 도제교육이나 직업훈련을 받으며 극빈과 굴종의 길로 나아간다. 당시 영이 그린 공상의 미래 세계는 독자들에게 기괴하게 느껴졌지만(누가 세 살 아이에게 시험을 치르게 한단 말인가?!) 사실 이 책은 약물로 쾌락을 얻는 디스토피아적 미래 세계를 그린 올더스 헉슬리의 『멋진 신세계』(1932)와 미국이 이상주의와 무지, 오만으로 뒤범벅되어 결코 이길 수 없는 전쟁에 뛰어드는 이야기를 그려낸 그레이엄 그린의 『조용한 미국인』(1955) 같은 비관적 색채가 진한 예언적 소설에 속한다고 할 수 있다.

영의 이 예언적 소설을 염두에 두고 역사학자 제롬 카라벨은 명문대 입시의 역사를 요약해 "'능력'의 의미를 놓고 되풀이된 고투의 역사"라고 설명했다.[1] 이러한 고투의 승자는 스스로 규정한 능력의 정의를 늘 패자에게 강요해왔다. 아주 자연스럽게도 1900년 무렵 능력은 '사교적인' 사람의 활력과 성실함을 의미했다. 이런 유형의 사람은 돈에 대해 말하지 않았고 심지어 생각조차 하지 않았다. 왜

나하면 대개 그럴 필요가 없었기 때문이다. 이들은 술을 마시기는 했지만 많이 마시지는 않았고, (막스 베버의 명저 『프로테스탄티즘 윤리와 자본주의 정신』의 제목에서 착안해 만든) "프로테스탄트 미학"이라는 특유의 스타일을 가꾸었다. 고통에 직면했을 때 이들은 "모든 앵글로색슨족"이 그래야 하듯 "겉으로 냉정한" 모습을 잃지 않을 거라고 여겨졌다.[2] 물론 여성은 이런 유형의 능력을 갖고 있지 않았고 가톨릭교도, 유대인, 흑인들의 경우도 마찬가지였다.

그러나 적어도 이상적으로 봤을 때, 이 같은 능력을 지닌 사람에게 기대할 수 있는 또다른 측면이 있었다. 거친 기질과 선입견, 세상에 대한 편협한 시각에도 불구하고 이들에게는 자신이 속한 사회계층 너머로 확대된 의무감이 있을 거라는 기대가 있었다. 찰스 W. 엘리엇은 하버드의 아들들의 '귀족주의'에 대해 다음과 같이 열정적으로 기술했다.

하버드의 아들들은 귀족에 속하며 앞으로도 영원히 그러하기를 희망한다. 귀족은 남성적인 스포츠에 뛰어나며 신학, 의학, 법학에서는 명성과 탁월함을 인정받으며 지적 활동과 경쟁의 모든 분야에서 최고의 기질을 뚜렷이 드러낸다. 이들은 평화시에는 공적인 명예와 명성을 굳건하게 지키면서도 전시에는 위험천만한 적지로 제일 먼저 뛰어든다.[3]

뻔뻔한 자기 자랑 같은 이 말은 실제로 그렇다기보다 이론적인 수준으로 읽을 만하지만, 그렇다고 역사적 근거가 전혀 없는 것은 아니다. 엘리엇의 아흔번째 생일 파티가 열린 장소이기도 했던 하버드 대학의 메모리얼홀은 대학 수가 500개 정도에 불과하던 시절 약 100명에 이르는 재학생과 동문들을 추모하기 위해 건립되었다. 이들은 남북전쟁에 목숨을 바친 사람들이었으며 이들 중 다수는 남북전쟁을 노예제 철폐를 위한 전쟁으로 확대시키는 데 많은 기여를 하기도 했다. 또 200명의 하버드대생과 동문들은 전쟁에서 부상을 입기도 했다. 하버드대 출신 중 가장 유명한 전사자는 로버트 굴드 쇼(1860년 졸업)였다. 쇼는 남북전쟁이 발발하자 일찌감치 학교를 떠나 군에 입대한 후 흑인 자원병들로 구성된 연대를 이끌고 사우스캐롤라이나 연안의 섬에 자리한 '난공불락의 요새'로 뛰어들었다. 이때의 와그너 요새 전투에서 그는 물론이고 사실상 연대의 병력 전원이 전사했다.[4]

헨리 제임스는 『보스턴 사람들』(1886)에서 하버드의 메모리얼홀에 대해 묘사했는데, 학생들은 오늘날에도 여전히 이 홀의 통로를 거쳐 한쪽의 식당과 다른 한쪽의 강당으로 다닌다. 학생들이 그곳을 통과하려면,

단정하게 정렬된 하얀색 명판을 지나쳐야 한다. 명판 하나하나에는 학도병의 이름이 당당하고도 서글프게 또렷이 새겨져 있다. 대단히 숭고하고 엄숙한 분위기를 풍기는 이곳에서 마음이 고양되는 것을 느끼지 않을 수는 없다. 이곳은 의무와 명예를 상징하고 희생과 모범을 증명한다. 또 이곳은 젊음과 남자다움과 아량을 기리는 전당 같은 곳이다. 대개 젊고 인생의 한창때였던 이들은 모두 전사했다.[5]

지금은 불빛이 어둑한 벽 높은 곳까지 정렬된 하얀 명판 위의 이름들을 알아보기가 어렵다. 그러나 어렴풋하게나마 명판이 기리는 젊은이들로부터 우리가 얼마나 멀어져 있는지는 느끼기 마련이다. 그들과 같은 또래의 오늘날 젊은이들에게 피부로 가장 가깝게 느껴지는 전쟁이란 베이비부머 세대인 그들의 부모(지금은 중진 교수뻘인)에게서 들은 연좌농성이나 노동쟁의 같은 이야기 정도일 것이다. 나도 그렇듯이 그들의 부모 세대가 갖는 전쟁에 대한 기억은 베트남 전쟁 참전을 어떻게 모면했는가에서 시작해 그걸로 끝난다. 미국 남부 이외 지역의 명문 대학들에서는 (사선에 가족과 친구를 보냈을 확률이 훨씬 높은, 대학의 유지보수 담당 직원들을 제외한다면) 전쟁을 경험한 사람들이 극소수에 불과할 것이다. 지금 미국 사회를 가장 깊이 가르고 있는 차이는 어쩌면 전쟁을 무자비한 위협으로 생각하는 사람들과 가끔 방영되는 일종의 TV 쇼로 생각하는 사람들 사이에 있을 것이다. 오늘날 미국의 명문대에서 전자는 가장 힘없는 소수집단이 되고 말았다.

물론 언제 태어나고 어떤 부모에게서 태어나느냐 하는 것은 누구의 책임도 아니다. 그리고 대다수는 아닐지라도 학계의 많은 이들은 미국이 치른 전쟁 중 일부는 맹목적 애국주의나 잘못된 이상주의가 엉뚱하게 발현된 것이며, 명예로운 군복무 경험이 능력을 판단하는 기준이 되기에는 불충분하다고 분명하게 이야기할 것이다. 그러나 역사 속에서 특정 세대에 주어졌던 전쟁이라는 시련은 논외로 하더라도, 시민적 의무라는 좀더 일반적인 정서에 대해서는 마땅히 질문해봐야 할 것이다. 그렇다면 역사는 '능력주의'를 어떻게 기록하고 있을까?

20세기의 상당 기간 동안 그 기록들은 꽤 괜찮은 수준이었다. 헨리 제임스('허리 부상'으로 남북전쟁 참전을 비껴갔다)가 '의무와 명예'라고 부른 것은 대학이 장려한 중요한 미덕이었다. 일례로 이러한 미덕은 F. 스콧 피츠제럴드가 "우리 세대의 교과서"라 부른 베스트셀러 『예일대의 스토버』의 테마였다. 오늘날엔 읽히기보다는 주로 인용문으로 접하기 쉬운 이 소설은 부잣집 도련님이 옛 예일의 사교클럽에 '일격을 가하는' 치기 어린 이야기로 치부되는 게 보통이다. 그러나 사실 이 소설은 특권 계층에 속한 내부자가 "자신이 누리는 행운을 비판적으로 분석"한 이야기다.[6] 스토버 시대의 예일대는 신이 불가사의한 생각으로 은총을 베풀고, 신의 총애를 받는 사람들은 다른 사람의 고통을 마주했을 때 "신의 은총이 없었다면 나도 저러할 것"이라고 겸허하게 인지하며 살아야 한다는 설립자의 신념이 여전히 남아 있는 곳이었다.

죄책감이 드는 꿈처럼 예일대는 스토버를 짓누른다. "밤이면 마음을 어지럽히는 희뿌연 벽과 느릅나무 꼭대기에서 괴물 같은 손이 슥 나타나 그를 덮쳐오다가 창문이 무수한 눈동자로 바뀌어 그를 똑바로 노려보며 심문한다." 예일의 눈은 어디에고 그를 따라다니며 "희생과 헌신의 정신"에 복종할 것을 종용한다.[7] 대부분은 아니었을지라도 스토버의 친구들 중 분명 많은 이들은 이 이상적인 "인성의 학교"의 낙제자였으며 20세기 초 예일대의 저명한 교수였던 사회진화론자 윌리엄 그레이엄 섬너의 시각으로 세상을 보았다. 그러니까 이들은 세상을 먹고 먹히는 치열한 경쟁의 장으로, 적자는 살아남고 약자는 도태되는 곳으로 본 것이다. 섬너의 가장 잘 알려진 저서 『각 사회계층이 서로에게 빚지고 있는 것』은 그 제목 안에 질문을 담고 있는데, 이 질문에 뒤따르는 답변은 '쥐뿔도 없다'는 것이다.

섬너의 예일대가 현실이고 스토버의 예일대는 허구라 할지라도 그것은 훌륭한 허구여서 좋은 사람을 배출하는 데 도움이 되기도 한다. 명문대의 역사에서 가장 놀라운 역설 중 하나는 부족적 성향의 기관을(대학은 물론 단체나 동호회까지도) 더 넓은 세상을 향해 열어젖힌 사람들이 바로 옛 부족의 자녀들이라는 사실이다. 하버드대에서는 퇴행기가 있기는 했으나 개혁이 상당히 꾸준한 속도로 진행되었다. 우드로 윌슨이 "의무의 학교"라고 묘사한 프린스턴대에서는 개혁의 속도가 훨씬 느렸다. 오늘날 우리가 젠더와 인종, 계층의 문제라 부르는 사안에 대한 윌슨 자신의 관점도 천천히 변화했다. 예일대에서는 그러한 변화가 킹먼 브루스터 총장(메이플라워호를 타고 온 이민자의 자손, 예일대 1941년 졸업, 1963~1977년 예일대 총장)의 지휘 아래 다소 갑작스럽게 일어났다. 흑인 학생 수가 상당히 증가했고 여성도 처음으로 입학하기 시작했다. 브루스터의 진보 정신은 다른 예일대 출신들을 통해 예일대가 위치한 뉴헤이븐 너머로까지 확산되었다. 특히 기업가이자 자선가인 J. 어윈 밀러(예일대 1931년 졸업)는 상업계에서 인종 통합을 이룬 개척자였으며 뉴욕의 성공회 주교 폴 무어(예일대 1941년 졸업)는 세인트존 더 디바인 대성당을 맨해튼 북부의 상류층 '와스프'(앵글로색슨계 백인 프로테스탄트) 신도들의 아지트에서 할렘 지역공동체를 아우르는 전 기독교적인 기관으로 바꾸었다.

이들은 동년배에 가까운 사이러스 밴스(1939년 졸업), 세이전트 슈라이버(1938년 졸업), 존 린지(1944년 졸업), 윌리엄 슬론 코핀(1949년 졸업)과 마찬가지로 자신들이 가진 특권이 기껏해야 순전한 행운일 뿐이며 나쁘게 보면 부당한 것임을 인식하고 있었다. 도량이 큰 신세대 예일대생들이 편협한 선배 예일대생들의 아성을 무너뜨린 것이다. 학교마다 그 정도가 다르긴 하지만 모든 명문대에는 충직한 반대론자들이 존재해왔다.[8] 세계에서 가장 개방적인 공립 고등교육 제도를 확립한 클라크 커도, 지적 기준으로 측정했을 때 미국에서 가장 엘리트적인 대학이라 할 수 있는 작은 규모의 사립학교 스워스모어 칼리지 출신이었다.

2

옛 능력주의의 세계를 잠깐 살펴보는 일은 오늘날 대학의 가치가 의미하는 게 뭔지 파악하는 데 유익한 훈련이 될 것이다. 옛 질서를 가장 뚜렷하게 대변해주는 인물은 아마도 절반은 허구적 인물인 프랭크 프레스콧일 것이다. 그는 사립 고등학교 교장의 이야기를 다룬 루이스 오킨클로스의 소설 『저스틴의 교장』(1964)의 주인공이다. 프랭크 프레스콧은 명문 사립 고등학교 그로튼 스쿨에서 1884년부터 1940년까지 교장을 지낸 실재 인물 엔디콧 피바디를 어느 정도 모델로 삼고 있다(그러나 피바디보다는 덜 종교적이다). 프레스콧-피바디는 신사라면 숙녀에게 누군가 방금 앉았던 의자를 권해서는 안 되는, "뜨뜻한 의자만큼 불쾌한 것이 없었던" 시대를 산 사람이다.[9] 오늘날의 관점에서는 그런 사람들이 존재했다는 것조차 믿기 어려울 정도다. 그러나 프레스콧은 고상한 체하는 사람은 아니다. 신사연하는 태도를 경멸하고 전쟁에 대해 감상적이지 않은 관점을 견지한 그는, 평상시에 특권을 맨 앞에서 누리고 있는 사람들이 전시에도 마땅히 선두에 서야 한다고 주장한다. 무엇보다도 그는 교육의 핵심은 학생들이 공공서비스에 관심을 갖도록 고무하는 데 있다고 생각한다.

이러한 목표를 이루기 위해 교육이 어떠해야 하는지에 대한 그의 견해는 이렇다. 한 젊은 교사에게 그는 이렇게 말한다. "나이가 들수록 말이야, 선생이 가르치는 일을 계속해야 하는 유일한 이유가 바로 소년의 눈에서 아주 가끔 번뜩이는 불꽃 때문이라는 것을 더 절실하게 깨닫게 된다네. 그 불꽃을 보며 그게 어디서 오는지 고민하는 것은 바보 같은 일일세. 그게 호라티우스의 송시에서 오든, 아이슬란드의 영웅담에서 오든 아니면 실험실에서 펑 하고 터지는 무언가에서 오든 상관없단 말이네."[10] 위의 예들은 윌리엄 제임스가 "침습성 경험"이라 부른 것으로 이런 경험들에는 "원초적 의식*의 균형 상태를 갑작스럽게 동요시키는 힘"이 있다. 이러한 경험이 자연 상태에 대한 공부에서 오든(실험실의 펑 하는 소리), 음악이나 미술, 수학에서 오든, 그도 아니면 문학이나 역사, 타인의 삶에 나타난 덕목에 의해 고양된 무의식적 이타심을 통해서 오든, 그게 어디서부터 유래하는가를 고민하는 것은 어리석은 일이

---

* primary consciousness. 미국의 생물학자 제럴드 에덜먼이 사용한 용어로 지금 현재나 바로 직전의 세계를 인식하는 것을 뜻한다. 감각. 직관, 심상 등을 일컬으며 '감각적 의식'이라고도 한다. 이에 반해 2차 의식(혹은 고등 의식)secondary consciousness은 자기 자신을 인식하며 과거에 대해 반성적으로 사고하고 미래를 예측할 수 있는 능력을 뜻한다.

다. 단 하나 중요한 것은 그것이 어디로 이어지느냐—제임스가 성
바울의 표현을 풀어 말한 것처럼 그것이 "인생의 어떤 결실"로 맺어지
느냐—는 것이다.

이런 기준으로 본다면 옛 '엘리트 계급'에 속했던 사람들 중 상
당수는 썩 괜찮은 삶을 살았다. 피바디를 존경했던 프랭클린 루스
벨트(그로튼 스쿨 1900년 졸업, 하버드대 1904년 졸업)는 틀림없이
영리한 학생이긴 했지만, 여름방학을 폴로 경기를 하며 보내든 도
시빈민 아동들을 위한 캠프 지도자로 일하든 간에(루스벨트는 그
두 가지를 다 했는데 이 일은 이타심을 증명하기 위해 이력서를 부풀
릴 나이가 되기 이전의 일이었다) 그가 출신 학교와 집안 덕분에 하
버드에 입학하리라는 것은 분명해 보였다. 올리버 웬들 홈스(하버
드대 1861년 졸업, 남북전쟁에서 심각한 부상을 입은 참전 용사) 대법
관은 대통령이 된 루스벨트를 처음 만난 뒤, 신임 대통령은 "이류
의 지능에 일류의 성품"을 지닌 사람인 것 같다고 말했다. 오늘날
명문대 입학처에서 그런 평가를 받았다가는 설사 대대로 내려온
부잣집 자제라 해도 그 대학에 합격하지는 못할 것이다.

이처럼 생경한 과거의 이야기가 오늘날 '엘리트 계급'의 자격 요
건에 대해 의문을 제기하지는 않는가? 루스벨트와 그의 아이리비
그 출신 자문팀(거의 다 전형적인 옛 엘리트들이다)이 소외 계층에
희망을 주기 위해 다른 기득권 계층 사람들보다 더 많은 노력을 기
울였다는 사실을 우리는 어떻게 받아들여야 할까? 피바디는 의회
에서 사회 보장법이 통과되었을 때 한때 그의 학생이었던 루스벨
트 대통령에게 편지를 써 "공동체에 대한 시민의 의무가 이 나라
전역에 걸쳐 강조되어야 하며 지금까지 오로지 자신의 이익만을

생각했던 사람들에게도 이를 상기시켜야 한다"는 신념을 행동으로 보여준 데 대해 칭찬의 말을 전했다.[11] 이에 견준다면 오늘날 가장 똑똑하다는 최고의 학생들은 어떠한가?

물론 이 질문에는 함정이 있다. 이 질문은 최근 미국인들이 좋아하는 "가장 위대한 세대*"에 대한 향수에 젖어 있고, 한 세대에 대해 편리하게 일반화할 수 있다는(세대라는 말을 어떤 식으로 정의 내리든) 꺼림칙한 전제에 근거했다는 점에서 전적으로 부당하다. 사람들은 어느 정도는 시간의 산물이어서, 시간 여행의 판타지처럼 자신의 시대를 뛰어넘어 다른 시간대로 이동할 수 없기 때문에 이러한 질문에는 검증 가능한 답변이 따라올 수 없다. 그러나 15년 전쯤 내가 직접 직면했던 그 질문은 이제까지 생각해본 적 없는 새로운 방식으로 대학을 바라보게 해주었다.

이 질문은 내가 운좋게도 에드워드 딕비 발철과 필라델피아의 리튼하우스 호텔에서 조찬을 함께할 때 수사적인 질문의 형태로 다가왔다. (발철은 '기득권층The Establishment'이라는 용어를 대중화시킨 사람이다.) 필라델피아의 상류층 가정에서 태어난 발철은 집안에 불운한 일이 생겨 하버드에 가지 못하고 고향에 있는 펜실베이니아 대학에 진학했다. 대학 졸업 후 2차세계대전에 해군 전투기 조종사로 참전했으며 컬럼비아 대학에서 로버트 머튼(유대인 이민자의 아들로 그 역시 필라델피아에서 태어났다. 본명은 마이어 쉬콜닉)의 지도 아래 박사학위를 취득했다. 그후 그는 미국 사회 엘리트층에 대

---

* the Greatest Generation. 저널리스트 톰 브로카가 처음 사용한 말로 미국 대공황 시대에 성장기를 보내고 2차세계대전에 참전한 세대를 가리킨다.

한 폭넓은 저술 활동을 해왔는데 그중 하나가 잘 알려진 『프로테스탄트 기득권층: 미국의 귀족주의와 카스트제도』(1964)이다.

발철은 옛 엘리트의 전형적인 차림을 하고 있었다. 조금 튀는 헤링본 무늬 재킷에 풀 먹인 장밋빛 셔츠를 입고 바람에 쏠린 선원의 머리처럼 뒤로 빗어 넘긴 헤어스타일을 하고 있었다. 자리에 앉은 발철은 의자에 몸을 기댄 채 거두절미하고 나에게 이렇게 물었다. "대학은 어디 나왔어요?" "하버드 나왔습니다." 나는 영문도 모르고 이렇게 답했다. 그러자 바로 그 도전적인 질문이 던져졌다. "스스로 거기 갈 만한 자격이 있었다고 생각하시오?" 당혹스러운 질문이었다. 나는 어안이 벙벙해져서 뭐라고 답해야 할지 몰랐다. 꼭 그렇진 않다고 해도, 내가 다닌 고등학교엔 더 많은 기회를 누릴 만한 영리한 학생들이 있었다는 식으로 둘러대야 할까? 아니면 그도 이미 알고 있을, 내가 생각하는 그대로를 이렇게 얘기할까? 자격이 있지요, 왜 없겠어요, 나는 열심히 공부해 좋은 평점을 받았고, 그후로도 내가 맡은 일을 잘해왔어요, 라고? 발철은 내 대답을 기다리지 않고 대뜸 말했다. "당연히 자격이 있었겠지!" 그러고는 이런 비난을 쏟아냈다. "당신과 당신이 속한 세대는 미국 역사상 가장 의기양양하고 또 자기만족에 사로잡혔어요. 당신은 아마 지금 갖고 있는 것을 자기 스스로 이뤄낸 거라고 생각할 거예요. 반면 잭 케네디는 하버드에 갔을 때 자신이 아빠가 가진 돈 덕분에 그곳에 갔다는 것을 알았고 말예요. 그리고 그는 하버드를 졸업했을 때 뭔가 갚아야만 한다고 느꼈지!" 발철은 말하는 내내 미소를 지으면서도 분노의 기색을 감추지는 못했다.

이는 틀림없이 젊은 시절의 케네디에 대한 낭만적 견해였지만,

그 말이 품은 의도는 설득력이 있었다. 그리고 그후 『능력주의 사회의 등장』이라는 책을 읽게 되었을 때 그것이 바로 영이 말하고자 한 요체였음을 깨달았다. 영과 발철이 말하고 있었던 것은 영미권 버전의 노블레스 오블리주였다. "'능력'이 점점 더 측정 가능한 것이 되면서" 지금은 이 개념이 훨씬 약화되고 말았다.[12] 영이 가상의 미래 사회로 묘사한, 개인이 학문적 역량에 따라 사회적으로 분류되는 시대를 우리는 지금 직접 경험하고 있다. "새로운 상류층은 더이상 자기 의심이나 자기비판으로 약화되지 않으며," 우리 모두는 너무나도 자주 "인간은 동등하지 않고, 각자의 능력에 따라 지위가 주어져야 한다는 근대사상의 원리"에 동의한다.[13]

오늘날 대학 입학 전형을 겪는 사람들은 이러한 견해를 공고히 다지기 마련이다. 사실상 취학 전부터 시작되는(그렇다, 세 살 아이가 시험을 치르기 시작하면서) 이 과정은 유년기에 속도를 내기 시작해 청소년기 대부분을 먹어치운 후 성년이 막 되었을 무렵 정점에 이른다. 이러한 일련의 노력과 보상은 정교하게 설계되어 있어서 승자는 자신이 성공을 누릴 만하다고 확신하게 된다. 그러한 확신은 신입생들을 환영하는 대학 총장의 정형화된 축사를 들을 때 더욱 강화된다. "여러분은 이 문으로 들어온 학생들 중 가장 뛰어난 사람들입니다." "자기비판으로 약화되지 않는"다는 영의 표현은 당연히 반어적인 의미로 쓰인 것이다. 그는 자기 의심과 자기비판은 제대로 교육받은 사람들의 미덕이라고 믿었다. 물론 그가 반드시 교육과정을 수료한 사람만이 그러한 미덕을 가질 수 있다고 본 것은 결코 아니다. 그는 이렇게 신랄하게 풍자했다. "오늘날 저명한 전문가들은 성공이 그들 자신의 능력, 노력, 그리고 뚜렷이 보여준 성과에 대한 보상일 뿐이라고 생각한다. 그리고 자기 자신의 중요성에 몹시 심취한 나머지 그들이 지배하고 있는 타인들에 대한 연민을 망각한다."[14]

『능력주의 사회의 등장』은 오늘날 우리의 자화상을 놀랍도록 예리하게 보여준다. 오늘날의 사회는 "경제성장이라는, 모든 것을 압도하는 단 한 가지 목적만을 향해 있고," 이러한 사회에서 "인간은 얼마나 생산력을 증대시키느냐라는 단 한 가지 기준에 따라 판단된다." "수만 명의 노동을 대신할 수 있는 발명을 해낸 과학자나 기술자들을 조직화하는 행정가"가 "위대한 사람"으로 여겨지며 지능은 "직접적으로든 간접적으로든 생산성을 높일 수 있는 능력"으로 정의된다.[15] 지능에 대한 이 같은 정의는 영이 짓궂게 이름 붙인 "IQ 폭도"들, 그러니까 "IQ가 140이었다가 어떨 때는 (비단 사랑에 빠졌을 때나 아침식사 전이 아니더라도) 90으로 떨어지기도 하는 사람들"에게는 적용되지 않을 수 있다. 이런 점에서 영은 "교육적 선별을 통해 나타난 한 가지 이로운 부산물"은 사람들의 정신을 집중시키고, 감정 기복을 가라앉히는 것이라고 정확히 예견하기도 했다.[16]

신랄한 논쟁을 즐기는 작가 월터 벤 마이클스는 가상의 능력주의 사회에 대한 영의 분석을 현대 미국 사회에 적용시켰다. 그는 오늘날 미국의 명문 대학들이 부자들은 "남들보다 잘났기 때문에" 부자가 되었고 "가난한 사람들은 그럴 만해서 가난하다는 점을 우리에게 확신시키는 일차적 기제가 되었다"고 말한다.[17] 학계 내부에서든 외부에서든 그런 확신을 공개적으로 말하는 사람은 드물다. 말한다고 해도 목소리를 낮추어 완곡하게 말하는 게 보통이다.

그러나 사실 많은 사람들이 은밀하게(혹은 그다지 은밀하지 않게) 그 사실을 믿고 있다.[18]

물론 새로운 능력주의는 전 세계적 현상이 되었다. 줄 세우기에 집착하는 증세는 특히 아시아에서 더 심해 보이는데 중국의 상하이 대학교는 현재 광범위한 지지를 받고 있는 대학 순위 선정 기관을 후원하고 있다. 이 대학 순위는 교수들 중 노벨상과 필즈메달(수학계의 권위 있는 국제적인 상)을 수상한 사람의 수, 『사이언스』와 『네이처』 같은 저널에 교수들이 발표한 논문의 수 등을 근거로 매해 매겨진다. 학부생 교양교육을 측정하는 평가 항목은 아예 없는데, 어떻게 그럴 수 있는지 이해하기 어렵다.

대학 순위의 상위권에 오르지 못한 학교는 분개하기 마련이다. 프랑스 최고의 고등교육기관 중 하나인 고등사범학교의 학장은 대학 순위 결과(수년 전 런던의 『타임스 고등교육』 순위에서는 전 세계 200개 대학 중 28위였고, 상하이 순위에서는 73위였다)에 불만을 품고, 고등사범학교의 입학 준비 과정을 설명하는 것으로 항의를 표했다. "그랑제콜 준비반을 성공적으로 수료하기 위해서 학생들은 보통 2, 3년간 휴일도 없이 하루에 12시간에서 16시간을 공부할 정도로 경쟁이 치열하다."[19] 인도에서는 명문 고등학교에 들어가기 위해 학생들이 집을 떠나 '개인교습 센터'에 살면서 날마다 온종일 시험문제 푸는 기술을 연마한다. 왜냐하면 '인도 공과대학 공동입학시험IIT-JEE' 점수에 모든 것이 걸려 있기 때문이다.[20] 중국에서는 1000만 명에 이르는 고등학교 학생들이 약 600만의 대학 정원 중 한 자리에 들어가고자 시험을 치른다. 이런 사람들이 세계를 이끌어가기를 우리는 진정 원하는가? 수면 부족에 시달리고, 무자비하게 경쟁적이며, 지나치게 완벽주의적인 성향인데다, 극한의 인내로 자신을 몰아붙이는 사람들이?

물론 현실이 두려워 뒤로 물러나거나 미래에 대해 걱정하는 일과, 과거를 미화하는 일은 별개의 문제이다. 과거 역시 자세히 들여다보면 문제가 드러나기 마련이다. 미국의 대학, 특히 명문대에서 위선, 기만, 가식, 철부지 행동이 없었던 적은 없었다. 로버트 굴드 쇼가 와그너 요새 전투에서 전사하고 몇 달이 지났을 때 줄리언 호손(하버드대 1868년 졸업)은 신입생 음주 신고식의 일환이었던 관 속에서 하룻밤 보내기를 하며, "허세와 야단법석"의 대학 1학년 시절을 마무리했다. 그리고 기괴하게도 바로 그날 밤 그의 아버지 너대니얼 호손이 죽었다.[21] (줄리언 호손은 말년에 우편 사기 혐의로 연방 교도소에 1년간 수감되기도 했다.) 아마도 대부분의 대학생들은 윌리엄 페리의 명료한 표현대로 언제나 "어린 학생"에 불과할지도 모른다. 이를테면 "훤칠한 키, 금발머리, 마른 체격에 허리는 잘록한" 윌리엄 프랜시스 바틀릿(하버드대 1862년 졸업)*이 쇼와는 달리 한쪽 다리를 잃은 채 살아 돌아왔고, 허먼 멜빌이 시를 통해 "전쟁의 고통과 기도로 압축된/천 년을 살았다"라며 그를 기리기도 했지만 바틀릿을 대학생의 전형으로 이상화하고 일반화하는 것은 터무니없는 일일지 모른다.[22] 그러나 그런 학생들이 스스로 어떤 원칙을 발견할 기회를 얻었다는(또는 만들었다는) 사실에 주목하는 것은 터무니없지 않다. 요즈음 대부분의 명문대에서 소홀히 여기는 그 원칙은 용기와 이타심이 민주적으로 분포된(내 생각에는 많은 사

---

* 하버드대 재학중 남북전쟁에 북군의 장군으로 참전했다.

람들이 전쟁을 통해서 배우는) 덕목이라는 것, 그리고 특권에는 책임이 뒤따른다는 것이다.

과거를 낭만화하는 게 쉽다면, 이런 원칙들이 오늘날 '최고의' 대학들에 계속해서 잘 보전되고 있음을 입증하는 일은 더 어려워지기 마련이다. 지금까지 이야기해온 맥락에서 이를 조금 다른 식으로 표현한다면 몇몇 명문 대학들은 그들의 출발점과는 전혀 상반된 자기 인식에 이르렀다고 말할 수도 있다. 정치계에서 초당적인 합의를 찾기 어려운 이 시대에 놀랍게도 이 문제에 대해서만큼은 진보와 보수가 진심으로 의견을 같이한다. 진보좌파인 월터 벤 마이클스는 명문대가 학생들에게 "자신이 능력을 지니고 있다는 생각을 정당화해줌으로써" 학생들의 자기애를 키워주는 사업에 몰두하고 있다고 본다. 보수논객인 〈뉴욕타임스〉 칼럼니스트 로스 다우덧은 명문대에 대해 이렇게 언급한다.

지배 계층은 언제나 자신들에게 지배할 권리가 있다고 믿는다. 그러나 적어도 이 문제에 대해 진지하게 생각해볼 만큼 관심이 있었던 사람들은 한때 이렇게 이해했다. 사회체제 내에서 자신의 위치는 임의적인 것으로, 우주적 정의正義에 의해서가 아니라 어디에서 태어나 자라는가라는 우연에 의해 결정된다고 말이다. 노블레스 오블리주라는 이상은 신이(또는 순전한 행운이) 엘리트들에게 꼭 그들이 누려 마땅하다고만 볼 수 없는 많은 것들을 주었다는 판단에서 싹트기 시작했다.

그러나 오늘날,

그러한 인식은 일소되었다. 현대사회에서 엘리트의 지배는 임의적인 것이 아니라 정당하고 옳으며 참된 것으로 여겨진다. 적어도 능력주의의 논리를 따라가면, 〔오늘날의 엘리트들은〕 그들이 당연히 있어야 할 자리에 있다는… 암묵적 결론에 도달하게 된다. 표준화된 시험과 대학 입학처 담당자가 그렇게 말하고 있는데, 그 말이 곧 결론인 것이다.[23]

이 두 논객이 공유하는 요지는 가장 유구한 전통을 지닌 대학들이 애초에 그들이 생겨나게 된 바탕인 종교의 주요 원칙을 저버렸다는 것이다. 그 원칙이란 어떤 사람도 그의 능력에 근거해 어떤 것을 누릴 자격이 있다고 할 수는 없다는 것이다. 성자가 아닌 사람에게는 너무 엄격하게 느껴질 법한 이 관점에서 보면 신은 "아브라함의 장점을 보고" 그에게 역사 속의 귀한 역할을 맡기려고 선택한 게 아니라 "신의 은총을 자유롭게 내린 것이다. … 신은 아브라함에게서 아무것도 보지 않았고 다만 그에게 공정함을 보이기 위해 그렇게 한 것이다."[24] 그러한 신은 인간이 어떤 능력을 증명했다고 해서 감명받지 않는다. 인간이 가치 있는 일을 해낼 수 있다면 그것은 자비로운 신이 내린 과분한 선물이며, 자랑스러워할 게 아니라 겸허하게 받아들여야 할 일이다.

따라서 제롬 카라벨이, 동부의 엘리트들이 어떻게 그들의 자랑스러운 하버드, 예일, 프린스턴에 대한 장악력을 잃게 되었는가를 다룬 자신의 저서에 『선택받은 자』라는 성서적인 분위기의 제목을 붙인 것은 적절했다. 카라벨은 이 책에서 대학이 진보해온 과정을 이야기하면서 "오늘날의 유사 능력주의 대학 입시 시스템은 과거의 노골적인 차별과 세습적 시스템에 비한다면 상당히 발전된 형태임을 부인할" 수는 없다고 정확하게 지적했다. 그러나 그는 "영의 마지막 경고"에 귀기울일 것을 요구하며 결론 맺는다. "능력주의의 어두운 이면을 소홀히 여긴다면 우리는 집단적 위험에 처하게 될 것이다."[25]

3

최근 여러 작가들이 우리에게 능력주의 사회의 어두운 이면을 되돌아보게 하고 있다. 그중에서 가장 적극적인 축에 속하는 월터 컨은 배꼽 빠지게 웃기기도 하고 섬뜩하기도 한 회고록 『능력주의에 취하다: 과잉 성취자의 무교육』(2009)에서 그의 프린스턴 친구들(컨은 1983년 졸업생이다)이 "학교나 직장이 내주는 거의 모든 도전 과제를 해낼 수 있는 정신의 곡예사이지만, 단 하나 '진정한 자기 이해'라는 과제만은 해내지 못할 거라고" 묘사한다.[26] 이런 글을 쓰면서 품위까지 유지하기란 쉽지 않은 일이다. 왜냐하면 친구에 대한 이 같은 기록은 우정을 가장한 스파이 행위로 시작할 수밖에 없고, 젊은이의 문화가 가진 문제를 당사자들에게만 책임 지우는 것은 비겁한 일일 수 있기 때문이다. 대학생의 유형은 탐구자부터 사기꾼까지 폭넓게 존재하기 때문에, 대학교수들은 어리석고 탐욕스러운 학생들을 만나는가 하면 독창적이고 호기심 강하고 자기만족을 초월한 멋진 학생들도 만나게 된다. 여느 개인이나 기관이 그러하듯,

대학 역시 여러 가지 면이 뒤섞여 있는 곳이다. 그러나 오늘날 우리가 스스로를 구제할 수 있도록 대학이 좀더 많은 일을 해줄 수 없는가, 라는 컨의 요구는 정당하다. 여기에 모두를 포괄하는 '우리'라는 말을 쓴 것은 우리 모두 한때는 젊은이였고 지금 젊은이들도 언젠가는 나이가 들 것이기 때문이다.

오늘날 대학의 윤리적 상황을 일별해봄으로써 우리는 (일류 대학을 필두로 해서) 앞으로 할 일이 얼마나 많이 남아 있는지에 대해 아이디어를 얻을 수 있을 것이다. 우선 한 가지는, 많은 대학들이 특히 서열의 상위권에 있는 대학들이 돈의 세계에 너무 가까이 가고 말았다는 점이다. 19세기의 하버드는 찰스 디킨스에게 이런 인상을 남겼다. "전지전능한 달러가 그보다 더 훌륭한 신들이 모인 만신전에서는 상대적으로 하찮은 지위로 강등되었다." 그러나 오늘날에는 명문대의 지도자들이 보수가 짭짤한 기업 이사회 자리에 앉아 그들의 총장 연봉에 웃고명을 얻는 것은 흔한 일이 되어버렸다. 렌슬리어폴리테크닉 대학교의 총장은 페덱스, 마라톤오일, IBM 등 여러 회사의 이사회에 속해 있으면서 1년에 200만 달러 가까이 벌어들이고 있다. 사실 이 정도 금액은 영리 목적의 '대학' CEO들의 수입에 비하면 미미한 수준이다. 이를테면 세이어 대학 총장은 작년 한 해 4300만 달러를 벌어들였다. 한편 스탠퍼드대 총장과 프린스턴대 총장은 구글의 이사회에서 인사를 나누는 사이이며, 일리노이 대학교 어바나-샴페인 캠퍼스의 총장은 나이키의 이사로 재직하며 대학에 날렵한 나이키 로고가 찍힌 운동복을 공급하겠다는 계약을 맺었다. 이런 관행은 최악의 경우 이익의 충돌로 번질 수 있고 아무리 잘 봐줘도 볼썽사나운 처신으로 기록될 뿐이다. 터프츠 대학 총장 로런스 바카우는 2008~2009년 금융위기 여파로 긴축재정을 할 때 이사회가 주기로 한 높은 연봉을 거절했다. 비용 절감의 시대에 그는 "대학 총장 급여의 상징적 중요성"을 강조하며, 지도자로서는 매우 드문 본보기를 남겼다.[27]

그렇다면 교수들은 어떨까? 엘리트 학계 바깥에 있는 많은 대학의 교원들은 낮은 보수와 과도한 업무에 시달리며 자신의 손해를 감수하면서까지 학생들에게 헌신한다. 그럼에도 이들은 이름 있는 교수들에 가려 대중의 눈에 잘 띄지 않는다. 여기서 이름 있는 교수란 아스펜*에서 다보스**까지 제트기를 타고 세계를 돌아다니며, TV에 나와 이런저런 잡담을 하고, 자기가 속한 대학에 시간보다는 이름값을 더 많이 제공하는 미디어 스타 교수들을 말한다. 20년 전 하버드 교수들에게 보낸 한 학장 보고서에서 헨리 로조브스키는 이렇게 썼다. "하버드 교수 사회는 대체로 규칙이 없는 곳이 되었다. 혹은 살짝 다르게 말하면 종신 교수들이, 종종 개인적으로 자기만의 규칙을 정하는 곳이 되었다." 여기서 규칙이란 강의 시수, 외부 활동, 상담과 강의 시간 비율 같은 것을 말한다. 로조브스키 학장은 교수들의 '나 중심 기질'이 "교수의 일차적 의무는 대학(본질적으로는 학생과 동료)에 있고 나머지는 모두 부차적"이라는 역사가 오랜 시민적 태도의 흔적을 파괴하고 있다고 지적한다. 그로부터 5년 후 스탠퍼드 대학의 전임 총장 도널드 케네디는 그의 저서 『학계의 의무』(1997)에서 학문의 자유에는 책임이 따라야 한다는

---

* 세계적인 클래식 음악 축제가 열리는 콜로라도 주의 휴양도시.
** 매년 세계경제포럼이 열리는 스위스의 휴양도시.

점을 명확하게 밝히기 위해 상당히 공을 들여 설명했다. 그러나 적확하고도 유익한 이런 종류의 비판은 유감스럽게도 대학교수 전부를 이기적이고 무분별한 사람으로 몰아붙이는 사람들에게 힘을 실어주기도 한다.

대중이 교수 집단에 의구심을 갖게 된 한 가지 이유는 기업 투자자들과 정부기관들 사이에 '기술 이전' 형태의 협업이 증가하면서 좋은 자리에 있는(전부라고 할 수는 없지만 대개 과학 분야에 있는) 교수들뿐 아니라 그들이 속한 대학이 돈을 벌 수 있는 기회가 급증했기 때문이다. 특히 1980년, 공적 자금으로 개발한 연구결과나 치료법 등을 통한 수익을 해당 대학과 개인이 나눠 가질 수 있게 한 '베이돌법Bayh-Dole Act'이 제정된 이래 그러한 경향은 더욱 심해졌다. 게다가 '순수 연구'와 '응용 연구'의 구분이 예전처럼 뚜렷하지 않게 되면서 자문과 공동 연구의 경계도 모호해진 상황이다. 여러 일류 경제학자들은 정부 당국이 투자사, 보험사와 긴밀한 유대를 형성하도록 돕고 있는데 이들 투자사나 보험사는 바로 그 경제학자들이 체계화한 규제와 조세정책의 적용을 받아야 하는 곳이다. 이처럼 분주히 통근하는 교수들이 워싱턴과 월가 사이의 고속도로만 가득 메운 것은 아니다. 리비아 내전이 다가오는 시점에 일군의 저명한 정치학자, 사회학자, 경영학자들이 카다피 정부에 '자문' 서비스를 제공하는 대가로 매달 수십만 달러를 번 사실이 밝혀지기도 했다. 그 수혜자 가운데 한 사람은 카다피 대령이 리비아의 민주화에 얼마나 헌신적이었는지를 언급하는 호의적인 칼럼을 쓰기도 했다. 물론 그 자신이 리비아 정권과 어떤 재정적 관계를 맺고 있는지는 굳이 밝히지 않았다.[28]

학생들은 어떨까? 학생들 대부분이 허랑방탕하게 제멋대로 사는 것은 아니다(오히려 그 반대이다). 그러나 교수의 경우와 마찬가지로 선택받은 소수와 다른 대다수 사이의 간극은 점점 벌어지고 있다. 150여 년 전 찰스 W. 엘리엇은 "호사와 배움은 나쁜 짝"이라는 말을 했는데 이런 생각은 당시 대학들이 전반적으로 동의하는 상식이었다. 그러나 오늘날 명문 대학들은 경쟁 학교보다 좋은 다양한 편의시설, 도서관에 설치된 고급스러운 카페, 기숙사에 갖추어진 시설 좋은 피트니스 센터 등으로 학생들을 유혹한다. 오늘날 몇몇 대학들의 캠퍼스 투어는 호화 리조트 홍보 투어를 연상시킨다. 1900년의 대학생활을 살펴본 한 논평가는 젊은이가 18세에서 22세까지의 시절을 "직원들이 오직 이윤만을 측정하고 저 자신은 냉혹하고 끔찍한 돈의 종교를 터득해야만 하는 회계사무소에서 보내는 것과, 고귀한 포부를 일깨워주는 환경 속에서 보내는 것은 차이가 대단히 크다"고 언급했다. 최근 출간된 대표적인 도서들의 제목을 훑어보면―『자본의 시대에 고등교육 구하기』『시장에 나온 대학들』『고등교육의 상업화』『셰익스피어와 아인슈타인 그리고 재정 건전성: 고등교육 마케팅의 중요성』『대학주식회사: 고등교육의 기업적 부패』등―오늘날 대학생활의 분위기를 대략 파악할 수 있다. 아이비리그 대학의 어느 학장은 이제 대학은 "전 세계적 상업화"의 문화와 동떨어진 학문적 가치를 지키고 있다는 환상을 버려야 한다고 말했다.[29]

현실주의와 냉소주의 사이에 있는 이런 태도는 우리네 칼리지와 대학의 역사 속에서 가장 가치 있었던 것, 그러니까 젊은이들이 앞으로 인생의 상당 부분을 보내게 될 구매·소비의 세계와 신중하게 거리를 유지하는 일을 대개 단념하도록 이끈다. 2008년 금융위기 발발 이전 돈만 좇는 추세가 통제 불능 상태로 치닫고 있을 때, 소수의 학계 지도자들은 우리가 만물의 상품화에 굴복했을 때 발생할 윤리적, 심리적, 사회적 비용에 대해 지적하고자 노력했다. 일례로 2007년 겨울 하버드대 총장 드루 파우스트는 총장직을 맡은 직후의 첫 졸업식 연설에서 지난해 졸업생 중 60퍼센트의 남학생과 40퍼센트 이상의 여학생이 듣기 좋은 말로 '금융 서비스'라 불리는 분야에 왜 취업했는지 성찰해볼 것을 권유했다. 그 시절 명문대를 갓 졸업한 학생들은 "이제 곧 돈벼락을 맞을 거라는 유쾌한 기대" 속에 살았지만 그로부터 5년이 지난 지금 그런 환상은 그때에 비해서는 많이 약화되고 흐릿해진 듯하다.[30] 그러나 돈벼락에 대한 기대의 불씨는 다시 타오르기 시작하고 있다. 그리고 그 불을 가장 환하게 피우고 있는 대학들은 과거 '능력주의'의 시대만큼이나 그러한 특권을 단단히 수호하는 요새가 되고 있다. 사실 앞 장에서 거론된 이유들 때문에 대학들은 더욱더 그렇게 하고 있는지도 모른다.

오늘날의 대학은 정직성과 품위 면에서도 명백히 문제를 안고 있다. 톰 울프의 소설에 나오는 가상의(듀크대를 염두에 둔 듯한) 듀폰 대학교에서 학생들은 서로 "빌어먹을 멍청한 원숭이"라는 말을 인사 삼아 주고받는다. 이처럼 불손하고 분별없는 학생의 이미지는 제트족 교수의 경우처럼 희화적으로 표현된 것이지만, 극심한 사회적 스트레스와 학업의 압박 속에서 진지하게 대학생활을 해나가며 자신이 가진 기회를 최대한 활용하려는 수많은 학생들에는 모독일 수도 있다. 일부 대학 캠퍼스에 만연한, 지나치게 성적인 분위기에 휩쓸리지 않는 학생들도 많다. 많은 학생들이 성공뿐만 아니라 배움에 대한 욕구로 진지하게 학업에 열중하는 것도 사실이다. 그러나 모든 회화적 표현이 그렇듯이 톰 울프가 묘사한 쾌락과 권력을 미친 듯이 좇는 대학 풍경이 전혀 허구인 것은 아니다.

우선 한 예를 든다면, 표절이라는 부정행위는 듀폰 대학뿐 아니라 모든 대학에 만연해 있다. 몇 년 전 〈뉴욕타임스〉는 "학생들은 무엇이 부정행위이고 무엇이 아닌지 헷갈려 하는" 반면 학생들의 그런 혼란을 이용해 돈벌이를 하려는 대학 외부의 사람들은 자신들의 방법에 대해 조금도 혼란스러워하지 않는다고 보도했다. 학기 말 페이퍼를 판매하는 여러 웹사이트 가운데 한 곳은 'CheatHouse.com*'이라는 노골적인 이름을 보란듯이 내세우고 있다. 내가 아는 어느 명문대의 교수 2명은 매년 봄 졸업식 때, 졸업을 앞둔 학생들의 명단에서 최소한 한 번 이상 표절 페이퍼를 제출한 이들의 이름을 표시하는 일을 낙으로 삼는다. 이런 학생들이 명예롭게 졸업하는 것은 드문 일이 아니다.

물론 이 모든 게 새로운 현상인 것은 아니다. 컬럼비아 칼리지의 학장을 지낸 생물학자 로버트 폴락은 1961년 학부 시절 유기화학 실험실에서 있었던 일을 이렇게 회고한다. 의대 예과생들이 아세틸살리실산(아스피린)을 합성하는 과제에서 A를 받기 위해 '한달음에' 동네 약국으로 달려가 아스피린을 사와서 가루로 만든 다음 이 순백색 가루를 시험관에 담아 제출했다. 이들이 제출한 가루는 한눈에 봐도 다른 학생들이 만든 갈색 덩어리보다 좋아 보였다. 그러나 조교들이 시재료에 방사능 표지를 해둔 사실을 몰랐던 이들

---

* '속임수의 전당'이라는 뜻.

의 부정행위는 간단한 가이거계수기 검사로 그 자리에서 바로 발각되었다. 이렇게 대학에서의 부정행위는 늘 골칫거리였다. 그렇지만 이 문제가 전보다 더 심각해지지 않은 척하는 것은 눈 가리고 아웅하는 격이다.[31]

어떤 사람들은 (특히 돈으로 오염된) 학계의 윤리를 곤란한 지경에 빠뜨린 주요 원인으로 '운동선수 악령'을 들고 있다. '운동선수 악령'이라는 용어는 앤드루 해커와 클로디어 드라이퍼스가 최근에 펴낸 『고등교육이라고?: 대학이 어떻게 우리 돈을 낭비하고 우리 아이들을 망치고 있는가, 그리고 우리는 무엇을 해야 하나』에서 내놓은 말이다. 이러한 비난에는 그럴 만한 근거가 있다. 대학 체육계를 보면 (수백만 달러의 연봉을 받기도 하는) 축구팀 감독이 행정가들과 결탁해 운동 특기생들이 한 번도 출석하지 않은 수업에서 가짜 학점을 받게 하고, 신입 운동 특기생들이 스트리퍼와 매춘부가 동원된 향응을 제공받는 일이 전국적으로 벌어지고 있다. 운동 특기생들은 대학에 들어와 '농구의 코치 원리와 전략' 같은 수업을 듣고 "농구 경기는 몇 번의 반#으로 나뉘어 진행되는가?" 따위의 시험문제를 푼다. 마치 『매드 매거진』*에 나올 법한 이야기지만 실제 이런 관행을 입증하는 자료는 수두룩하다. 학계의 부정행위처럼 대학 체육계의 부패는 어제오늘의 일이 아니다. 1951년 명성 높은 시티 칼리지의 농구선수 4명이 지역 도박꾼들과 결탁해 승부를 조작한 혐의로 기소된 적이 있다. 이 사건을 두고 한 기자는 이렇게 보도했다. "대학은 선수들을 매수해 학교를 위해 경기하도

---

* 풍자와 패러디가 주를 이루는 미국의 유머 잡지.

록 했고, 도박꾼들은 선수들에게 너무 잘 뛰지 않도록 돈을 지불했다. 그 둘이 뭐가 다른가."[32]

물론 (재정 지원의 의미보다는 좋은 선수를 끌어오기 위한 기금이 되어버린) 운동 장학금을 금지하는 학교와, 입장료 수입, 라이선스, 방송 계약금 등이 매우 적은 학교에서는 이러한 비리가 스포츠가 거대 산업이 되어버린 학교에 비해 덜 심각한 편이다. 펜실베이니아 주립대에서 벌어진 믿기 어려운 성폭행 사건*은 말할 것도 없고 운동 특기생들을 실컷 부리다가 경기 실적이 부진하면 내팽개치는 것 같은 문제는 큰 이권이 개입된 부문에서는 최악의 상황으로 치닫기 쉽다. 그러나 학내 운동 특기생 비율이 대학 스포츠로 유명한 '빅 10' 대학교들보다 아이비리그 대학교에서 더 높다는 사실은 짚고 넘어가야 한다. 조기 입학 프로그램의 폐지 이후에도, 하버드대와 프린스턴대는 여전히 지원자 대부분이 합격 여부를 알기 수개월 전에 대학 대표팀 후보 학생들에게 수백 통의 '입학 가능 편지**'를 보내왔다. 아이비리그 대학에서는 (운동 특기생이든 일반 학생이든) 지원자를 발탁하는 데 명시된 수준 이상의 재정적 인센티브를 허용하지 않지만 실제로는 스포츠팀 명단을 채울 수 있는 학생들을 뽑아오기 위해서 정원의 상당 부분(20퍼센트 정도)을 일부러 비워 놓는다. 다른 이름난 대학들도 마찬가지로 운동 특기생 선발 인원을 맞추기 위해 일반 전공 합격자 수를 조절하기도 한다. 운동 장

---

* 펜실베이니아 주립대 미식축구팀 수석코치 제리 샌더스키가 15년간 소년들을 상습적으로 성폭행한 사건.
** 공식적인 합격 발표가 나기 전 합격 가능성이 있음을 미리 알려주는 편지. 지원자가 다른 경쟁 학교에 가지 않도록 붙잡아두려는 의도가 있다.

학금을 허용하고 있는 스탠퍼드대에서는 운동 특기생들에게 '즉흥극 기초'와 '북미 사교댄스' 등이 포함된 '취미 과정'을 제공하다가 〈고등교육 신문〉이 이를 폭로하자 이 과목들을 폐지했다.[33]

오늘날 거의 모든 기숙형 대학들은 (단순한 체력 단련용이 아닌) 경쟁적인 스포츠 시설 마련을 위한 기금 모금에 우선순위를 두고 있다. 대학 스포츠가 태동하던 무렵 한 대학 총장이 "나는 공기주머니a bag of wind 하나를 놓고 이리저리 뛰게 하려고 30명이 400마일을 여행하도록 허용하지는 않을 것이다"라는 말을 한 적이 있지만 (물론 여기서 공기주머니는 교수가 아니라 축구공을 의미한다*) 이제 그런 말을 할 대학 총장은 없을 것이다. 윌리엄 보엔은 운동 특기생들의 부진한 학교 성적을 근거로 "오늘날의 대학 스포츠는 학문적 가치와 교육적 탁월성에 명백한 위협이 되고 있다"고 오랫동안 주장해왔다. 반면 하버드 칼리지 학장을 지낸 해리 루이스는 대학 운동 특기생들을, 급우들 바로 옆에서 "일상의 진부함과 동떨어진 근사한 평행 우주"에 살고 있는 귀재들이라 찬미했다.[34] 두 관점 모두 일리가 있다. 대학에서 가르쳐본 사람이라면 누구나 학업을 감당할 준비가 안 된 운동 특기생들이 어리둥절한 상태로 부당하게 이용당하는 모습을 접하기 마련이다. 반면 타고난 신체적 능력 덕분에 대학에 오게 된 것을 감사하며 말 그대로 이를 '되갚으려는' 잘 훈련된 운동 특기생들도 있다. 그렇다고 해도 학생들과 교수들이 운동 특기생들을 무례하게 조롱하는 일—다른 집단을 겨냥했다면 결코 용납되지 않았을—은 끊이지 않고 일어난다.

---

* 'a bag of wind'는 공을 가리키기도 하지만 허풍선이라는 뜻도 있다.

언제나 그랬듯이 오늘날의 대학생들을 일반화하는 일에는 위험이 따른다. 몇 년 전 나는 컬럼비아대의 '진리 포럼'이라는 (내게는 낯선) 동아리에서 주최한 '다원주의 사회 속의 종교'라는 대담에 초대받은 일이 있다. 이들의 모임 강령이 "학생들과 교수들이 함께 삶의 가장 난해한 문제에 대하여 그리고 예수와 인생 전반의 연관성에 대하여 토론한다"는 것이라고 들었을 때 나는 (유대 율법을 따르지는 않지만) 유대인으로서 조금 당혹스러웠다. 그리고 이 대학은 복음 전도의 열정이 대단하지 않으므로 대담 참석률이 높지 않을 것이라 추측했다. 그러나 대담 장소였던 대학의 가장 큰 강당은 꽉 들어찼고, 참석자들의 수준 높은 도덕적 진지함과 지적 호기심의 조화는 꽤 인상적이었다. 우리는 대학이(명문대라면 더욱이) 모든 종교적인 문제에 대한 회의론의 보루라고 생각해왔지만, 이는 기껏해야 풍경의 일부일 뿐이었다. 현대 학계의 지배적인 분류 체계에 따른다면 그날 강당에 모였던 학생들 중 다수는 '아시아계 미국인'으로 분류되었을 것이다. 물론 대담이 진행되면서 그들은 스스로를 우선적으로 기독교인으로 분류했으리라는 점이 분명해졌지만.

요컨대 어느 편견 없는 여행자가 오늘날 대학들을 둘러본다면 그의 예상 중 어느 것도 들어맞지 않음을 확인하게 될 것이다. 그 여행자가 대학의 어두운 면만을 보거나 대학의 밝은 이상만을 보는 일은 없을 것이다. 왜 아니겠는가. 대학은 더이상 바깥의 큰 문화로부터, 여타 기관들보다 더 독립적인 공간이 아니다. 대학은 월트 휘트먼이 자신에 대해 말한 것처럼 "다중을 품고 있다.*" 신의

---

* 월트 휘트먼의 시 「나 자신의 노래」에 나온 구절.

와 불성실, 상스러움부터 고상함까지, 대학은 그 사이에 있는 모든 것을 품는다. 많은 학생들이 시간을 흥청망청 흘려보내고 있을 때, 어떤 학생들은 학업은 물론이고 다양한 방법으로 공동체에 기여하기 위해 최선을 다하고 있다.

그럼에도 한 가지 일반화는 모든 대학에 적용될 수 있을 듯하다. 표류하고 있다는 느낌이 바로 그것이다. 금융위기가 발발하기 전 학생들은 문학이나 예술 같은 '쓸모없는' 과목에서 몰려나와 경제학 같은 '시장성 있는' 과목으로 우르르 몰려갔다. 글로벌 금융위기의 여파가 아직 남아 있는 지금도 그런 이동은 계속되고 있는데 많은 학생들은 실제로 무엇이 무엇에 이로운지에 대해 여전히 의문을 품고 있다. 학생들이 졸업 후의 미래를 두려워한다는 점에서 명문대도 예외는 아니다. 젊은이들은 이런저런 직업을 구하는 최상의 방법은 무엇인지, 배우자와 만족스러운 직장은 어떻게 찾는지, 어떻게 성공하고 그 성공을 유지하는지, 욕구와 결핍 사이에서 어떻게 균형을 이루는지와 같은, 간단히 말해 오랜 세월 유효성이 증명된 삶을 꾸려가는 방식들이 근본적인 수준에서 흔들리고 있음을 안다.

불행히도 많은 대학들은 좋은 운을 타고난 사람이 덜 가진 사람에게 베풀며 살 책임이 있다는 생각을 학생들에게 심어주지 못함으로써, 불안에 나포된 학생들에게 거의 아무런 도움을 주지 못하고 있다. (실은 공동체 자체의 이념이기도 할) 대학 이념의 핵심에 자리한 통찰 중 하나는 남을 돕는 일은 곧 나 자신을 돕는 길이라는 것이다. 남을 돕는 일은 삶에 목적의식을 부여해주어 나이와 상관없이 모든 사람이 겪게 마련인 외로움과 막막함을 극복하게 해주기 때문이다. 그럼에도 크리스토퍼 젠크스와 데이비드 리스먼이 40여 년 전에 이미 지적한 것처럼 전문화된 학계에서 "윤리적, 정치적 문제는 연구를 통해 해결할 수 없고 공동 연구로도 결론을 낼 수 없기 때문에 학계 바깥에 따로 존재한다."[35] 지난 몇십 년 사이 프린스턴대의 인간가치센터, 듀크대의 윤리연구소와 같은 대학 부속기관이 설립되었듯이 말이다. 윤리 문제에 대해 생각하는 것이 대학의 과외활동이 되었다는 것은 대체 무슨 의미일까?

『시장에 나온 대학들』(2003)이라는 시의적절한 제목의 저서에서 하버드대 전임 총장 데릭 복은 젠크스와 리스먼의 논평을 거의 똑같이 반복했다. "교수들은 오늘날 학부생들을 민주 시민으로 성장시키는 데 아무런 관심도 보이지 않는다. 그것은 한때 교양교육의 기본 목표라 일컬어지던 과제였으며 지금 이 순간 미국에서 절실히 요구되는 과제인데도 말이다."[36] 전혀 새로울 것 없는 이야기라고 생각했는지 그는 이 문장들을 각주로 달았다.

6장

무엇을 할 것인가

COLLEGE

1

나는 이 책에서 대학과 이념에 관한 이야기를 전하면서 사람들 (학생들, 선생들, 학계 지도자들)을 그 이야기의 전면에 내세웠다. 나는 보통 이런 이야기가 따르기 마련인 어떤 종류의 장르, 이를테면 넋두리(과거에 비교해 현재를 비하하기)나 비가(이제는 끝나버린 지난날의 영광), 전투 명령(살아남고 싶다면 이렇게 또는 저렇게 하라) 따위의 형식을 취하고 싶지 않았다. 그 결과, 당연하게도 이 모든 형식들이 뒤죽박죽 섞인 이야기가 되고 말았다.

그러나 대학을 다루는 최근의 저술이 따르는 하나의 장르가 있다면, 그것은 위의 장르 중 어느 것도 아닌, 바로 장송곡일 것이다. 여기 본보기가 하나 있다. 금융위기가 발발한 지 얼마 지나지 않아 여전히 우리가 그 여파를 가늠하고자 애쓰고 있을 무렵 〈워싱턴포스트〉에는 이런 기사가 실렸다.

올해(2009~2010) 대학에 입학하는 학생들은 아마도 '대학에 간
다'는 것이 짐을 꾸려 기숙사에 들어가 정교수의 강의를 듣는 것을
의미하는 마지막 세대가 될 것이다. 학부교육은 근본적인 개편을
앞두고 있다. 대학은 신문과 마찬가지로 인터넷으로 가능해진 새로
운 정보 공유 방식에 의해 해체될 것이다. 미국의 사립대학을 떠받
쳐왔던 비즈니스 모델은 더이상 존속하기 어렵다.[1]

과거를 들여다보는 일의 이점 중 하나는 묵시록적 예언이 맞은 적
보다는 틀린 적이 더 많다는 것을 확인하는 데 있다. 그런데 지금
다루는 예언은 어떤 면에서 이미 현실화되고 있다.
　배움의 공동체로서의 대학이라는, 지금까지 내가 강조해온 주제
가 학생들에게는 이미 시대착오적인 것이 되고 말았다. 독립칼리지
협의회(연구중심대학에 소속된 칼리지를 포함시키지 않는 조직)에 속
해 있는 600여 개의 교육기관을 리버럴 아츠 칼리지로 간주한다면
미국의 대학생 14명 중 1명이 리버럴 아츠 칼리지에 다니는 셈이
다.[2] 몇 해 전 〈뉴욕타임스〉는 계절 분위기를 물씬 풍기는 사설을 통
해 이렇게 보도했다. "전국 방방곡곡에서 승객을 터져나갈 듯 태운
만원 차량들이 고속도로를 달려 이제 곧 가을로 접어들 캠퍼스를 향
하고 있다."[3] 그러나 이 사설이 한 가지 놓친 점이 있다. 그 차량들에
탑승한 상당수 학생들이 집에 머물며 전통적 의미의 대학생활이라
고는 전혀 찾아볼 수 없는 학교로 통학하게 될 것이라는 점이다.[4]
　그리고 또, 대학생 나이대의 수백만 명의 미국인들은 아예 대학

에 가지 못한다. 소득 수준 하위 25퍼센트에 속한 가족의 자녀들은 5명 중 1명꼴로 대학에 진학한다. 26세까지의 백인 고졸자가 대학에 진학하는 비율은 3분이 2가 채 되지 않는다. 소수집단의 경우 그 비율이 훨씬 낮아서, 흑인들은 50퍼센트가 조금 넘고 히스패닉계는 50퍼센트에 조금 못 미친다. 대학 등록자 중 절반 정도는 처음 입학한 대학과 다른 곳에서 졸업을 하고, 6년 내에 졸업하는 학생의 비율은 60퍼센트가 채 되지 않으며, 등록자 중 3분의 1 이상은 중도 포기한다.[5]

그럼에도 대학가의 이야기와 추억들은 오랫동안 미국 젊은이들의 전형적인 이미지를 만들어왔다. 영화 〈새로운 탄생〉*을 떠올려보라. 고전이라 할 수 있을지는 모르겠으나 〈애니멀 하우스〉**라는 영화도 있다. 필립 로스의 중편소설 『굿바이, 콜럼버스』의 등장인물 론 파팀킨이 같은 제목의 오하이오 주립대 교가 〈굿바이, 콜럼버스〉가 들어 있는 LP를 신줏단지 모시듯 소중히 보관하는 장면을 생각해보라. 아니면 브로드웨이 뮤지컬 〈애비뉴 큐〉에 나오는 이런 장면은 어떤가.

케이트 몬스터: 아, 다시 대학 시절로 돌아갈 수만 있다면. 그땐 모든 게 참 단순했는데.

니키: 다시 그 시절로 돌아가 식단표가 나오는 기숙사에 살 수만

---

* 원제는 'The Big Chill'이다. 중년이 되어 다시 만난 60년대 미시간 대학 동창생들의 이야기.

** 미국 대학의 사교클럽인 프랫 하우스를 배경으로 대학생활을 그리며 당시 미국의 정치 현실을 풍자한 코미디 영화.

있다면 무슨 짓이든 못할까!

프린스턴: 아, 다시 대학 시절로 돌아갈 수만 있다면. 대학생 땐 누구나 자기가 누군지 알지. 건물에 둘러싸인 안뜰에 앉아 이렇게 생각하지. "오, 세상에! 난 완전 크게 될 거야!" 기숙사 방에 돌아가 문 앞에 마커펜으로 쓰여진 메모들을 보고 싶어! 오오오… 한 과목만 취소할 수 있다면…

니키: 아니면 연극을 하거나…

케이트 몬스터: 아니면 전공을 바꾸거나…

프린스턴: 아니면 조교랑 한번 하거나…

니키: 그렇지만 지금 대학에 돌아간다면, 생각해봐, 내가 얼마나 낙오자 같을지… 아마 안뜰을 걸어가며 이렇게 생각할 걸… "오, 세상에…"

모두: "어쩜, 이 애들 젊은 것 좀 봐."

이 촌극이 상기시켜주듯 아마도 우리의 뇌는 성장통을 겪는 젊은 이들의 대학생활을 힘들게 했을 실패와 좌절의 기억(망쳐버린 시험, 빗나간 자유투, 짝사랑 따위)은 자동 삭제하도록 프로그래밍되어 있을 것이다.

만일 대부분의 학생들이 더이상 '전통적인' 대학생활을 경험할 수 없다면 그들을 가르치는 선생의 처지도 마찬가지일 것이다. 1975년에는 대학교수 중 60퍼센트가량이 종신재직권이 있는 정교수였거나 "종신재직권 트랙*"에 있는 교수였다. 오늘날 그 비율은

---

* tenure track. 계약직 교수로 채용된 뒤 일정기간(5~7년)이 지나면 종신재직권 심

35퍼센트까지 떨어졌다. 그러니까 이 말은 자신이 가르치고 있는 학교에 이해관계가 제한적일 수밖에 없는 시간강사나 임시고용 강사들이 주로 학생들을 가르친다는 의미이다.[6] 일부 명문대에서는 버클리대 교수 데이비드 커프가 '유인 상술'이라 부른 수법을 사용한다. 이들 대학은 유명한 교수진으로 학생들을 유혹해 등록하게 한 다음, 과중한 강의에 시달리는 시간강사에게 학생들을 떠넘긴다.[7] 시간강사들에게는 내년에도 가르칠 수 있다는 보장이 없다. 일부 뛰어난 강사들일지라도 최저생계비를 마련해야 한다는 압박을 해결하기 위해 한 주의 며칠은 이 대학에서, 다른 며칠은 다른 대학(들)에서 강의한다. 『최후의 교수들』이라는 우울한 제목의 책에서 프랭크 도너휴는 이 같은 "미국 교수 사회의 와해"가 아웃소싱의 증가, 노조의 쇠퇴와 함께 미국인들의 삶 전반에서 일어나고 있는 "비정규직화의 한 단면"을 보여주고 있다고 설득력 있게 설명한다.[8]

이 같은 미래상이 임박해 보인다 할지라도 이 책에서 중점적으로 다룬 오래된 명문대들에서 이를 현실로 받아들이기까지는 긴 시간이 걸릴 것이다. 어쩌면 명문대의 매력은 지금보다 더 커질 수도 있다. 명문대는 충분한 자금력과 '시장점유율' 덕분에 원하는 만큼 원하는 것을 가르칠 수 있는 안정적인 교수진을 유지할 수 있기 때문이다. 그러나 불행히도 다른 많은 대학들에서는 앞서 묘사한 것들이 이미 현실로 나타나고 있다. 자신의 관심사와 감성에 걸

사를 받을 수 있는 자격이 주어지는 제도. 심사에 통과하면 종신재직권을 얻고, 탈락하면 학교를 떠나게 된다.

맞은 과목을 설계하는 교수(지금은 '독자적 운영 교수'라 불린다)[9]는 유물이 되어가고 있고, 규격화된 교육 콘텐츠가 '전달 체계'를 통해 잘 전해지는지를 관리하는 임시고용 강사가 새로운 표준 모델로 대두되고 있다. 만일 어떤 강사가 주어진 강의 모형을 마음에 들어하지 않는다면 학교측은 두 번 생각할 것 없이 다른 강사를 채용하면 그만이다. 능률, 비용 효율성, (점점 더 많은 학교에서 중요해지고 있는) 수익성과 같은 시장의 원리에 비춰 본다면 이 모든 상황은 이치에 맞다. 그러나 내가 이 책에서 정의한 교육적 가치의 기준에서 보자면 지금 상황은 완전히 이치에 어긋난다.

가장 돈이 많은 사립대학조차도 필요한(또는 필요하다고 생각하는) 자원을 조달하는 데 압박을 느끼고 있고, 공립대학은 의존도가 큰 세수의 삭감으로 휘청거리고 있다. 독립 칼리지들은 등록금을 터무니없는 수준으로 올리는가 하면, 별도의 고지도 없이 학자금 지원 예산을 삭감하기도 한다. 저소득층과 이민자 가정 출신 학생들에게 기회의 통로로 자리매김한 커뮤니티칼리지(히스패닉계 대학생의 약 60퍼센트가 이곳에 다닌다)는 일반적인 대학생 나이대의 학생들은 물론이고 혹독한 취업시장에서 일자리를 찾는 데 도움이 될 만한 기술을 익히려는 성인들로 넘쳐나고 있다. 한편 명문의 반열에 오를 조건을 갖추지 못한 사립대학의 경우는 전도유망한 학생들이 경제적으로 부담이 덜한 4년제 공립대학이나 2년제 커뮤니티칼리지로 몰리면서 목표 등록률을 달성하지 못하고 있다. 고등교육계에서 가장 빠르게 성장하고 있는 영리 목적의 대학은 기껏해야 회계나 정보기술 같은 직업교육에 한정된 교과목을 제공하고 있으며, 나쁘게 말하면 별 쓸모도 없는 자격증을 주면서 돈을 받아

챙기고 있다.[10]

이렇게 새로운 상황 속에서, 그리고 학생들의 낮은 학업성취도를 보여주는 불편한 증거들이 드러나는 가운데(최근 연구에 따르면 대학 학부 졸업생의 4분의 1가량이 일반적인 수준의 교양잡지 기사를 제대로 이해하지 못하고, 다음 주유소까지 갈 수 있을 만큼 자동차의 연료가 충분한지 계산하지도 못한다고 한다), 학생들이 대학에서 실제로 무엇을 배우고 있는지 평가하고 더 많은 배움을 가능하게 해줄 신뢰할 만한 대책을 만들어내려는 움직임이 전국적으로 형성되고 있다. 대학 교원을 평가하는 현행 방식(주로 학생들의 선호도 조사에 그치고 있다)은 파편적이고 인상평 중심이어서 대체로 쓸모가 없다. 200여 년 전 어느 대학교수는 이렇게 얘기했다. "나는 단지 강의가 재미있다는 이유로 학생들이 강의실을 가득 메우고 있는 것을 봤는데 학생들이 이 강의를 좋아하는 이유는 (결코 그 대학의 최고라 할 수 없는) 교수가 강의 중간 중간에 재미있는 이야기들을 들려주었기 때문이다."[11] 교수의 재임용과 승진 여부가 부분적으로라도 학생의 강의 평가에 따라 결정된다면 이런 종류의 위험성은 과거 어느 때보다도 커질 것이다.

학생들을 평가하는 문제에 있어서는, (학생들 역시 낮은 평점을 달가워하지 않으므로) 평점 인플레이션이 부정행위라는 유행병과 어깨를 나란히 하며 형성되어왔다. 자연과학 분야를 제외하고는 평점은 점점 의미가 없어지고 있다. 특히 명문대에서는 평점 4.0 이상(A+도 더는 드문 예가 아니다)을 받고 우등으로 졸업하는 학생 수가 기형적으로 많아졌다. 학사학위를 받는다는 것에도 별다른 의미가 있지는 않아서 대학의 학사학위가 정확히 무엇을 뜻하는지는 대학마다, 심지어 한 대학 내에서도 매우 다양하게 나타나고 있다. 학위는 오래전에 한 작가가 얘기했듯 "고작 형식에 지나지 않는 의미 없는 자격증"이 될 위험에 처해 있다.[12]

한편 미국의 학계 지도자들은 오랫동안 미국의 고등교육기관에 필적할 만한 외국의 경쟁 상대가 없다고 생각해왔지만, 이들은 지금 해외, 특히 중국에서 급부상하고 있는 대학들과 '볼로냐 프로세스Bologna process' 같은 움직임을 걱정스러운 눈으로 바라보고 있다. 볼로냐 프로세스는 유럽 국가들이 국경 너머의 학위를 상호 인정하는 프로그램이다. 가령 프랑스의 대학에서 취득한 학사학위는 벨기에에서 상급 학교에 진학하거나 취업할 때 휴대 가능한 자격증처럼 통용된다. 그리고 중국과 독일 같은 일부 국가에서는 표준화된 국가시험이 오랜 전통으로 자리잡았기 때문에 학생들은 어떤 학위를 갖고 있느냐에 상관없이 그 시험을 통해 평가받는다.

2

이런 전통에 비견할 만한 제도가 미국에는 없다. 19세기 말 찰스 W. 엘리엇이 대학에 선택과목을 도입하고 수강 요건을 완화하자고 제안했을 때 제임스 매코시는 이에 반대하며 상대적으로 획일적인 학부 커리큘럼을 주장했는데, 이때 매코시는 유럽에는 있지만 미국에는 없는 보기를 제시하며 자신의 의견을 논증했다.

독일에서는 특별히 엄격한 수강 요건 없이 학자들을 배출한다는 것을 나도 알고 있다. 내 생각에 몇몇 미국 대학에서 이러한 독일식 방법을 흉내내며 그렇게 해도 똑같이 성실한 학생들을 배출할 수 있을 거라 믿고 있는 것 같다. 그들은 독일의 강력한 안전장치가 미국에는 없다는 점을 잊고 있다. 독일의 교회와 국가의 모든 부처는 대학생들이 대학과정을 마친 다음 명망 있는 학자들이 출제한 시험을 치르도록 한다. 이 혹독한 시험을 통과해야만 젊은이는 성직자든 교사든 우체국장이든 될 수 있다. 만일 낙방한다면 그의 진로는 어두워진다. 매사추세츠 주가 독일 같은 법안을 제정한다면 하버드 대학은 수강 요건을 느슨하게 할 것이고, 대학이 등한시해 만든 공백은 국가가 나서서 메워야 할 것이다.[13]

매코시 발언의 요지는 대학이 집안 단속을 잘하지 못하면 국가가 대신 나서서 그 일을 하게 된다는(또는 해야만 한다는) 것이다.

이후 미국에서는 중등교육 수준에서 치르는, 민간에서 관리하는 SAT, ACT 같은 시험이나 공적으로 운영되는 뉴욕 주 리젠트 시험* 등이 제도로 자리잡기 시작했다. 조지 W. 부시 대통령 재임 시절에는 시험 체제를 강화하고 학교나 교사에게 학생의 점수에 대한 책임을 지우기 위해 '낙오학생방지법'이 제정되기도 했다. 그러나 그 법안의 긍정적 효과가 거의 없다는 증거들이 끊임없이 제기되고 있다. 그리고 일각에서는 이 법안으로 인해 각 주들이 시험을 '지나치게 단순화'하고, 미술과 음악 같은 '수월한' 과목은 등한

---

* New York State Regents exam. 뉴욕 주 교육청에서 고등학생들의 학업 수준을 평가하기 위한 취지로 실시하는 일종의 고교 졸업자격 시험.

시하거나 아예 커리큘럼에서 없애는 등 부정적인 결과가 초래되고 있다고 주장한다.[14] 대부분의 교육자들에게 정부의 개입이라는 유령은 학생들을 평가하는 지금의 제도를 더욱 무디게 만들 위협이 될 뿐이다.

그러한 시험 체제가 가까운 미래에 대학으로까지 확산되지는 않을 것이다. 그러나 혹시 그렇게 될지도 모른다는 생각에 대학 스스로 개선책을 마련하는 계기가 되고 있다는 점에서는 전망이 밝은 편이다. 분권주의는 언제나 미국 고등교육의 두드러진 특징 중 하나였다. 주기적으로 승인 보고서만 제출한다면 '칼리지'와 '대학' 모두 사실상 어떤 구속도 없이 학교 스스로 적절하다고 판단하는 교육을 실시할 수 있다. 반면에 스스로를 책임진다는 의미에서는 완전한 사립대학이라고 말할 수 있는 대학이 거의 없는 것도 사실이다. 매사추세츠 주의회가 찰스타운 페리를 이용한 공공 수송으로 번 수익금을 하버드 칼리지에 기부하고 총장의 보수를 공공기금에서 직접 지급한 이래 미국의 고등교육은 사립과 공립의 혼종이었으며, 세월이 흐르는 동안 두 영역의 경계는 계속해서 희미해졌다.[15]

건국 초기 미국에서 사립대학에 대한 공적 보조금 모금은 행정 관료들이 솔선해 기부를 하면 일반인들이 그 뒤를 따라 기부를 하는 일종의 시합처럼 이루어졌다. 이 같은 공공·민간 부문의 공조는 오늘날 사립대가 세금을 면제받고 기증자는 세금을 감면받는 형태로 남아 있고, 고용 절차와 실험실 안전 등과 같은 준수 조건들을 수반하는 직접적인 정부 보조금의 형태로도 남아 있다. 공립대의 경우도 개인 기부금 모금 사업에 본격적으로 나섰으며 영리 목적의 사립 교육기관들은 저소득층 학생을 위한 공공기금을 최대한 끌어모으며 자연스레 민관의 공조를 꾀하고 있다.[16]

연방정부는 때때로 기금의 세출 승인, 규제, 세제 변화 등의 방식으로 이처럼 민관이 혼합된 체제에 변동을 일으켰다. 19세기 중반 제정된 모릴법은 무상으로 토지를 지원받은 대학을 탄생시켰고, 20세기 중반의 지아이빌은 이전에는 대학교육에서 배제되었던 집단에게 문호를 개방하는 계기가 됐다. 2차세계대전 이후에는 대통령 자문관 배너바 부시가 주도한 과학기술정책의 일환으로 오늘날 우리에게 익숙한 기초과학 연구 분야의 기금 지원 체제가 만들어져서, 미국국립과학재단과 국립보건원 같은 정부기관들이 경쟁을 통해 선정된 대학에 연구기금을 지원하고 있다. 1980년 제정된 베이돌법으로 교수진과 (주로) 연구중심대학들이 수익을 올릴 수 있는 기회가 마련되었고, 1986년에는 교수의 정년제를 폐지하는 법안이 통과되어(1994년까지 법안 실행을 유예받기는 했지만) 교수의 나이대가 높아지고 신임 교원 자리는 드물어지는 현상이 생겨나기도 했다.

몇 해 전 조지 W. 부시 행정부 시절에는 연방정부의 또다른 개입의 움직임이 포착되었다. 교육부 장관 마거릿 스펠링스가 이끄는 연방위원회에서 학자금 인상률, 저조한 졸업률, 대졸자들의 기초적인 언어·수리능력의 빈곤 등을 문제삼은 것이다. 그러자 일부 대학들, 특히 이러한 문제에 취약한 대학들은 정부가 개입해오기 전에 서둘러 진지하게 자체 평가를 시행했고, 아이비리그 대학들과 여타 재원이 충분한 대학들은 비교적 부유한 학생들에게 더 많은 보조금을 주는 방식으로 대응했다. 재정 사정이 좋지 않은 대학과 학생을 염두에 둔 일부 논평가들은 학생과 가족들이 빚더미에 올라 앉지 않게끔 일반적인 학사학위 과정을 4년에서 3년으로 줄이자고 주장하기도 한다.[17] 그러나 취업시장이 위축되면서 현실은 정반대 방향으로 움직이기 시작했다. 통계학에서 박물관학까지 모든 분야에서 지원자가 급증하고 있는 석사학위 과정이 사실상 학부 5학년 과정이 되어버린 것이다. 물론 이것은 학위증서를 하나 더 받기 위해 등록금을 몇 년 더 낼 형편이 되는 사람들에게만 가능한 일이다. 이는 더 많은 도움이 필요한 사람은 적게 받고, 도움이 적게 필요한 사람은 많이 받는 또하나의 사례인 셈이다.

한편 점점 더 많은 대학들이 1학년에서 4학년까지 학부생들의 실력 향상을 측정하기 위해 민간기관이 개발한 대학학습평가를 채택하고 있으며, 학생들이 자기 교육에 얼마나 적극적으로 임했는지 평가하는 학생참여전국조사에도 많은 대학들이 참여하고 있다. 대학과 재단, 로비 집단이 컨소시엄을 구성해 '학습과 책임감 향상을 도모하는 새로운 리더십 연맹'을 만들기도 했다. 친환경 건축물 인증제도인 리드LEED를 모델로 만들어진 이 조직은 학문적 수준을 드높인 대학교에 인증서를 수여한다. 20세기 초반 학문의 자유를 위한 투쟁이 전개된 이래 위탁 감독기관으로 그 역할이 제한되었던 대학 이사회는 대학의 교육적 성과를 감시하는 데 좀더 적극적인 역할을 수행하기 시작했다.[18] 이러한 변화들이 가져올 공과를 판단하자면 좀더 추이를 지켜봐야 할 것이다.

소수의 명문대를 제외하고는 대학의 이념을 견지하는 일이 커다란 도전이 되었다는 점은 틀림없는 사실이다. 비용이 무자비하게 증가하고 있는 가운데 사회경제적, 인종적, 지적 다양성을 품은 포용적인 공동체라는 대학의 이념이 대학들에는 점점 더 큰 부담으로 다가오고 있는 것이다. 이런 상황에서 같은 도시나 같은 지역에 있는 대학들은 학과 통폐합의 유혹을 점점 더 크게 느끼게 되었다. 그렇게 되면 어떤 언어는 이 캠퍼스에서, 다른 언어는 저 캠퍼스에서 배우게 될 것이다. 앞으로 일부 과목이나 전공은 아예 없어지거나 다수의 대학기관들이 공유할 수 있는 온라인 강의를 통해 제공될지도 모른다. 물론 이러한 비용 절감 전략은 재정 형편이 좋지 않거나 명성이 덜한 대학에서 먼저 시행될 가능성이 높다. 왜냐하면 폭넓은 교과목의 개설 여부가 바로 대학 명성의 한 조건이기 때문이다.

한편 적어도 이론적으로는, 저소득층 가정의 학생들이 대학에서 공부할 수 있도록 정부가 도와줄 수 있는 방법이 몇 가지 있다. 사회과학자 크리스토퍼 젠크스가 예리하게 지적한 것처럼 "대학교육 비용을 부담이 안 되는 수준으로 낮추는 문제는 정부가 어떻게 해결해야 할지 알고 있지만, 학생들이 더 많이 배울 수 있도록 하는 문제는 현재로서는 해결하기 어렵다. 이런 상황에서는 비용 부담 문제부터 먼저 접근하는 게 최선이다."[19] 이를 위해서는 현재 시행되고 있는 저소득층 학생 학자금 지원 프로그램인 펠그랜트와 퍼킨스론Perkins loans 같은 제도에 지원을 늘리고 대학 등록금의 일정 부분에 대해 세금을 감면해주어야 할 것이다. 경제학자 로널드 에런버그는 공사립 대학들이 각기 배출한 펠그랜트 수혜자만큼 연방정부기금과 주정부기금을 통해 보상받아야 한다고 제안했다. 도널드 헬러는 이보다 더 광범위한 제안을 내놓았다. 학교와 정부에서 학부생에게 수여하는 모든 장학금은 지금의 펠그랜트 지급 기준처럼 학생의 재정 상태에 근거해야 한다는 것이다.[20] 이러한 제안들은 합당하지만 문제는 현재 중산층 학생에게 돌아가는 지원금을 형편이 더 어려운 학생들에게로 전환시키지 않는 한 새로운 대규모의 자본 출자가 불가피하다는 데 있다. 이 두 가지 선택지 모두는, 정부의 적자재정에 대한 우려가 팽배해 있는 현상황에서는 정치적으로 실현되기 어렵다.

그럼에도 고등교육에 대한 공적 담론은 언제나 주목을 끌기 마련인 '누가 최고의 대학에 들어가는가'라는 질문을 포함해 여전히 비용과 접근성의 문제에 초점이 맞추어져 있다. 그러나 대학 입학이라는 문제가 이 사안의 전부는 아니기 때문에 비용과 접근성에만 집중하는 방식은 한계가 있다. 상당히 많은 저소득층 학생들이 어렵사리 대학에 입학하기는 하지만 학업을 끝마치지는 못하고 있다. 이러한 상황을 두고 흔히 사람들은 진짜 문제는 유치원에서부터 고등학교까지의 K-12 공교육 시스템에 있고, 또 사실상 너무 많은 학생들이 대학에 들어가는 데 있다고 지적한다. (언제나 다른 사람의 자녀들에게만 적용시키는 이런 평가에 자기 자식까지 포함시키는 부모를 나는 지금까지 단 한 사람밖에 보지 못했다.)[21] 초등교육과 중등교육 과정은 틀림없이 개선이 절실하다. 그렇다고 대학들더러 차례를 기다리라고 할 수도 없는 노릇이다. 150년 전 한 대학 총장이 얘기했듯 "초중고 학교에서 기본적인 교육을 수행하는 데 실패했다면, 그것이 무엇이든 대학은 이를 제공해줘야만 한다."[22]

대학은 도움이 필요한 학생들을 구제하는 일에 더욱 힘써야 하며, 대학의 의무가 잠재력이 큰 학생을 선발하는 데서 시작된다는 점도 인식해야만 한다. 어려운 상황에서도 학생들이 대학 진학을 꿈꾸고 있는 지방의 고등학교와 지역사회 조직을 대학과 연계해야 하며, 4년제 대학과 커뮤니티칼리지 간의 협력 관계는 더욱 공고해질 필요가 있다.[23] 또 대출을 받아 교육비를 부담하는 이유를 저소득층 가구들이 이해할 수 있도록 돕는 일도 필요하다. 대출이라고 하면 일단 악랄한 대부업자나 체납의 공포를 떠올리는 사람들에게는 학자금 대출도 두려운 일일 수 있기 때문이다.[24] 공립교육기관에 대한 최근의 한 연구를 보면 졸업률 향상 방안과 관련해 한 가지 놀라운 발견이 눈에 띈다. "학생들끼리의 친밀한 관계, 또 학생과 교수 사이의 친밀한 관계가 잘 조성된 환경"일수록 저소득층 학생들의 졸업률이 높아진다는 것이다.[25] 요컨대 이 책에서 줄곧 설명해온 대학의 이념이라는 것은, 우리가 알고 있는 다른 어떤 형태의 교육보다도 젊은이들에게 동기를 부여하는 강한 힘을 갖고 있다고 할 수 있다.

3

이처럼 문제의 수준은 심각하고 학계의 근본적인 개혁을 요구하는 목소리는 최근 들어 높아지고 있지만 대학 내부에서든 외부에서든 당장 획기적인 해결책이 나올 것 같지는 않다. 개혁에 대한 요구는 무수할뿐더러 상당히 과격한 경우도 많다. 일례로 최근에 출간된 『캠퍼스의 위기: 칼리지와 대학의 개혁을 위한 대담한 계획』은 저자가 〈뉴욕타임스〉에 발표한 비관주의적 칼럼 "우리가 그간 알고 있던 대학을 거두어라"를 모태로 쓰였는데, 이 책은 교수

종신재직권, 대학의 학과, 무용하기 짝이 없는 현학주의적 학위논문 등을 폐지하자고 주장한다.[26] 이 책은 칼리지와 대학이 구제불능 상태로 고착되어 있고 현실 세계와 동떨어져 있다는 점을 염두에 두고 쓰였다. 이런 유의 항의가 어제오늘 시작된 것은 아니다. 오래전 에머슨은 이렇게 촌평했다. "우리는 교실에 갇혀 있다… 진저리날 정도로 많은 말을 들었지만 단 하나도 제대로 이해하지 못한 채 마침내 교실을 빠져나온다… 우리는 숲에서 먹을 수 있는 식물이 무엇인지 모른다. 별이 가리키는 방향도 해가 가리키는 시간도 식별할 줄 모른다."[27]

어쩌면 우리는 지난 어느 때보다도 길을 잃은 상태일 것이다. 대학 총장을 지낸 누군가 지적했듯 대다수 대학기관은 교수들이 "상황과 성향에 따라 의사 결정 과정에 들락날락하는 조직적인 무법지대"일지도 모른다.[28] 그러나 교원과 행정가들이 학생들을 위해 협력하는 마음으로 뭉친다면 목청 높여 위기를 외치는 것말고도 할 수 있는 일이 많은 것도 사실이다. 아직 충분히 확산되지는 못했지만 본보기 삼아 따라해볼 만한 '최선의 실천 방안'들은 얼마든지 있다. 메릴랜드 대학 볼티모어 캠퍼스의 사례는 그런 점에서 주목할 만하다. 이 대학은 프리먼 라바스키 총장의 주도하에 멘토링과 그룹스터디 장려책, 연구교수의 도제식 지도 등을 결합해 시행함으로써 졸업률을 현저히 끌어올렸다. 그중에서도 특히 'STEM(과학, 기술, 공학, 수학)' 분야를 전공하는 소수집단 학생들의 졸업률이 눈에 띄게 증가했다. 카네기멜론 대학교에서는 '공개 학습 프로그램'의 무료 온라인 강좌가 상당한 관심을 모으고 있다. 이 수업을 듣는 학생들은 본인의 학업에 대해 주기적으로 피드백을 받고, 수업 방식

과 과제물은 학생들의 학습 정도에 따라 계속해서 조정된다.[29]

디지털 혁명이 학습에 상당한 발전을 가져올 거라는 믿음에 대해 회의적인 사람일지라도—나 역시 그중 한 사람이다—인터넷이 빈부격차를 줄여주는 잠재력을 지니고 있다는 점만큼은 인정해야 할 것이다. 이제 '도서관 출입증'을 갖고 있지 않아도 일부 훌륭한 대학도서관의 소장 자료나 절판된 책들을 열람할 수 있고, 정기 간행물이나 희귀 신문 등은 먼길을 찾아가지 않고도 제이스토어 JSTOR나 렉시스넥시스LexisNexis 같은 디지털 아카이브를 통해 손쉽게 이용할 수 있다. 일부 교육자들은 직간접 학습이 혼용될 대학의 미래를 낙관한다. 학생들은 장소에 구애받지 않고 세계적인 학자의 강의를 '수강'한 다음, 해당 지역의 대학교수가 이끄는 그룹 토론에 참여할 수 있다는 것이다. 학생 스스로가 선택한 시간에 강의를 들을 수 있다면 어두컴컴한 강의실 뒤에서 졸거나 늦잠 자서 결석하는 것보다 '정신적 참여도'가 높아질 것이라고 믿는 사람들도 있다.[30]

얼마 전 듀크대의 캐시 데이비슨 교수도 미래에 대한 이러한 장 밋빛 전망에 의견을 보탰다. 데이비슨 교수는 휴대전화 문자, 웹서핑, 블로깅 사이를 빛의 속도로 넘나들며 다루는 데 익숙해져 있는 오늘날의 젊은이들에게는 멀티태스킹이 주의력 분산의 원인이나 징후가 아니라 '이상적인 학습 방식'이라고 말한다. 이런 관점에서 보면 교실은 유동적이고 침투성이 강한 공간—그러나 실상은 전혀 공간이라 할 수 없는 곳—이 된다. 이곳에서는 '위키피디아' 같은 협업 형태의 '크라우드소싱'을 모델로 삼아 평점을 매기는 권한은 물론 심지어 학습 주제를 선정하는 권한까지 교사와 학생이 나

뒤 갖게 된다.[31] 어떤 면에서 미래의 대학에 대한 이러한 낙관적 시각은 (동기생으로부터 배우는 공간이라는) 과거의 대학에 대한 지지인 셈이다. 데이비슨이 "차이를 통한 협업"이라고 부른 것은 사실상 수평적 학습이라는 과거의 개념을 달리 표현한 말이다. 다시 말해 서로 다른 재능과 관심을 가진 학생들이 내놓은 다양한 관점을 접하는 방식은 배움에 있어 바람직할 뿐 아니라 필수적이라는 것이다. 데이비슨이 그리는 역동적이고 즉흥적인 미래 대학의 모습은 고등교육이 쇠퇴하고 있다는 많은 논평가들의 음울한 넋두리에 대비되어 일견 희망적으로 보인다. 그러나 유토피아적 예언이 파멸적인 예언보다 반드시 더 설득력이 있는 것은 아니다.

미래의 첨단기술 대학이 도래하길 기다리는 동안, 그게 어떤 모습으로 출현할지 신경쓰기보다는 지금 대학의 고질적인 병폐들을 단순한 기술로 해결한 사례들에 주목해보는 게 더 나을 것이다. 앞으로 대학에서는 (모쪼록 투명하기를 바라는) 심사 절차를 거쳐 교수자와 다년간의 계약을 맺는 방식이 종신재직이나 임시고용 방식을 서서히 대체해가다 종국에는 학계 표준으로 자리잡을 것이다. 그러나 대학 교원에게 최상의 여건은 타성에 젖지 않음을 전제로 한 안정성일 것이다. 이런 이유로 데니슨 대학은 교수들의 안식년 기간을 섬세하게 조절함으로써 (심지어 정원이 적은 학과에서도) 계약직 교원보다는 종신재직권 트랙의 교수를 늘리기로 채용 방향을 선회했다. 이 대학의 학생들은 해마다 이 대학 저 대학을 들락거리지 않아도 되는 교수들에게 의지하고 조언을 구할 수 있을 것이다. 발파라이소 대학은 2010년 초부터 매년 두 차례씩 '대학은 어떻게 운영되는가'라는 주제로 워크숍을 개최한다. 반나절 동안 진행되는 이 워크숍에서 교원들은 입학처부터 재무처까지 대학의 모든 행정부서의 직원들을 만난다. 이 워크숍의 취지는 교원과 행정 직원들 간의 신뢰를 저해할 수 있는 의문과 오해를 불식시키고, 정책과 시행 방법에 대한 충분한 논의를 장려하는 데 있다. 좋은 아이디어들은 또한 대학 곳곳에 자리잡은 연구 그룹들에서 나오기도 한다. '21세기 교양교육을 위한 캘리포니아 위원회'는 모든 연구 중심대학의 "총장실에 학부교육을 전담할 책임자 자리를 하나 만들어 그가 직원과 예산을 운용할 수 있도록 하고, 특히 학과들 간의 이해관계를 초월하는 학부교육의 가치에 관심 기울일 것을" 제안했다.[32] 총장의 핵심 측근 중에서는 학부생들을 진심으로 대변할 수 있는 사람이 드문 만큼, 이 제안은 바람직해 보인다.

강의실 내에서의 작은 변화가 굉장한 결과를 가져온 사례도 있다. 이제는 웹사이트와 블로그, SNS 등을 통해 정보를 퍼뜨리는 것이 용이해졌기 때문에, 작은 변화는 특정 강의실의 학생들에게는 물론이고 다른 강의실이나 다른 대학으로도 퍼져나가기 쉽다. 하버드대 물리학과의 에릭 마주르 교수는 학생들이 강의실에서 생각하기보다는 암기하기에 치중하는 것을 깨닫고는 1시간 길이의 일방적인 강의 방식을 폐기했다. 대신 짧은 단위의 설명과, 학생들을 그룹으로 나누어 주어진 문제를 10분 동안 풀게 하는 방식을 병행했다. 그런 다음 학생들이 조별 연구 결과를 전자 피드백 장치를 통해 제출하면, 교수는 방금 한 설명을 학생들이 얼마나 잘 이해했는지 파악한다. 만일 상당수가 제대로 이해하지 못했다면, 진도를 나가기 전에 앞으로 돌아가 설명을 보충하고 다시 학생들끼리 토론하도록 한다. 이러한 방법으로 (강의 규모에 상관없이) 교수의 독

백적인 강의에 대화적인 요소를 다시 심어넣을 수 있다.[33]

4

이러한 혁신 사례들은 최첨단 기술을 요하지 않는다. 이 사례들은 주로 연구와 전문화된 교육이 이루어지는 대학에서 학부생들이 (처음에는 지루해하다가) 쉽사리 길을 잃을 수 있다는 명백한 현실에 대한 상식적인 대응책인 것이다. 이런 유의 모든 실험들은, 학생들에게 관심이 있는 교수들로부터 착안되었다는 단순한 공통점을 지닌다. 학생들에게 좋은 일들이 일어나자면 교수의 관심이 필수적인데, 이는 교수의 관심이 좋은 수업의 기본적인 전제조건이기 때문이기도 하고 (우수 강의상이나 일부 필수과목 강의에 주어지는 특별수당 같은 가벼운 예외 사례들이 있긴 하지만) 학자 활동에 따르는 승진, 연봉 인상, 휴가 같은 보상들이 학생들에 대한 실제적인 관심과는 무관하기 때문이기도 하다. 많은 교육 현장에서는, 사실 가르치는 일이 그 자체로 보상이기도 하다.

그렇기 때문에 한 가지 분명한 과업은 가르치는 일에 관심이 있는 교사를 더 많이 배출하는 것이다. 앤서니 크론먼, 루이스 미낸드, 앤드루 해커, 클로디어 드라이퍼스를 비롯해 최근 많은 학계 비평가들은 이러한 기본적이고도 필수적인 목표를 이러저러한 방식으로 주장해왔다. 이들 모두가 문젯거리라고 생각하는 것은 바로 연구이다. 왜냐하면 일반 교양교육을 필요로 하는 젊은이들이 매우 좁고 한정된 탐구 활동을 의미하는 연구에는 거의 흥미를 느끼지 못하기 때문이다.[34] 연구자나 과학자의 재능이 교사에게 필요한 재능과 다르다는 견해에는 나 역시 충분히 동의한다. 만일 한 사람이 두 가지 재능을 다 가지고 있다면, 이는 굉장히 운좋은 조합일 것이다. 100여 년 전, 막스 베버는 "저명한 학자가 선생으로서는 지독하게 형편없을 수 있다"고 지적한 바 있다. 그보다 좀더 거슬러올라가면 에머슨이 내놓은 짓궂은 제안도 들어볼 수 있다. "대학교수를 선발하고 싶으면 거리에서 그러모은 별의별 젊은이들 사이에 후보자들을 풀어놓아라. 몇 시간이 지났을 때 젊은이들의 귀를 사로잡는 사람이 있다면 그 사람을 교수로 뽑아야 한다."[35]

위에서 말한 비평가들이 공통적으로 자각하고 있는 사실은 어떠한 높은 수준의 학위도 좋은 교수로서의 재능을 보장하지는 않으며, 애초에 교수 자리에 오를 수 있게 했던 바로 그 전문적인 연구가 도리어 가르치는 일에 대한 열정을 소진시킬 수도 있다는 점이다. 그러나 꼭 그런 식이어야 할 필요는 없다. 어느 누구도 미국의 대학이 상상력과 포부가 뛰어난 연구자들(그들이 가르치는 일에 적합한지 여부를 떠나)의 양성을 포기하도록 요구할 수는 없다. 문제는 대학이 연구의 전당이라는 사실에 있지 않고, 대학이 연구자 양성을 지원하는 방식으로 학부교육을 활용하는 데 있다. 우리네 대학들은 학문적인 가능성을 보고 대학원생을 뽑아놓고는, 최소한의 준비밖에 안 된 이들에게 품삯을 쥐여주며 영문학이나 역사학, 기초과학, 수학 등의 학부 토론수업을 가르치게 한다. 역사학 박사이자 미국대학협회 회장인 캐럴 기어리 슈나이더는 이렇게 회고한다. "대학원 시절 동안 나는 내 수업을 듣는 현실 세계의 학생들에게 단 1시간도 할애하지 못했고, '배움'이라는 신비로운 주제에 대해서는 그보다도 시간을 내지 못했다."[36] 도서관이나 실험실에서 연구하기에 적합한 사람과 강의실에서 실력을 발휘할 수 있는 사람을 분별하려는 시도는 대학원 과정에서 거의 이루어지지 않는다. 뛰어난 학자와 과학자가 훌륭한 교사가 될 수 있게 도와줌으로써 두 재능의 간극을 최소화하려는 체계적인 시도는(이게 더 좋은 방법일 테지만) 더더욱 일어나지 않는다. 대학원 박사과정의 지원자 대부분은 강의 교수들에 의한 공식적인 면접을 치르는 일이 없거니와, 대학원에 입학한 다음부터는 강의를 기회로 여기기보다는 부담스러운 의무로 여기기 마련이다.

최근 출간된 『학자 만들기: 인문학 박사 교육』(2010)이 세부적인 연구 결과를 내놓자 이러한 상황이 당연시되고 있다는 사실이 의도치 않게 공식화되기도 했다. 이 책은 학생 수 감소율, 학위 취득 기간, 박사학위 취득 후 취업 패턴 등 상세한 통계로 빽빽하게 채워져 있지만 저자가 '차후 강의 활동을 위한 적절한 준비'라고 부른 항목에 대해서는 단 한 번 짧게 언급할 뿐이다. 그 언급조차도 대학원생의 조교 업무가 학위 취득을 더디게 하는지 여부를 논하는 맥락에서 나왔다. 마찬가지로 미국 국립연구위원회는 세간의 주목을 끄는 박사학위 과정 순위를 매길 때 박사과정에서 대학원생에게 학부 수업을 준비시키는지 여부는 고려하지 않는다.[37] 가르치는 일을 대학원 교육의 필수적인 한 부분으로 여기지 않는다는 게 내겐 충격으로 다가오지만, 학계 대부분의 사람들은 이런 사실 앞에서 눈썹 하나 까딱하지 않는 듯하다.

이런 상황은 이를테면, 의과대학에서 어떤 임상 실습도 거치지 않은 학생에게 의학박사 학위를 수여하는 것이나 마찬가지이다.

이는 '실험실의 연구원'이나 영상의학과 같은 특정 기술 분야의 진로를 택한 사람에게는 있을 법한 일이다. 물론 그런 경우라도 환자들과 조금이나마 직접 접촉하는 일이 이들에게 손해가 되지는 않을 것이다. 예상과 다르게 정반대의 결정을 한 이 분야의 젊은이들이 환자들을 상대하며 상당히 만족스러워하듯 말이다. 그러나 젊은 내과의를 충분한 인턴 경험이나 지도 없이 환자의 병상으로 보낸다는 발상은 두말할 나위 없이 안 될 일이다.

더구나 인문학과 과학 분야의 대학원과는 달리 미국의 의학대학원 지원자들은 의사라는 직업에 적합한지 여부를 평가하는 개인 면접(물론 그 과정이 완벽하지는 않겠지만)을 반드시 거쳐야만 한다. 경제적인 측면만 놓고 보자면 의대생 중 전문의나 특정 연구 분야로 가는 사람들이, 1차 진료의나 가정의가 되는 사람들—학부의 교원이 되는 것과 대체로 유사하다—보다 훨씬 큰 경제적 보상을 누린다. 그러나 지금의 의학대학원들은 전자에 대한 훈련을 여전히 중시하는 한편, 후자의 가치와 중요성을 점점 더 크게 인식하고 있다. 이 교육기관들은 학생들에게 소외된 지역에서 일할 기회를 열어줌으로써 "과학으로서의 의학과 봉사로서의 의학 사이의 간극"을 좁히는 데 크게 기여하고 있다. 지금은 많은 의사들이 '환자 중심의' 의학을 의사라는 직업의 주된 목표라 말하고 있다.[38] 학계에 있는 우리도 로버트 메이너드 허친스가 오래전에 언급한 바 있는 "나쁜 시스템이 배출한 사람들이 이후에 그 시스템을 운영하고 영속시키는 사람이 되는 악순환"의 고리를 끊고 싶다면, 지금이 바로 박사과정에서 (학자들을 교사로도 준비시키기 위해서) '학생 중심의' 교육을 제공하는 문제를 진지하게 고민해야 할 때이다.[39]

어렵게 접근할 일은 아니다. 수년 전 교수들에게 연구와 교육 부문에 어떻게 시간을 안배하는지를 묻는 설문지가 던져졌을 때 한 영국 작가가 이에 대해 예리하게 지적했듯이, 연구와 교육의 구분(또는 충돌)에는 과장된 면이 있다. 그는 그러한 질문이 마치 양에게 "양털을 기르는 일과 자신을 양고기로 만드는 일에 각각 얼마의 시간을 투자하는지" 묻는 것과 같다고 말했다.[40] 둘 사이에는 뚜렷한 경계가 없다. 아니 없어야만 한다. "강의가 내 학문 수준을 향상시킨다"라든지 "학문적 연구가 나를 더 나은 교사로 만든다"라는 말이 진부하게 들린다면 그 두 가지 말이 다 옳기 때문이다. 학문적, 과학적 탐구의 중심에는 배움에 대한 열정이 자리하며 이를 훌륭히 실천하는 사람은 어느 과학자의 표현처럼 "영혼의 라듐"을 갖고 있어서, 이것이 퍼져나가 학생들로 하여금 스승의 작업을 수정하거나 반박하거나 확장하면서 더 이어나갈 수 있게 영감을 준다. 코넬대의 화학자 로알드 호프만*은 「연구 전략: 가르치기」라는 탁월한 에세이에서 자신의 창의적인 발견의 과정이 설명이라는 행위와 분리될 수 없다고 말한다. 물론 이때 설명은 자기 자신뿐만 아니라 학부생이나 동료 교수들과 같은 복수의 청중을 상대로 하는 것을 의미한다. "기초반 수업을 가르치면 가르칠수록 내게 설명하는 일은 더 중요한 의미로 다가오며," "언뜻 비치는 진리 혹은 연결 관계가 혼자 있을 때말고 다른 사람과 대화를 나눌 때" 머릿속에 떠오르기 쉽다는 것을 점점 더 실감한다고 그는 적고 있다.[41] 달리 말

---

* '화학반응 경로에 관한 이론'으로 후쿠이 겐이치와 함께 1981년 노벨화학상을 수상했다.

하면 가장 이상적인 의미에서 연구는 교육의 한 방식이고 또 교육은 연구의 한 방식인 것이다.

그럼에도 대학원에 다니는 미래의 교수들에게 그들이 공부하는 '이유'를 설명하거나, 문외한 청중들에게 학문의 중요성을 전달하는 방법을 배우라고 요구하는 경우는 매우 드물다. 심지어 어떤 매력에 이끌려 공부하는지 설명해보라는 요구도 거의 없다. 예를 들어 내가 몸담고 있는 문학 분야에서는 박사과정 구두 종합시험을 치르는 모든 응시자에게 어떤 작가가 학부생들의 흥미를 무슨 이유로 불러일으킬 수 있을지 설명하도록 요구하는 것은 분명 합당한 일일 것이다. 왜 그 작가가 오늘날에도 의미를 갖는지, 왜 100년 전에 쓴 소설이나 시, 희곡이 여전히 중요한지, 달리 말하면 이 주제를 어떻게 가르칠 수 있겠는지를 묻는 것이다. 이런 질문들은 이론적으로는 그렇게 복잡하지 않지만 실제로는 대답하기 꽤 어려운 질문이며 조만간 유능한 교사가 되기를 원한다면 반드시 직면해야 할 질문이다. 만일 미래의 교사가 대학원 공부를 시작할 때 이런 질문으로 고민하지 않는다면, 당장은 물론이거니와 어쩌면 영원히 그 고민을 회피할 확률은 높아진다.[42]

사실 학부 수업은 매우 섬세하고 까다로운 기술을 요해서, 자신감과 요령 둘 다 필요하다. 학생들에게 자극을 주어야 할 수업이 자칫 괴롭히거나 겁을 주는 일로 변질될 수 있기 때문이다. 복잡한 개념을 명료하게 이해시킬 수 있는 능력도 필요하다. 또 때로는 난해한 문제를 던져놓고 침묵을 참아내는 능력이 요구되기도 한다. 에버그린 주립대학의 도널드 핀켈 교수가 표현한 대로라면 "침묵으로 가르치기"가 필요한 것이다.[43] 미래의 학자를 양성하자면 그들이 언젠가 교사로서 맞닥뜨리게 될 이런 과제들에 대해 많은 관심을 기울여야 하지만 실상은 전혀 그렇지 못하다.

5

내가 이 책에서 하고자 한 이야기는 시작과 (오늘날 우리의 현주소와 연결해본) 중간은 있지만 결말은 없다. 결말이 허용될 수 없는 이야기이기 때문이다. 미국의 대학은 재정 문제에서부터 윤리적 문제, 심지어 존재론적 문제까지 숱한 난관에 봉착해 있다. 그러나 이상을 포기하도록 내버려두기에는 우리에게 대학은 너무도 소중하다.

지금까지 증명해 보이려 했듯이 대학은 오만과 겸손 사이에 위치한 정신에서 출발했다. 대학의 종교적 기원이 변함없는 타당성을 지니는지에 대한 나의 견해는 대학을 설립했던 성직자들의 엄격한 시각과 배치될 수도 있을 것이다. 대학 설립자들은 기독교와 경쟁 관계에 있는 모든 종교를 거들떠보지도 않았다. 무슬림과 유대인 같은 '이교도'는 물론이고 다신론을 믿는 '야만인'에게도 이들은 적대적이었는데, 다만 개종을 희망하는 사람들만은 예외로 받아들였다. 대학 설립자들 역시 그들 나름의 맹목과 자기기만, 잔인성이 있었던 것이다. 그럼에도 그들은 자신들의 신념에 충실했고(오늘날 우리가 그들보다 더 충실하다고 자신할 수 있을까?), 가장 기본적인 종교적 믿음을 이행하고자 노력했다. 그 믿음이란 모든 인간의 운명을 결정하는 것은 인간의 주제넘은 행위가 아니고 신의 전지전능함이며, 그렇기 때문에 빈부, 지위 고하, 업적 여부와 같은 외적 특징들은 영혼의 내면에 대해서 아무것도 말해주지 않는다는 것이었다.

세속 세계에 살고 있더라도 미국의 대학에 관심 있는 사람이라면 이러한 원칙들의 속뜻을 이해해야만 한다. 교육은 신비로운 과정이며 어떤 학생에 대해서도 교육으로 구제할 수 없다는 결론을 성급하게 내려서는 안 된다는, 이 원칙들과 연계된 진리를 포함해서 말이다. 아마도 교양교육의 보편적 가치를 믿는 이들이 직면한 가장 힘겨운 과제는 그러한 가치를 개인적으로 경험해보지 못한 사람들(정책 입안자, 공직자, 그리고 심지어 많은 학자들까지도)에게 이해시키는 일일 것이다. 이런 점에서 참된 교육의 혁신적인 힘은 "읽을 수는 없지만 그저 알게 되는 신비"와 같다는 청교도적 관점을 떠올려보는 게 도움이 될 것이다.[44]

여러 면에서 시대에 뒤떨어진 오래된 종교가 오늘날의 교육을 생각하는 기준점으로 어울리지 않는다면, 대신 민주주의를 그 자리에 놓으면 될 것이다. 예컨대 집안이 좋거나 부유한 사람들만 교육받아야 한다는 가정은 틀림없이 민주주의 원리에 대한 위반일 것이다. 1837년 에머슨이 그 유명한 '파이베타카파 소사이어티'* 연설에서 말한 것처럼 "대학은 불씨처럼 반짝이는 개개의 특별한 재능들을 한데 모아 젊은이들의 마음에 불길을 일으킬 수 있을… 때 그 본연의 임무를 다하게 된다. … 만일 이 점을 망각한다면 미국

* Phi Beta Kappa Society. 미국에서 가장 오래된 우등생 클럽. 1776년 윌리엄 앤드 메리 칼리지에서 결성되었다. 미국 대학의 10퍼센트 가량이 이 클럽의 지부로 참여하고 있고 이들 대학생 중 10퍼센트 정도가 회원으로 초대된다.

의 대학은 해가 갈수록 풍족해질 수 있을지 모르지만 그 공적 중요성은 위축되고 말 것이다."[45] 에머슨이 말한 '특별한 재능genius'은 흔히 말하는 비범한 능력이 아니라 모든 개인이 갖고 있는 복제 불가능한 정신이라는, 민주주의적 의미의 재능이다. 그가 이야기하고자 했던 바는 대학이 학생들에게 손을 멀리, 넓게, 또 깊게 내밀어 이들을 한데 모음으로써 학생들이 서로에게 민주적 공동체의 가능성이라는 불꽃을 점화시킬 수 있게 해야 한다는 것이다.

물론 좋은 고등학교에서 제대로 준비를 마친 학생이 대학에 입학하기에 상당히 유리하다는 것은 틀림없는 사실이다. 또 부유한 지원자들이 더 막강한 자격 요건을 구비하고 있을 확률이 높기 때문에, 명문대에서는 매년 신입생을 선발할 때마다 공정성과 탁월성이라는 양대 원칙 사이에서 균형을 잡는 데 어려움을 느낄 것이다. 그럼에도 학생이 가진 게 많지 않을수록 그에게 대학은 더 큰 의미를 갖기 마련이다. 단지 경제력을 향상시킨다는 측정 가능한 의미에서뿐만 아니라 대학을 통해 지성과 상상력을 확장시킨다는 면에서도 그렇다.

학계에서의 내 경험이란 특수하고 제한적일 수밖에 없었다. 그래서 어떤 독자들은 명문대에 집중된 이 책의 내용이 내가 전하고자 했던 이야기의 보편적 타당성을 손상시킨다고 생각할지 모르겠다. 그러나 다양한 대학들에서 마음가짐과 교양 수준이 각기 다른 학생들을 직접 관찰하고 또 가르쳐본 결과, 대다수의 학부생들은 회계, 철학, 호텔경영, 역사학 등의 전공과 관계없이 한때 대학교육의 핵심이라고 여겨졌던 (진리, 책임, 정의, 아름다움 등에 대한) 주요 질문들을 다룰 수 있는 자질이 충분해 보였다.

여러 중진 교육가들이 최근에 이런 전제를 시험에 부치기 시작했는데, 그중 미국 서부와 동부의 사례 하나씩을 소개해볼까 한다. 스탠퍼드대에서는 철학과의 데브라 사츠 교수가 정치학과의 롭 라이히 교수와 함께 '희망의 집Hope House'이라는 프로그램을 출범시켰다. 학부생 자원봉사자들도 참여하는 이 프로그램에서 교수들은 치료감호소의 여성 약물중독자, 전과자들과 함께 철학, 문학의 고전 텍스트를 읽고 토론한다. 뉴욕 주 북부의 바드 칼리지에서는 교수들이 뉴욕 동부 교도소의 재소자들에게 문학, 수학, 역사, 철학 등을 가르친다. 두 프로그램에서의 경험을 묘사할 때 자주 등장하는 어휘는 다름 아닌 '기쁨'이다.

바드 칼리지의 리언 봇스타인 총장에 따르면 매년 열리는 바드 프로그램 졸업식(대다수 졸업생들은 가석방으로 나올 가능성이 거의 없기 때문에 아이러니하게 들리는 말이지만)에서 수강생들은 "꼼꼼하고 밀도 있게 책을 읽고, 수학 문제를 풀고, 무지 때문에 생긴 뿌리깊은 편견과 피상적인 견해를 고쳐 생각하는 법을 힘들게 배우면서 얻은 정신의 자유와 기쁨"에 대해서 이야기한다. 스탠퍼드 프로그램의 수강생들은 이마누엘 칸트에서부터 에이드리언 리치에 이르는 작가·저자들이 제기한 묵직한 질문들, 이를테면 시민불복종, 타인이나 자신을 위한 거짓말의 정당성 등을 "탐구하는 민주적 공동체에 참여하면서 기쁨과 자신감을 느꼈다." 사츠와 라이히 교수에 따르면 스탠퍼드대 학부생들에게 이런 질문들에 관해 가르칠 때는 질문을 생생하게 이해시키기 위해 도망중인 유대인들을 위해 게슈타포에게 거짓말한 것과 같은 역사적 사례들을 끌어와야 했던 반면 '희망의 집'의 여성 수강생들은 실제 삶과 텍스트 사이의 단

절을 느끼지 않고 "위험천만했던 자신의 경험담들을" 자진하여 열정적으로 이야기했다.[46]

이런 프로그램은 순진한 이상가들이 자신의 양심을 달래는 제스처 정도로 일축되기 쉽다. 그러나 이런 강의를 직접 보거나 수강해본 사람이라면 누구나 그간의 오해를 풀고 감동을 느끼게 될 것이다. 봇스타인 총장이 언급한 것처럼 이런 강의는 "고등학교에서 대학교로 진학하는 특권을 당연시해온" 학생들이라면 더욱 확립하기 어려웠을 "윤리와 배움 사이의 연관성"을 상기시켜준다. 대개 우리는 준비가 덜 된 학생들이 교육받을 자격이 없다고 너무 성급하게 가정하는 듯하다.

그중 가장 성급한 축은 오늘날 영리 목적의 교육기관을 운영하는 기업가들이다. 영리 목적으로 세워진 피닉스 대학교(현재 미국의 최대 규모 대학으로, 미국의 가장 큰 공립대학인 오하이오 주립대보다 재학생 수가 5배 더 많다)의 어느 전임 학장은 이렇게 말한다. "세상에 사람들이 앉아서 생각할 수 있는 공간이 여럿 있다는 것은 기쁜 일이다. 우리에게는 그런 공간이 필요하다. 그러나 이는 돈이 매우 많이 드는 일이고, 또 아무나 할 수 있는 일이 아니다. 이러한 혜택을 누릴 수 없는 대다수의 사람들을 위해서 생각해낸 게 바로 사업이다."[47] 이런 유의 현실주의적 시각은 미국의 민주주의적 약속을 폐기하는 것과 다르지 않다. 내가 몸담고 있는 대학에는 다른 대학에 다니다가 학업을 중단하고 취업하거나 참전했다가 돌아와 다시 공부를 시작하려는 학생들이 입학하는 학과가 있다. 그들은 상당한 수준을 갖춘 일반적인 나이대의 대학생들과 종종 같은 수업을 듣는데, 그 수업에서 가장 뜨거운 학구열을 보이는 학생은 이름 없는 커뮤니티칼리지에 입학했다가 아프가니스탄이나 이라크 같은 전장에서 군복무를 마치고 학교로 돌아온 제대 군인인 경우가 많다.

오늘날 미국 고등교육계에서 가장 희망적인 지점은 캠퍼스 바깥의 시민적 삶에 대한 학생들의 관심과 참여도가 되살아난 데 있을 것이다. '사회봉사' 단체들은 오래전부터 대부분의 대학에 있어왔지만, 수업과 봉사 활동을 명시적으로 연계한 것은 비교적 새로운 현상이고 또 점점 증가하는 추세이다. 이민, 환경, 공중보건, 교육 등을 다루는 수업에서 학생들은 이민자 가정의 관청 업무 돕기, 환경단체를 위한 리서치 작업, 불우한 환경의 아이들 가르치기, 노인 돕기 등의 자원봉사 활동을 읽기·쓰기 과제와 함께 해낸다. 때로는 대학과 지역 단체가 공식적으로 맺은 협력 관계를 통해 이러한 활동이 이루어지기도 한다. 이 책에서 지적한 오늘날 대학 문화의 문제점과 병폐들은 여전하지만 학생들은, 무엇보다 자발적으로 이런 활동들을 해내고 있다. 학생들은 대개 이상과 에너지, 희망으로 가득차 있고, 의미 있는 일을 하려는 포부도 갖고 있다.

또 동성 결혼이나 총기 규제, 전시戰時의 시민적 권리 같은 최근의 논쟁거리들이 촉발한 헌법 해석 문제에 학생들을 참여시킴으로써 시민교육을 진작시키려는 움직임도 커지고 있다. 비영리단체 '프로젝트 페리클레스'는 '민주주의를 위한 토론'이라는 전국적 규모의 연례 콘퍼런스를 후원하고 있는데, 이 콘퍼런스에 참여하는 30여 개 대학의 학생들은 공개 토론을 마친 후 명사들에게서 그들의 자료 조사와 논증의 수준에 대한 비평을 듣는다.[48]

이러한 기획들은 개인의 발전은 물론이거니와 공익에도 기여한다는 미국 대학의 가장 훌륭한 전통과 맥을 같이한다. 몇몇 주요 대학들은 이러한 전통을 진지하게 계승하는 일에 앞장서고 있다. 애머스트 칼리지는 근방 커뮤니티칼리지 학생들에게 멘토링을 지원해주고, 열심히 공부하는 학생들에게는 애머스트로 편입할 수 있는 기회도 제공하고 있다. 예일대는 지역 학교들과 자매결연을 맺고 명문대가 종종 촉발시켰던 '타운-가운' 갈등*을 누그러뜨리고자 노력하면서 뉴헤이븐 시와의 관계를 공고히 다져나가고 있다. 털사 대학은 사회봉사를 하고자 하는 직원들에게 한 달에 최대 8시간의 유급휴가를 지원하고 있다. 이러한 움직임들은 사익과 공익이 진정한 의미의 공동체—처음 대학을 구상할 때 그 포부의 핵심이었다—에서는 불화하지 않는다는 것을, 그저 같은 것에 대한 다른 명칭이라는 것을 증명해 보인다.

이 책에서 살펴본 대학들은 매우 오래되었다. 그러나 가르치는 일의 즐거움 중 하나는 매년 신입생들이 들어올 때마다 대학이 새로워짐을 목격한다는 것이다. 지금까지 학생들에게 유효했던 말들 대부분은 앞으로도 여전히 유효할 것이다. 140년 전 예일대 총장은 "청년기의 여유와 호기심" 그리고 "새로운 경험을 만끽하려는 열정"에 대해서 이야기했다. 오늘날에는 애머스트 칼리지의 총장을 지낸 피터 파운시가 대학의 젊은이들에 대해 이렇게 적고 있다.

---

* town-gown tension. 중세 이래 수세기 동안 이어진 지역town과 대학gown 간의 갈등을 가리킨다. 예일대의 경우 1753년 당시 총장이 뉴헤이븐의 목사를 신임하지 않고 예일대 학생만을 위한 예배를 따로 마련하면서 지역과 갈등을 빚기 시작했다. 이후 예일대생과 지역 주민 간의 갈등은 폭력적인 사태로까지 번지기도 했다.

이들은 "아마도 인생에서 처음으로 (단순한 직감이 아닌) 실제적인 확신이 친구들과의 사이에서 그리고 더 중요하게는 그의 영혼 깊은 곳에서 생겨나고 또 형성되는" 경험을 한다.[49]

대학이라는 공간은 '최고'를 선별하는 것보다 훨씬 더 큰 의미를 품는 곳이어야만 한다. 라이어널 트릴링이 젊은이들을 두고 "도덕률의 불확실성, 혼란, 우유부단함 때문에 이 사회집단에서 저 사회집단으로 이동하는 사람들"이라고 표현했다면, 대학은 바로 이들을 위한 환승 지점이 되어야 한다. 미국의 젊은이들이야말로(다른 나라의 젊은이들보다도 특히) 트릴링적인 의미에서 언제나 "이동하는 사람들"이었다.[50] 대학은 세상의 갑론을박으로부터 도피하는 곳이 되어서는 안 된다. 대학은 젊은이들이 의미 있는 삶에 대한 각자의 생각을 가지고 동료들과 또 자기 자신과 끝까지 싸우는 곳이어야 하고, 자신의 이익이 타인에 대한 배려와 꼭 상충할 필요가 없다는 사실을 발견하는 곳이어야 한다. 우리는 이러한 대학을 잘 보존하고 지켜내 후대에 물려줄 책임이 있다. 민주주의는 바로 여기에 달려 있다.

| 감사의 말 |

30년 넘게 대학 교원으로 지내는 동안 나는 많은 학생들, 동료들, 친구들에게 신세를 져왔다. 그래서 어쩔 수 없이 이 책을 쓰는 데 직접적인 영향을 준 사람들에게 감사의 말을 전하는 것으로 한정하려고 한다.

먼저 스태포드 리틀 강연에 초빙해준 프린스턴 대학교의 공개강연위원회에 감사의 말을 전하고 싶다. 그때의 강연을 바탕으로 내용을 확대하고 살을 붙인 것이 이 책이기 때문이다. 강연 내용이 책이 되어 나올 때까지 인내심을 갖고 기다려준 프린스턴 대학교 출판부의 피터 도허티, 한 위너스키, 캐슬린 시오피와 원고를 읽고 값진 조언을 해준 독자 두 분에게도 고맙다는 말을 전한다. 조앤 기세케는 좀더 나은 책이 나올 수 있도록 세심하게 교열을 해주었고 줄리 쇼번은 꼼꼼하게 색인을 만들어주었다.

내 강의에 가장 큰 영향을 준 사람들은 내가 학생 때 만난 이래 지금까지 계속해서 배우고 있는, 잊을 수 없는 선생님들이다. 특히 고등학생 시절 '업워드바운드 프로그램'의 조수를 맡으며 만난 필 슈워츠, 대학 시절 강의실이라는 곳이 얼마나 신나는 곳인지 깨닫게 해준 사라 버쉬텔, 미국 역사에 대한 그의 TV 강의를 오래전 무척 흥미롭게 보았다가 수년 후 동료로 만나게 된 (이제는 고인이 된) 제임스 셴턴에게 감사드린다. 역시 고인이 된, 나의 영원한 멘토 앨런 하이머트는 내가 강의하고, 토론하고, 학생들을 만나는 모든 순간에 내 마음속 본보기로 남아 있다. 또 나는 대학 세미나의 수준을 높이 끌어올려준 스티븐 마커스와 함께 가르치는 특혜를 받았고, 최근에는 고등교육의 공정성과 접근성을 주제로 한 학부 과목을 로저 르헤카와 함께 가르치는 특전을 누렸다. 학생들에 대한 르헤카의 헌신과 해당 주제에 대한 그녀의 지식은 내 경험 영역을 훌쩍 뛰어넘는 수준이었다. 그리고 그녀는 몇 차례의 교열 단계를 거치고 있던 내 원고를 예리한 시각으로 읽어주기도 했다. 이 수업을 수강한 학생들은 교육적 공정성과 탁월성에 대해 열정적으로 몰입하며 수업에 활기를 불어넣어주었다.

『뉴욕 리뷰 오브 북스』에 내 생각을 펼칠 수 있도록 여러 차례 에세이와 리뷰를 청탁해준 고故 바버라 엡스타인과 로버트 실버스에게도 나는 크게 은혜를 입었다. 그때 쓴 글의 일부는 수정을 거쳐 이 책에 실리기도 했다. 오래전 내가 어떤 책에 대한 주제를 구상하기 시작했을 때 바버라는 나에게, "그 주제를 어떻게 이야기로 풀어 쓸 거예요?"라고 질문했는데 이후 어떤 글이든 쓰기 시작할 때마다 이 질문은 내게 자극을 준다. 로버트와 함께 일해본 사람이라면 모두 알고 있겠지만 그에게 원고를 넘긴다는 것은 그 자체로 배움이 된다.

또한 나에게 리뷰와 에세이를 청탁해준 『커먼윌』의 폴 바우만, 『계간 래펌스』의 루이스 래펌, 『뉴욕 타임스 매거진』의 알렉스 스타에게도 감사드린다. 덕분에 생각을 정리하는 데 도움을 받았고 그때 쓴 글의 일부는 이 책에도 포함되어 있다.

본문에 소개된 아이디어와 표현들의 일부는 나와 함께 활발한 논의와 토론을 펼친 청중들 앞에서 한번 검증을 받기도 했다. 엘런 라거만이 처음 만들고 수 앤 웨인버그가 후원한 세미나의 구성원들은 내게 특별한 기억으로 남아 있다. 또 컬럼비아대에서 처음엔 동료 교수 케이시 블레이크와 함께 만들었다가 지난 10년간 내가 정기적으로 개최해온 고등교육학회에 참석한 대학원생들도 내겐 특별했다. 학회를 지원해주고 각별한 도움을 준 앤드루 W. 멜론 재단의 조지프 메이슬(지금은 브라운대의 부교무처장이다)에게도 감사드린다. 연구비를 지원해주어 여름 동안 방해받지 않고 독서와 집필에 몰두할 수 있게 해준 스펜서 재단에도 고마움을 전한다.

대학생들에게 필요한 게 무엇인지에 대해 고민하는 교육자들에게 강연하고 또 그들과 함께 토론할 수 있게 초청해준 조지타운 대학교의 존 디조이아 총장과 제임스 오도널 교무처장, 발파라이소 대학교의 마크 슈바인 교무처장과 데이비드 오언스 부교무처장, 노워크 커뮤니티칼리지의 데이비드 레빈슨 총장과 스티븐 베리지 교수, 웨이크 포레스트 대학교의 네이선 해치 총장, 사우스캐롤라이나 대학교 뷰퍼트 캠퍼스의 칼 에비 교수와 그의 동료 교수들, 다트머스 칼리지 윤리학센터의 에인 도노번과 그녀의 동료 교수들, 특히 내 발표를 듣고 유용한 조언을 해준 대니얼 웹스터 프로그램의 제임스 머피, 제네바 칼리지의 데이브 거스리, 뉴욕 대학교의 사이먼 헤드와 제인 타일러스, 스탠퍼드 대학교의 문과대 학장 데브라 사츠, 미국철학학회의 팻 맥퍼슨과 주디스 샤피로, 사립대학교협의회의 리처드 에크만, 서던캘리포니아 대학교의 입학 연구·정책·시행 센터의 제리 루시도, 교육관리단의 로이드 새커, 털사 대학교의 데니스 더턴, 베일러 대학교의 토머스 힙스, 대학영문학협회의 크레이그 워런과 그의 동료 교수들, 칼리지보드의 캐슬린 리틀, 미시간 대학교의 찰스 아이젠드래프트와 2010~2011년 나이트윌리스 장학금 연구원들, 고등교육 재정 협력단의 테드 브래큰, 캘리포니아 대학교 데이비스 캠퍼스의 캐롤라인 델라페냐, 바드 칼리지의 조지프 루지, 전미학장협의회의 전임 회장 린다 헬편, 포드햄 대학교의 존 해링턴 학장, 사려 깊게 원고를 읽어준 티글 재단의 리처드 모릴과 도나 하일랜드, 고등교육의 미래에 대해 '들어'볼 수 있도록 여러 기회를 제공해준 티글 재단의 전임 회장 W. 로버트 코너 등 모두에게 감사드린다. 이상 열거된 사람들은 내 생각을 선명하게 가다듬을 수 있게 도와주고 또 새로운 방향으로 이끌어준 성실한 교육자들이기도 하다.

뮤지컬 〈애비뉴 큐〉의 창작자 로버트 로페즈와 제프 막스, 앨프리드 뮤직 출판사의 편집인에게도 감사드린다. 이들의 허가를 받아 〈대학 시절로 돌아갈 수 있다면〉의 가사 일부를 인용할 수 있었다(저작권 ⓒ 2003, (주)온리 포 나우, (주)판타지스 컴 트루. 모든 저작권은 (주)온리 포 나우를 대신해 워너태멀레인 출판사가 관리하고, 저작권법에 의해 보호받는다).『필립 라킨 시전집』에 실린 시「침대에서의 대화」는 파라 스트라우스 앤드 지로 출판사, 페이버 앤드

페이버 출판사, 작가노동조합, 필립 라킨 상속인의 문학 대리인의 허가를 받아 재수록했다(저작권 ⓒ 1988, 2003, 필립 라킨 상속인).

대학 시절 내겐 좋은 일들이 많이 일어났다. 그중 단연 최고의 사건은 아내 돈을 만난 일이다. 그로부터 몇 해 동안, 교사가 되기를 희망하는 학부생들과 대학원생들을 가르치면서 보여준 그녀의 헌신은 내게 늘 마음을 다잡게 하는 본보기가 되어주었다. 그녀는 언제나 나의 가장 까다로운 독자이지만, 그 점은 내가 그녀에게 무한한 고마움을 느끼는 셀 수 없이 많은 이유 중 하나이다.

서론 하버드, 예일, 프린스턴이 만든 패턴

1. Malcolm Gladwell, "The Order of Things: What College Rankings Really Tell Us," *New Yorker*, February 14 and 21, 2011, 72쪽.
2. Clark Kerr, *The Uses of the University*, 1963, 5판, Cambridge: Harvard University Press, 2001, 49쪽.
3. Jaimes Amber, "Neouniversitas," *Harvard Crimson*, October 12, 2000.
4. Abigail Adams to John Adams, August 14, 1776, in *The Book of Abigail and John: Selected Letters of the Adams Family, 1762~1784*, ed. L. H. Butterfield, Marc Friedlaender, and Mary-Jo Kline, Cambridge: Harvard University Press, 1975, 152쪽; David Starr Jordan, Julie A. Reuben, *The Making of the Modern University: Intellectual Transformation and the Marginalization of Morality*, Chicago: University of Chicago Press, 1996, 253쪽.
5. Scott McNealy, chairman of Sun Mircosystems, quoted in Anan Giridharadas, "Virtual Classrooms Could Create a Marketplace of Knowledge," *New York Times*, November 6, 2009.
6. 윌리엄 보엔의 2011년 5월 6일 인디애나 대학교 대학원 졸업식 연설. Alison Wolf, *Does Education Matter? Myths about Education and Economic Growth*, London: Penguin Books, 2002, 247쪽.
7. Ernest Ernest, quoted in Jerome Karabel, *The Chosen*, Boston: Houghton-Mifflin, 2005, 19쪽.
8. Any Kamenetz, *DIYU: Edupunks, Edupreneurs, and the Coming

Transformation fo Higher Education, White River Junction, VT : Chlsea Green, 2010, 34쪽.

9. 부자 대학과 가난한 대학 사이의 격차가 점점 커지는 것에 대한 자세한 분석은 다음 보고서를 참조. *Trends in College Spending: 1999~2009*, September 2011, by the Delta Cost Project and the Lumina Foundation, http://www.deltacostproject.org/sites/default/files/products/Trends2011_Final_090711.pdf

1장 대학의 목적

1. 이런 경험은 주로 대부분의 학생들이 '전통적인' 나이대인 경우에 해당된다. '비전통적인' 나이대의 학생들, 즉 늦은 나이에 대학에 입학해 공부하는 학생들의 수는 급격히 증가하고 있다.

2. Donald N. Levine, *Powers of the Mind: The Reinvention of Liberal Learning in America*, Chicago : University of Chicago Press, 2006, 130쪽.

3. 최근 연구조사에 따르면, 학생들은 강의평가에서 "평점을 후하게 주거나 외모가 준수한" 교원에게 후한 점수를 주는 경향이 있으며 여성 교원과 해외 출신 교원에게는 박한 점수를 주는 것으로 나타났다. 오하이오 주립대에서 실시한 대규모 조사 결과 "강의평가 결과와 실제로 수업을 통해 배운 것은 상관관계가 없는 것"으로 드러났다. *InsideHigherEd. com*, January 29, 2007 참조.

4. *New England's First Fruits*(1643) in Samuel Eliot Morrison, *The Founding of Harvard College*, Cambridge : Harvard University Press, 1935, 432쪽.

5. Wallace Stegner, *Crossing to Safety*, New York : Penguin Books, 1988, 31쪽.

6. Michael S. McPherson and Morton Owen Schapiro, "The Future

Economic Challenges for the Liberal Arts Colleges," in *Distinctively American: The Residential Liberal Arts Colleges*, ed. Steven Koblik and Stephen R. Graubard, New Brunswick, NJ: Transaction, 2000, 50쪽.

7. 학부교육과 관련한 통계 정보를 보려면 〈고등교육 신문*The Chronicle of Higher Education*〉이 최근에 발표한(2011년 8월 26일) "고등교육 연감 Almanac of Higher Education"을 참조.

8. 마크 릴라의 강의, "The Soldier, The Sage, The Saint, and the Citizen" (2010년 4월 23일)는 컬럼비아 대학교 웹사이트(http://www.college. columbia.edu/core/lectures/spring2010-0)에서 볼 수 있다.

9. Suniya S. Luther and Shawn J. Latendress, "Children for the Affluent: Challenges to Well-Being," *Current Directions in Psychological Science* 14, no.1(February 2005): 49~53쪽 참조.

10. 1869년 하버드대의 첫 비성직자 출신 총장이었던 찰스 W. 엘리엇은 "교육은 교사가 진리라고 믿는 것을 권위를 갖고 설득하는 것이라는 사상"을 거부하고 "'교육'이란 교조적인 가르침에 반기를 드는 것"이라고 설파했다(Eliot, inaugural address as president of Harvard[1869], in *American Higher Education: A Documentary History*, 2 vols: ed. Richard Hofstadter and Wilson Smith, Chicago: University of Chicago Press, 1961, 2:606쪽). 교조적인 교사의 수는 부풀려진 면이 있고 오늘날에는 이들의 교조적 주장이 신학적이기보다 정치적인 경우가 많지만, 안타깝게도 그들은 여전히 존재한다.

11. Laurence R. Veysey, *The Emergence of the American University*, Chicago: University of Chicago Press, 1965, 271쪽.

12. Charles Franklin Thwing, *The American College: What It Is and What It May Become*, New York: Platt and Peck, 1914, 97쪽. 이 책을 읽을 수 있게 정보를 준 미국학술단체협의회의 스티븐 위틀리에게 감사드린다. 영문과 교수인 프레드 루이스 패티는 다음 책에 인용되어 있다. Gerald Graff, *Professing Literature: An Institutional History*, Chicago: University

of Chicago Press, 1987, 107쪽.

13. Trilling, "The Uncertain Future of the Humanistic Educational Ideal" (1974) in *The Last Decade: Essays and Reviews, 1965~75*, New York: Harcourt, Brace, Javanovich, 1979, 160~176쪽.

14. Sam Lipsyte, *The Ask*, New York: Farrar, Straus, and Giroux, 2010, 51쪽.

15. *Spencer Foreman, MD in First Person: An Oral History*, Chicago: American Hospital Association Center for Hospital Administration and Health Care Administration History and Health Research and Educational Trust, 2008, 6쪽.

16. Burton J. Bledstein, *The Culture of Professionalism: The Middle Class and the Development of Higher Education in America*, New York: W.W.Norton, 1978, 227쪽; Veysey, *Emergence of the University*, 269쪽.

17. Morison, *Founding of Harvard*, 229쪽.

18. Roth, *Indignation*, New York: Vintage Books, 2009, 49쪽. "Tufts U. Bans Student Sex When Roommates Are Present," *Chronicle of Higher Education*, September 28, 2009. 터프츠 대학교 캠퍼스에서의 사교생활에 대한 서술을 보려면 같은 대학 철학과의 학과장 낸시 바우어가 쓴 「여성의 힘Lady Power」을 참조. "월요일 아침 미국의 대학 캠퍼스에 가보면 놀랍도록 야심만만하고 재능 있는 젊은 여성들이 그들의 지적 능력을 발휘하고 있는 모습들을 쉽게 발견할 수 있다. 이 여성들은 어떤 것(애정을 갈구하는 의존적인 남자와의 관계도 포함)도 자신의 앞길을 가로막도록 하지 않겠다고 결심한 듯 보인다. 파티가 있는 날 다시 캠퍼스에 가보면 똑같은 여자들(girls, 몇 년 전부터 이들은 'women'이라는 말을 쓰지 않고 있다) 중 다수가 자신들의 성적 능력을 발휘하고 있는 것을 보게 될 것이다. 이들은 가장 도발적인 옷을 입고, 남자들에 뒤지지 않게 술을 마시고, 남자들처럼 하룻밤 상대를 구한다. … 여학생은 파티에서 방금 만난 흥분한 남학생 앞에서 무릎을 꿇고 있을 때, 자신들이 진정으로 강력한 힘을 갖고 있다고 느낀다. 심지어 가학적으로 느끼

기도 한다. 실제로 그 자리에서 일어나 가버리는 것은 아니지만 원칙적으로는 그렇게 할 수 있다고 생각하는 것이다. 하지만 다음날 아침 여학생들이 내게 하는 말은 한결같다. 보통 내가 '하룻밤 후유증'이라 부르는 증세에 그들이 시달리고 있다는 것이다. 이들은 대학 캠퍼스에서 하룻밤 상대 남자를 마주치면 움찔할 것이다. 아니면 뭔가 하룻밤 이상의 것을 부질없이 바라기도 할 것이다. 백마 탄 왕자님(또는 아마도 뱀파이어)이 자신들의 혼을 쏙 빼놓는 정도까지는 아니더라도 최소한 상대 남자가 지난밤 자기 전화번호를 입력이라도 해두었기를 바란다는 것이다. 문자가 오지 않는다면, 이들은 바로 다음 파티 장소를 찾아 나선다."

Opinionator.blogs.nytimes.com, June 20, 2010.

19. Thorstein Veblan, *The Higher Learning in America*, 1918, 2판, New York: Hill and Wang, 1957, 101쪽, 99쪽.

20. Romano, "Will the Book Survive Generation Text?" *Chronicle of Higher Education*, August 29, 2010; Kevin Kiley, "Long Reads," *InsideHihgerEd.com*, May 12, 2011; Clydesdale, "Wake up and Smell the New Epistemology," *Chronicle of Higher Education*, January 23, 2009; Menand, *The Marketplace of Ideas: Reform and Resistance in the American University*, New York, W.W.Norton, 2010, 19쪽.

21. Bowen, preface to *Jefferson and Education*, ed. Jennings L. Wagoner Jr., Chapel Hill: University of North Carolina Press, 2004, 11~12쪽.

22. Richard Vedder, *Going Broke by Degree: Why College Costs Too Much*, Washington DC, American Enterprise Institute, 2004, 52쪽; William R. Brod quoted in Dale Keiger, "Measuring the Unmeasure," *Johns Hopkins Magazine*, November, 2008, 29쪽.

23. 부정행위 사례를 측정하기는 어렵지만 이 분야의 한 전문가인 러트거스대학교의 도널드 매케이브에 따르면 인터넷에서 찾은 자료를 "잘라 붙이기"식으로 표절했다고 말한 학생 수는 1999년과 2001년 사이 4배 증가했다. 매케이브는 지난 40년간 "금지된 공동작업"이 급격히 증가했

다고 말한다(academicintegrity.org/cai_reserach.asp). 매케이브의 연구
에 기초한 데이비드 칼라한의 『속임수 문화: 왜 미국인들은 출세할 목
적으로 점점 더 부정행위를 저지르는가*The Cheating Culture: Why More
Americans Are Doing Wrong to Get Ahead*』(New York: Harcourt, 2004,
217쪽)에서는 대학에서의 심각한 부정행위가 1990년대 동안 30~35퍼
센트 증가했다고 추정한다. 음주에 관한 많은 연구에서는 대학생들 사
이의 폭음과 약물 남용률이 높다고 보고하고 있다. 예를 들어 '국립 중
독 및 약물남용 센터'에서 보고한 "Wasting the Best and the Brightest:
Substance Abuse at America's Colleges and Universities"를 참조.
http://www.casacolumbia.org/templates/Publications_Reports.aspx#rII
참조. 이 보고서는 정규 대학생의 절반 가량이 한 달에 한 번 폭음과 약
물 사용을 한다고 추정하고 있다.

24. Harriet Beecher Stowe, *My Wife and I*, New York, 1871, 76~77쪽.

25. Harry Lewis, *Excellence without a Soul: How a Great University Forgot
    Education*, New York: Public Affairs, 2006, 17쪽. "서비스센터 개념"은
    다음 책에서 나왔다. Robert Maynard Hutchins, *The Higher Learning in
    America*, New Haven, CT: Yale University Press, 1936, 6쪽.

26. Riley, quoted in Mildred Garcia, "A New Model of Liberal Learning
    for the 21st Century," *DailyBreeze.com*, November 23, 2009. 교양교
    육의 든든한 지지자인 밀드리드 가르시아는 많은 소수집단 사람들에
    게 교육의 기회를 제공하고 있는 커뮤니티칼리지인 캘리포니아 주립대
    학교 도밍게즈 힐스 캠퍼스의 총장이다. President Obama, quoted in
    Politico, February 24, 2009.

27. Alison Wolf, *Education Matter? Myths about Education and Economic Growth*,
    London: Penguin, 2002, 18쪽. "교육을 많이 받을수록 직업을 가지
    고 유지하며, 종신 계약을 통해 장기간 안정적 취업 상태를 누릴 확률
    이 높아진다." 2년제 대학 학위나 4년제 대학을 1년이나 2년만 다닌 것
    도 측정 가능한 경제적 가치를 지닌다는 증거도 있다. 처음 대학에 입

학할 때와 비교해 경제적 측면에서 가장 큰 이득을 본 집단은 저소득
층 출신 학생이나 집안의 첫 대학 진학자, 또는 대학 진학률이 낮은 소
수집단 출신 학생인 것으로 나타났다; David Glenn, "Disadvantaged
Students May Benefit Most form Attending College," *Chronicle of Higher
Education*, April 1, 2010. 최근 자료는 루미나 재단과 조지타운 대학
교 교육인력센터가 2011년 8월 5일 함께 발간한 "The College Payoff:
Education, Occupation, Lifetime Earnings," http://cew.georgetown.edu/
collegepayoff/에서 확인할 수 있다.

28. Clifford Adelman, *The Sapces Between Numbers: Getting International
Data on Higher Education Straight*, Washington DC: Institute for
Higher Education Policy, 2009; Jane V. Wellman, *Apples and Oranges
in the Flat World: A Layperson's Guide to International Comparisons
of Postsecondary Education*, Washington DC: American Council on
Education, 2007 참조.

29. Brain K. Fitzgerald, "Missed Opportunities: Has College Opportunity
Fallen Victim to Policy Drift?" *Change 36*, no. 4, July~August 2004,
14쪽. 대학 진학률에 대한 추정치는 해밀턴 칼리지의 전임 총장이자 현
앤드류 W. 멜론 재단의 고등교육 프로그램 담당관인 유진 토빈의 2010년
5월 5일 담화에서 허락을 받아 인용했다. 토빈의 담화는 다음 자료를 참고
했다. Ross Douthat, "Does Meritocracy Work?" *Atlantic Monthly*, November
2005, 120쪽; William G. Bowen, Martin A. Kurzweil, Eugene M. Tobin,
Equity and Excellence in American Higher Education, Charlottesville: University
of Virginia Press, 2005, 77~94쪽.

30. Danette Gerald and Kati Haycock, "Engines of Inequality: Diminishing
Equity in the Nation's Premier Public Universities," Washington DC:
Education Trust, 2006.

31. 이에 대한 사례는 Charles Murray, "Are Too Many People Going to
College?" *The American*(Journal of the American Enterprise Institute) 2,

no.5 September~October 2008, 40~49쪽 참조.

32. Ann Larson, "Higher Education's Big Lie," *InsideHigherEd.com*, June 3, 2010; Jacques Steinberg, "Plan B: Skip College," *New York Times*, May 14, 2010.

33. Jan J. Barendregt et al., "The Health Care Costs of Smoking," *New England Journal of Medicine 337*, October 9, 1997, 1052~1057쪽.

34. Lester J. Cappon, ed., *The Adams-Jefferson Letters: The Complete Correspondence between Thomas Jefferson and Abigail and John Adams*, New York: Simon and Schuster, 1971, 480쪽.

35. 스미스 교수는 1914년 옥스퍼드대에서 이러한 언급을 했다.

36. Neil Postman and Charles Weingartner, *Teaching as a Subversive Activity*, New York: Delacorte, 1969. 이 책에 소개된 영어 교사를 위한 전국대회 의 담화에서 닐 포스트맨은 '헛소리 탐지기crap detector'라는 표현은 헤 밍웨이가 좋은 글을 쓰기 위해 필요한 딱 한 가지라고 불렀던 데서 인용 한 것이라고 말했다.

37. Anthony Kronman, *Education's End: Why Our Colleges and Universities Have Given Up on the Meaning of Life*, New Haven, CT: Yale University Press, 2007, 172~173쪽.

38. Victor E. Ferrall Jr. *Liberal Arts on the Brink*, Cambridge: Harvard University Press, 2011, 8쪽.

39. Bruce Kimball, *Orators and Philosophers: A History of the Idea of Liberal Education*, 1986, quoted in Francis Oakley, *Community of Learning: The American College and the Liberal Arts Tradition*, New York: Oxford University Press, 1992, 51쪽.

40. Arnold, *Culture and Anarchy*, 1869, ed. Samuel Lipman, New Haven, CT: Yale University Press, 1994, 5쪽.

41. John Henry Newman, *The Idea of a University*, 1852, ed. Frank M. Turner, New Haven, CT: Yale University Press, 1996, 81쪽.

42. 내가 받은 인상은 『학문적 표류: 대학 공부의 한계Academically Adrift: Limited Learning on College Campuses』(Chicago: University of Chicago Press, 2011)를 쓴 리처드 아룸과 조시퍼 록사의 생각과 다르다. 이들은 오늘날 대학생들이 일주일에 평균 12시간만을 공부에 투자하며(69쪽) 일류대 학생들은 약간 더 많은 시간인 15시간을 공부한다고 추정한다. 『한가한 미국 대학: 학생들의 공부 시간 감소Leisure College USA: The Decline in Student Study Time』(Washington DC: American Enterprise Institute, 2010)에 요약된 필립 밥콕과 민디 마크의 다른 연구들은 1961년 이래 지난 반세기 동안 대학생들의 학습 시간은 대략 절반으로 줄었다고 결론 짓고 있다. 좀더 미묘한 견해를 확인하려면 알렉산더 C. 매코믹의 "It's About Time: What to Make of Reported Declines in How Much College Students Study," Liberal Education 97, no. 1, (Winter 2011): 30~39쪽 (Association of American Colleges and Universities 발간) 참조. 매코믹은 "새로운 기술을 통한 효율성 증대"(워드프로세싱과 손으로 필기하기 또는 50년 전의 타자기와 같은 변화)와 학습 습관에 대한 조사에 답할 때 '일주일'에 대한 학생들의 서로 다른 반응(어떤 학생들에게는 5일, 어떤 학생들에게는 7일을 의미)과 같은 요인에 주목해야 한다고 말했다.

43. Owen Johnson, Stover at Yale, 1912, Boston: Little, Brown, 1926, 234쪽.

2장 대학의 기원

1. Aristotle, Politics, Book 7; H. I. Marrow, A History of Education in Antiquity, New York: New American Library, 1964, 402쪽; Oakley, Community of Learning, 18쪽.

2. Morrison, Founding of Harvard, 18쪽.

3. Thomas Wentworth Higginson, The Life of Francis Higginson, New York, 1891, 11~12쪽.

4. Morrison, *Founding of Harvard*, 80~81쪽.

5. Frederick Rudolph, *The American College and University: A History*, 1962, Athens: University of Georgia Press, 1990, 90쪽. 프레더릭 루돌프는 초기 미국 대학들이 이러한 설계를 모방하지 못한 것은 그렇게 정교한 구조를 감당할 비용이 충분치 않았기 때문이라고 말한다.

6. Morrison, *Founding of Harvard*, 82쪽.

7. Alan Heimert, "Let Us Now Praise Famous Men," *Cambridge Review* 106, November 1985, 172~182쪽.

8. Jennifer Tomase, "Tale of John Harvard's Surviving Book," *Harvard University Gazette*, November 1, 2007.

9. Lawrence Cremin, *American Education: The Colonial Experience*, New York: Simon and Schuster, 1979, 214쪽, 221쪽.

10. Morrison, *Founding of Harvard*, 249쪽.

11. Jonathan Edwards, *Scientific and Philosophical Writing*, ed. Wallace E. Anderson, New Haven, CT: Yale University Press, 1980, 306쪽.

12. Newman, *The Idea of a University*, ed. Turner, 76쪽; Edwards, *Scientific and Philosophical Writings*, 344쪽; Frederic Barnard, quoted in Reuben, *Making of the Modern University*, 22쪽.

13. Horatio Greenough, *Form and Function: Remarks on Art, Design, and Architecture*, ed. Harold A. Small, Berkeley: University of California Press, 1947, 74쪽. 해당 책에 수록된 에세이들은 원래 1853년에 출간되었다.

14. Morrison, *Founding of Harvard*, 252쪽. Daniel Coit Gilman, quoted in Veysey, *Emergence of the University*, 161쪽.

15. Lewis, quoted by Bowen in his commencement address at Indiana University, May 6, 2011.

16. Jerome Karabel, *The Chosen: The Hidden History of Admission and Exclusion at Harvard, Yale, and Princeton*, Boston: Houghton Mifflin,

2005, 51쪽.

17. James O. Freedman, *Liberal Education and the Public Interest*, Iowa City: University of Iowa Press, 2003, 107쪽에서 인용.

18. Newman, *Idea of a University*, ed. Turner, 83쪽.

19. Oakley, *Community of Learning*, 50~51쪽.

20. Seneca, *Moral Epistles*, no. 88("On Liberal and Vocational Studies"), 3 vols., trans. Richard M. Gummere(Loeb Classical Library), Cambridge: Harvard University Press, 1917~1925, 2:353~355쪽.

21. Emerson, journal entry, April 20, 1834, in *Emerson in His Journals*, ed. Joel Porte, Cambridge: Harvard University Press, 1982, 123쪽.

22. Ascham, quoted in Morrison, *Founding of Harvard*, 61쪽; Bledstein, *The Culture of Professionalism*, 243쪽. 이 숫자는 오해를 불러일으킬 소지가 있을 수 있는데, 이는 평균치를 도출하는 연령의 범위가 상대적으로 넓기 때문이다. James Morgan Hart, in Hofstadter and Smith, *Higher Education: A Documentary History*, 2:579쪽. '통상적인 나이'는 찰스 W. 엘리엇(in Hofstadter and Smith, eds., *Higher Education*, 2:705쪽)의 표현이다.

23. Cotton, *Christ the Fountain of Life*, 98쪽; Emerson, journal entry, September 13, 1831, in Porte, ed., *Emerson in His Journals*, 80쪽.

24. William G. Perry Jr., *Forms of Ethical and Intellectual Development in the College Years*, ed. L. Lee Knefelkamp, 1970, San Francisco: Jossey-Bass, 1999, xii, 3쪽.

25. Cotton Mather, *Magnalia Christi Americana*, 2 vols, 1702, Hartford, CT, 1853, 1:273, 260쪽.

26. Perry, *Forms of Development*, 37쪽.

27. John Davenport, *The Saint's Anchor-Hold*, London, 1682, 132쪽. '고정관념 압박'이라는 개념은 1995년 클로드 M. 스틸과 조슈아 애런슨의 기사 "Stereotype Threat and the Intellectual Test Performance of

African Americans"(*Journal of Personality and Social Psychology* 69 (5): 797~811쪽)에서 소개되었다.

28. Weber, "Science as a Vocation," 1918, in *From Max Weber: Essays in Sociology*, ed. Hans Gerth and C. Wright Mills, New York: Oxford University Press, 1958, 136쪽; Henry Adams, *The Education of Henry Adams*, 1918, Boston: Houghton Mifflin, 1973, 80~81쪽.

29. William James, *Varieties of Religious Experience*, 1902, New York: Collier Books, 1973, 172쪽.

30. Nate Kornell and Janet Metcalfe, "'Blockers' Do Not Block Recall during Tip-of-the-Tongue States," *Metacognition and Learning* 1, 2006, 248~261쪽.

31. Janet Metcalfe, "Improving Student Learning: Empirical Findings," PowerPoint presentation, Columbia University Center for Teaching and Learning, January 29, 2009. "머릿속에서 생각을 키워야 하며"는 찰스 W. 엘리엇의 표현(in Hofstadter and Smith, eds., *Higher Education*, 2:610쪽)을, "수동적 흡수"는 존 듀이의 표현(in Donald Levine, *Powers of the Mind*, 81쪽)을 인용했다.

32. John Cotton, *A Treatise of the Covenant of Grace*, London, 1671, 154쪽.

33. Cotton Mather, *Magnalia Christi Americana*, 1702, in Hofstadter and Smith, eds., Higher Education, 1:15쪽.

34. Hawthorne, *The Scarlet Letter*, 1850, New York: Penguin Books, 1986, 25쪽; Newman, *Idea of a University*, ed. Turner, 77쪽; Dewey, in *The Philosophy of John Dewey*, 2 vols, ed. John J. McDermott, New York: G.P.Putnam's Sons, 1973, 2:447쪽; Perry, *Forms of Development*, ed. Knefelkamp, xxxiii, 120쪽. 시카고 대학에서 칼리지 학장을 지낸 도널드 러빈은, 이러한 전통의 맥락에서 진정한 대학이란, "다양한 의견으로 구성된 동질적인 집합"이라고 정의했다(*Powers of the Mind*, 67쪽).

35. Jarrell, *Pictures from an Institution*, 1954, Chicago: University of

Chicago Press, 1986, 82쪽.

36. John S. Coolidge, *The Pauline Renaissance in England*, Oxford: Oxford University Press, 1970, 49~50쪽; John Cotton, *Christ the Fountaine of Life*, London, 1651, 156쪽.

37. Interview with Yongfang Chen and Li Wan, "A True Liberal Arts Education," *InsideHigherEd.com*, October 16, 2009.

38. DuBois, *Dusk of Dawn: An Essay Toward an Autobiography of a Race Concept*, 1940, New York: Schocken, 1968, 38, 33쪽.

39. Cotton, *Christ the Fountaine of Life*, 200쪽.

40. Robert Green, quoted in Paul Seaver, *The Puritan Lectureship: The Politics of Religious Dissent, 1560~1662*, Stanford: Stanford University Press, 1970, 40쪽.

41. Harry Stout, *The New England Soul: Preaching and Religious Culture in Colonial New England*, New York: Oxford University Press, 1986, 4쪽.

42. Rogers, in *The Colleges and the Public, 1787~1862*, ed. Theodore Rawson Crane, New York: Teachers College Press, Columbia University, 1963, 47쪽. 로저스의 사상과 이력에 대한 기록을 보려면 Philip Alexander, *A Widening Sphere: Evolving Cultures at MIT*, Cambridge, MA: MIT Press, 2011 참조.

43. Santayana, *Character and Opinion in the United States*, 1920, New York: W.W. Norton, 1967, 96쪽.

44. Morison, *Founding of Harvard*, 85쪽.

45. Franklin, "Proposals Relating to the Education of Youth in Pennsylvania," 1794, in *Benjamin Franklin: Representative Selections*, ed. Frank Luther Mott, New York: Hill and Wang, 1962, 206쪽.

46. William G. Durden, "Reclaiming the Distinctiveness of American Higher Education," *Liberal Education 93*, no. 2, Spring 2007, 40쪽.

3장 칼리지에서 대학으로

1. James T. Axtell, "Dr. Wheelock's Littel Red School," chap.4 in *The European and the Indian: Essays in the Ethnohistory of Colonial America*, New York: Oxford University Press, 1981 참조.

2. Thomas Jefferson Wetenbaker, *Princeton: 1746~1896*, Princeton, NJ: Princeton University Press, 1946, 18쪽.

3. Jefferson to Adams, in Cappon, ed., *Adams-Jefferson Letters*, 599쪽.

4. Charles A. Brixted, *Five Years in an English University*, 2 vols. New York, 1852, 1:106쪽. 제임스 오도넬 덕분에 이 책을 알게 되었다. 1820년대 대학의 성장에 대해서는 David B. Potts, *Liberal Education for a Land of Colleges: Yale's Reports of 1828*, New York: Palgrave Macmillan, 2010, 9쪽 참조.

5. Richard Hofstadter, *Academic Freedom in the Age of the College*, 1955, repr. New Brunswick, NJ: Transaction, 1996, 223~224쪽.

6. Kamenetz, *DIYU*, 10쪽.

7. Charles Sumner, quoted in David Donald, *Charles Sumner and the Coming of the Civil War*, New York: Knopf, 1961, 14쪽; Adams, *Education*, 54~55쪽.

8. Bledstein, *Culture of Professionalism*, 229쪽. Diary of Hgh Gwynn, 1850~51, coll. 298, folder 30, manuscript collections, Wilson Library of the University of North Carolina at Chapel Hill, 67쪽.

9. Reuben, *Making of the Modern University*, 1996. 잘 쓰인 이 책은 예외다.

10. Potts, *Liberal Education for a Land of Colleges*, 16~19쪽 참조.

11. James McPherson, *The Abolitionist Legacy*, Princeton, NJ: Princeton University Press, 1975, 7쪽.

12. Bowen et al., *Equity and Excellence*, 21쪽.

13. Charles Dickens, *American Notes for General Circulation*, 1842,

London: Penguin Books, 1972, 77쪽.

14. D. H. Meyer, *The Instructed Conscience: The Shaping of the American National Ethic*, Philadelphia: University of Pennsylvania Press, 1972, 68, 66쪽.

15. James McCosh, *The Divine Government, Physical and Moral*, New York, 1852, 320쪽.

16. Noah Porter, *The American Colleges and the American Public*, 1870, in *Education in the United States: A Documentary History*, 5 vols., ed. Sol Cohen, New York: Random House, 1974, 3:1474쪽.

17. Carnegie, quoted in Frank Donoghue, *The Last Professors: The Corporate University and the Fate of the Humanities*, New York: Fordham University Press, 2008, 4쪽.

18. Dunne, "Education of the Young," in *Mr. Dooley's Philosophy*, New York: Harper and Brothers, 1900, 248~249쪽.

19. Lawrence H. Fuchs, *The American Kaleidoscope: Race, Ethnicity and the Civic Culture*, Middletown, CT: Wesleyan University Press, 1990, 283쪽.

20. Emerson, quoted in Rudolph, *American College and University*, 241쪽.

21. 도널드 툭스버리의 『남북전쟁 이전에 설립된 미국의 칼리지들』(1932, 리처드 호프스태터의 1955년 저서 『칼리지 전성시대의 학문적 자유』 211쪽에서 인용)에 따르면 남북전쟁 이전에 500개 이상의 칼리지가 설립되었는데, 이중 100개만이 살아남았다. 최근의 연구들은 이런 칼리지들 중 다수가 새로운 교육기관을 설립하기 위한 기획 단계를 넘어서지 못했음을 지적한다. Natalie A. Naylor, "The Antebellum College Movement," *History of Education Quarterly 13*, Fall 1973, 261~274쪽.

22. George Ticknor, *Remarks on Changes Lately Proposed or Adopted in Harvard University*, Boston, 1825, 40쪽.

23. Michael Rosenthal, *Nicholas Miraculous: The Amazing Career of the Redoubtable Dr. Nicholas Murray Butler*, New York: Farrar, Straus and

Giroux, 2006, 75쪽.

24. White, *History of the Warfare of Science with Technology*, New York: Appleton, 1896, 2 vols., 1 : vii쪽.

25. 니콜라스 머리 버틀러의 전기 『경이로운 니콜라스』를 쓴 마이클 로즌솔은 '도시에 위치한 일류 대학교들'에서 20세기의 첫 25년 동안에는 별도의 교수진을 갖춘, 아마도 도시 밖에 위치하게 될 '일련의 분교' 칼리지들에 학부생들을 위탁하는 방안을 진지하게 논의했음을 언급하고 있다 (346쪽).

26. 하퍼의 이 같은 태도는 토머스 굿스피드의 묘사를 참고했다. Levine, *Powers of the Mind*, 40쪽, n. 2.

27. Gerald Graff, *Professing Literature: An Institutional History*, Chicago: University of Chicago Press, 1987, 40쪽.

28. Steven Eisman, quoted in Tamar Lewin, "Senator Calls for New Rules for For-Profit Colleges," *New York Times*, June 25, 2010, A24면. 1998년부터 2008년까지 전체 고등교육기관의 등록률이 30퍼센트 증가할 때 영리 목적 대학의 등록률은 225퍼센트 증가했다. 영리 목적 대학의 등록자 수는 전체 대학 등록자 수의 약 10퍼센트에 해당되지만, 이 기관의 학생들은 고등교육 학생들을 위한 연방 지원금의 약 4분의 1을 받았다. 2008~2009년에는 펠그랜트 형태로 40억 달러 이상을, 연방 지원 대출금으로는 200억 달러 가까이 받은 것으로 밝혀졌다. Tamar Lewin, *New York Times*, July 23, 2010.

29. Alexander C. McCormick and Chun-Mei Zhao, "Rethinking and Reframing the Carnegie Classification," *Change*, September~October 2005.

30. Rudolph, *American College and University*, 133쪽.

31. Wertenbaker, *Princeton: 1746~1896*, 304~306쪽; McCosh, in Hofstadter and Smith, *American Higher Education*, 2:720~721쪽.

32. Eliot, in Hofstadter and Smith, *American Higher Education*, 2:705쪽.

33. Eliot, 같은 책, 2:711, 706쪽.

34. *Bulletin of Ursinus College, 2009~2010*, 35쪽.

35. Kerr, *Uses of the University*, 49쪽.

36. Eliot, in Hofstadter and Smith, *American Higher Education*, 2:713쪽.

37. 제롬 카라벨(*The Chosen*, 442~446쪽)은 하버드 대학이 여학생의 입학으로 남학생 수가 줄어드는 것을 최소화하기 위해 교묘한 행정적 조치를 취했다고 설명한다.

38. Ticknor, *Remarks on Changes in Harvard University*, 38쪽.

39. 경영대학원을 모델로 삼은, 대규모 강의를 통해 비용을 절감해야 한다는 최근의 대표적 주장에 대해서는 Schumpeter, "How to Maker College Cheaper," *Economist*, July 9, 2011, 64쪽 참조. MIT의 혁신에 대해서는 Sara Rimer, "At MIT, Large Lectures Are Going the Way of the Blackboard," *New York Times*, January 13, 2009 참조.

40. Eliot, in Hofstadter and Smith, *American Higher Education*, 2:711쪽.

41. MacIntyre, *Three Rival Versions of Moral Enquiry: Encyclopaedia, Genealogy, and Tradition*, Notre Dame, IN: University of Notre Dame Press, 1990, 223쪽. 이와 비슷한 논평은 조너선 에드워즈의 전기 작가이자 매킨타이어의 노터데임 대학교 동료인 조지 마스든이 한 바 있다 (in *The Soul of the American University: From Protestant Establishment to Established Non-Belief*, New York: Oxford University Press, 1994).

42. Louis Menand, quoted in *Harvard Crimson*, September 4, 2009.

43. 컬럼비아 대학 행정부에서 사퇴가 잇따르자 교수위원회를 부활시키자는 이야기들이 나왔다. 미국 고등교육계에서 일반적으로 나타나는 교수들의 거버넌스 위축에 대한 설명은 Benjamin Ginsberg *The Fall of the Faculty*, New York: Oxford University Press, 2011 참조.

44. Gilman and Eliot, in Hofstadter and Smith, *American Higher Education*, 2:646, 711쪽.

45. Quoted in Donoghue, *Last Professors*, 7쪽.

46. Jonathan Cole, *The Great American Research University*, New York: Public Affairs, 2009, 4쪽.

47. Reuben, *Making of the Modern University*, 207쪽.

48. McIntyre, *Three Rival Versions*, 225쪽.

49. Alvin Kernan, *In Plato's Cave*, New Haven, CT: Yale University Press, 1999, 55쪽. Bernadotte Schmidt of the University of Chicago, quoted in Peter Novick, *That Noble Dream: The "Objectivity Question" and the American Historical Profession*, Cambridge: Cambridge University Press, 1988, 223~224쪽.

50. Marc Perry, "The Humanities Go Google," *Chronicle of Higher Education*, May 28, 2010. 인용된 구절 "책 읽기를… 지도로 그리는 것이다"는 에밀리 이큰이 스탠퍼드대 교수 프랑코 모레티의 말을 달리 표현한 것이다. Eakin, "Studying Literature by the Numbers," *New York Times*, January 10 2004.

51. 미국예술과학아카데미의 '인문학 지표' 프로젝트(www.humanities-indicators.org)에 따르면 2009년 인문학 전공 칼리지 졸업생은 전체 문학사학위 취득자의 약 12퍼센트를 차지했다. 미교육부(http://webcaspar.nsf.gov)의 통합 고등교육 통계시스템에 근거한 이 비율은 지난 20년간 거의 변하지 않았다. 한편 국립과학재단은 동일한 자료를 근거로 2009년 문학사학위 취득자 중 인문학 전공자를 약 8퍼센트로 추산했는데, 이 역시 1989년 이래 엇비슷한 비율이다. 이러한 차이는 어떤 분야가 인문학에 속하는지에 대한 관점의 차이를 보여준다. 예를 들어 인문학 지표는 연극과 음악 공연뿐만 아니라 신생 분야에 속하는 여성학, 인종학, 영화학 등을 포함했으나 국립과학재단은 그러한 분야를 포함하지 않았다. 국립과학재단의 기준으로 보면 인문학 분야 학사학위 취득자는 같은 기간 동안 8만 2000명에서 12만 3000명으로 증가했지만 더 포괄적인 인문학 지표의 분류에 따르면 11만 4000명에서 18만 6000명으로 증가했다. 같은 기간 동안 미국의 총 학사학위 취득자는 대

략 1990년 100만 명에서 2009년 160만 명으로 증가했다. 반면 명문대에서는 인문학 전공자의 수와 비율이 감소하고 있다. 일례로 스탠퍼드대에서 1990년에서 2009년까지 인문학 전공자 수는 345명에서 256명으로 감소했으며 비율은 20.38퍼센트에서 15.4퍼센트로 떨어졌다. 브라운대에서는 해당 숫자가 521명에서 340명으로, 비율은 36.5퍼센트에서 23.56퍼센트로 감소했다. 예일대는 656명에서 429명으로, 49.58퍼센트에서 32.77퍼센트로 떨어졌다. 다른 명문대에서도 비슷한 추세가 나타났으나 시카고대는 인문학 전공자 수가 증가하고 비율은 소폭 감소해 뚜렷한 예외를 보여주었다. 이는 전체 학생 수가 큰 폭으로 증가했기 때문으로 보인다. 이러한 수치들은 인문학의 쇠퇴를 실제보다 과장되게 드러낸 면도 있다. 예술 실기나 공연 분야, 신생 학문 분과에서 공부하는 학생들을 제외한 탓도 있고 인문학 분야가 포함되어 있을 부전공으로 학업을 마친 학생들(총 학사학위 취득자 중 약 5퍼센트에 해당)을 자료에 넣지 않은 탓도 있다. 또한 이 자료에는 필수 또는 선택과목으로 인문학 과정을 수강한 비전공자도 포함되지 않았다. 이러한 고려사항에도 불구하고 인문학의 쇠퇴 추세는 뚜렷해 보인다. (자료제공: Russell Berman, Standofrd University, and David Laurance, MLA Office of Research.)

52. Mara Hvistendahl, "Less Politics, More Poetry: China's Colleges Eye the Liberal Arts," *Chronicle of Higher Education*, January 3, 2010. David Glenn, "Business Curricular Need a Strong Dose of the Liberal Arts, Scholars Say," *Chronicle of Higher Education*, January 21, 2011. 기업 경영자를 위한 과정을 개설하려 했던 1950년대의 흥미로운 시도에 대해서는 Morse Peckham, *Humanities Education for Business Executives: An Essay in General Education*, Philadelphia: University of Pennsylvania Press, 1960 참조. 의과대학에서 계속 성장하고 있는 의료인문학 분야는 수련의들이 문학, 예술작품에 대해 토론하는 과정으로 이루어지는데, 이는 환자에 대한 감수성을 심화하기 위한 커리큘럼의 일환으로 진행되고 있다. 이

프로그램의 전반적 현황을 살펴보려면 http://medhum.med.nyu.edu/ directory.html 참조.

53. Rachel Hadas, *Strange Relation: A Memoir of Marriage, Dementia, and Poetry*, Philadelphia: Paul Dry Books, 2011, 41쪽.

4장 낮춰도 낮춰도 높아지는 문턱

1. Weber, "The Chinese Literati," 1915, in ed. Gerth and Mills, *From Max Weber*, 426쪽. 베버의 분석은 어떤 면에서 이마누엘 칸트의 『전공 간의 갈등』(1798)에서 예견되었다.

2. John McNees, "The Quest at Princeton for the Cocktail Soul," *Harvard Crimson*, February 21, 1958.

3. W. Barksdale Maynard, *Woodrow Wilson: Princeton to the Presidency*, New Haven, CT: Yale University Press, 2008, 96쪽.

4. Johnson, *Stover at Yale*, 265쪽.

5. 오늘날에도 조건부 입학 시행의 흔적이 남아 있다. 아이비리그 대학에 서는 특정 학생들을 받아들이면서, 이들이 대학생이 되기 전에 '갭이어 gap year'(고교 졸업 후, 대학생활을 시작하기 전에 일이나 여행을 하면 서 보내는 1년—옮긴이)를 보낸다는 조건을 덧붙이기도 한다.

6. Karabel, *The Chosen*, 199쪽.

7. Eliot, quoted in Karabel, *The Chosen*, 41쪽.

8. Rosenthal, *Nicholas Miraculous*, 332~352쪽, Diana Trilling, *The Beginning of the Journey*, New York: Harcourt, Brace, 1993, 269쪽 참조.

9. Lowell, quoted in Karabel, *The Chosen*, 51쪽.

10. George Anthony Weller, *Not to Eat, Not for Love*, New York: Harrison Smith and Robert Haas, 1933, 16~17, 37쪽.

11. Theodore H. White, *In Search of History: A Personal Adventure*, New

York: Harper Collins, 1978, 42~43쪽.

12. Karabel, *The Chosen*, 259, 213쪽; Archibald Cox et al., *Crisis at Columbia: Report of the Fact-Finding Commission Appointed to Investigate the Disturbances at Columbia University in April and May, 1968*, New York: Vintage Books, 1968, 16쪽.

13. Claudia Goldin and Lawrence Katz, *The Race Between Education and Technology*, Cambridge: Harvard University Press, 2008 참조.

14. 이러한 관점은 디드로의 것이다(in Richard Sennett, *The Craftsman*, New Haven, CT: Yale University Press, 2008, 281쪽).

15. Simeon Baldwin to James Kent, quoted in Robert Middlekauff, *Ancient and Axioms: Secondary Education in 18th Century New England*, New Haven, CT: Yale University Press, 1963, 119쪽.

16. Eliot in Hofstadter and Smith, *American Higher Education*, 2:613쪽; Rudolph, *American College and University*, 418쪽.

17. William James, "The Social Value of the College Bred," *McClure's Magazine 30*, 1908; Harold Hyman, *American Singularity: The 1787 Northwest Ordinance, the 1862 Homestead and Morrill Acts, and the 1944 G.I. Bill*, Athens: University of Georgia Press, 1986, 70쪽.

18. Karabel, *The Chosen*, 183쪽.

19. 니드-베이스드 지원정책은 하버드대 학장이었던 존 U. 먼로의 주도로 개발되었다. 그는 하버드대를 떠나 앨라배마의 마일스 칼리지에서 흑인들을 가르쳤으며 나중에는 미시시피의 투갈루 칼리지에서 가르치기도 했다. 니드-베이스드 지원정책의 본래 원칙에 대한 명확한 설명은 Monro, "Helping the Student Help Himself," *College Board Review*, May 1953 참조.

20. Tocqueville, *Democracy in America*, 1835~1840, trans. Arthur Goldhammer, New York: Library of America, 2004, 58쪽.

21. Mitchell L. Stevens, *Creating a Class: College Admissions and the Education of*

Elites, Cambridge: Harvard University Press, 2007, 93쪽.

22. Thomas J. Espenshade and Alexandria Walton Radford, *No Longer Separate, Not Yet Equal: Race and Class in Elite College Admission and Campus Life*, Princeton, NJ: Princeton University Press, 2009. 특히 108, 209쪽 참조. 이 저자들은 "지금 가지고 있는 정보로는 명문대에 입학하려는 아시아계 지원자들이 차별을 경험하고 있는지 여부에 대해 확실히 답할 수 없다"고 밝히고 있다(95쪽).

23. Heller, quoted in Paul Attewell and David E. Lavin, *Does Higher Education for the Disadvantaged Pay Off across the Generations?*, New York: Russell Sage Foundation, 2007, 199쪽; Brian K. Fitzgerald and Jennifer A. Delaney, "Educational Opportunity in America," in *Condition of Access: Higher Education for Lower Income Students*, ed. Donald E. Heller, Westport, CT: American Council on Education/ Praeger, 2002.

24. Clifford Adelman, *The Toolbox Revised: Paths to Degree Completion from High School through College*, Washington, DC: U.S. Department of Education, 2006 참조.

25. Peter Sacks, *Tearing Down the Gates: Confronting the Class Divide in American Education*, Berkely: University of California Press, 2007, 167쪽.

26. 같은 책, 169쪽.

27. 2008~2009년, 2009~2010년 사이에는 니드-베이스드 지원(4.6퍼센트 증가)이 성적 기준 지원(1.2퍼센트)보다 더 빨리 증가했다. 그러나 이를 두고 장기적인 추세에서 역전이 일어났다고 판단하기에는 이르다. "Mixed News on State Aid," *InsideHIgherEd.com*, July 11, 2011.

28. Sacks, *Tearing Down the Gates*, 178쪽.

29. 이것은 공립대학에서도 마찬가지다. 예를 들어 캘리포니아 거주민의 경우는 UCLA와 UC 버클리에서 주정부 등록금 지원 자격을 알아보기 위해 자산 심사를 거치지 않아도 된다. 따라서 마린 카운티의 부동산 신

탁 전문 변호사의 자녀와 오클랜드 시 공무원의 자녀가 거의 비슷한 금액의 등록금을 지불한다. 이 대학의 주요 캠퍼스에 다니는 학생들 중 많은 수가 중상위층 가정 출신이기 때문에 일부 경제학자들은 이러한 시스템이 상대적으로 부유한 사람들에게 불균형적인 혜택을 주는 역진적 공적 보조금 지급에 해당된다고 주장한다. W. Lee Hansen and Burton A. Weisbrod, "The Distribution of Costs and Direct Benefits of Public Higher Education: The Case of California," *Journal of Human Resources* 4, Spring 1969, 176~191쪽 참조. 이러한 주장에 대한 유용한 찬반 의견은 Thomas J. Kane, *The Price of Admission: Rethinking how Americans Pay for College*, Washington DC: Brookings Institution Press, 1999, 132~133쪽 참조. 상이한 사회경제적 계층 출신 학생들이 받는 보조금을 비교한 표를 보려면, Kane, *Price of Admission*, 표 2-3, 38쪽 참조.

30. 아이러니하게도 2008년 금융위기 이후 기금이 풍부한 대학들이 '등록금 의존적인' 대학들보다 더 혹독한 경제적 부담을 느끼는 까닭은, 이들 대학이 예산 균형을 맞추기 위해 투자 수익에 더 기대왔기 때문이다. 한 대학에 이 같은 압박이 가해진 사례를 들자면, 리드 칼리지는 2008년부터 2009년까지 기금이 축소(약 4억 5000만 달러에서 3억 3000만 달러로 감소)되는 바람에 학생 재정 지원 공약이 시험대에 오르기도 했다. Jonathan D. Glater, "College in Need Closes a Door to Needy Students," *New York Times*, June 9, 2009 참조.

31. Veblen, *Higher Learning in America*, 78쪽.

32. 명문대에 지원하는 학생 수가 증가한 가장 큰 이유는 전자서식 형태인 '공통지원서'가 널리 적용되고 있기 때문이다. 이를 통해 지원자들이 수수료만 감당할 수 있다면 복수의 대학에 응시하는 것이 쉬워졌다. 게다가 대학들은 지원자 수를 부풀리기도 한다. 이들은 공인시험 공급자들에게서 학생 목록을 구하는데, 이 목록의 대다수가 부적격자라는 사실을 알면서도 학생들에게 직접적으로 마케팅을 한다. Janet Lorin, "SAT Test Owner to Face Query on Teen Privacy from Lawmakers," *Bloomberg*

Education Group, May 26, 2011, www.bloombergeducationgroup@
bloomberg.com; Kevin Carey, "Real College-Acceptance Rates Are
Higher Than You think," *Chronicle of Higher Education*, April 19,
2010; Eric Hoover, "College Applications Continue to Increase: When
Is Enough Enough?" *New York Times*, November 7, 2010; Jerome A.
Lucido, "Breaking the 'Cruel Cycle of Selectivity' in Admissions,"
Chronicle of Higher Education, January 16, 2011. 명문대 입학 상황에 대
한 의미 있는 보고서로는 서던캘리포니아 대학교의 입학 연구·정책·시
행 센터와 교육관리단의 공조로 2011년 9월 발간된 *The Case for Change
in College Admission: A Call for Individual and Collective Leadership*을 들
수 있다.

33. Sternberg, *College Admissions for the 21st Century*, Cambridge, Harvard
University Press, 2010, x쪽. Michaels, *The Trouble with Diversity:
How We Learned to Love Identity and Ignore Inequality*, New York:
Metropolitan Books, 2006, 98쪽.

34. 이 광고는 *Harvard Magazine*, July~August, 2011, 79쪽에 실렸다. www.
applicationbootcamp.com, www.ivywise.com, Jacques Steinberg, "Before
College, Costly Advice Just on Getting in," *New York Times*, July 18, 2009
참조. Michaels, *Trouble with Diversity*, 87쪽.

35. 대학 입시에서 불거질 수 있는 윤리적 문제에 대한 깊이 있는 비평은 아
래 두 기사 참조. Michael McPherson and Morton Schapior, "The Search
for Morality in Financial Aid," *Academe*, November~December 1993,
23~25쪽; "Moral Reasoning and Higher-Education Policy," *Chronicle of
Higher Education*, September 7, 2007.

36. Kronman, "Is Diversity a Value in American Higher Education?"
Florida Law Review, December 2000, 40쪽. 1950년대 초반 예일대의 경
우, 이 학교에 지원한 동문의 자제들 중 약 4분의 3이 합격했다(Richard
Kahlenberg, ed., *Affirmative Action for the Rich: Legacy Preferences in*

College Admissions, New York : Century Foundation, 2010, 137쪽).
1960년대까지도 그 수치는 3분의 2 이상이었다(Bowen et al., *Equity and Excellence*, 169쪽). 예일대의 입학처장 제프리 브렌즐은 오늘날 예일대 동문의 자녀 지원자 5명 중 1명이 합격한다고 밝혔지만, 이는 여전히 다른 지원자 합격률에 비해 2배 이상 높은 수준이다(Jenny Anderson, "Debating Legacy Admissions at Yale, and Elsewhere," *New York Times*, April 29, 2011). 보는 이의 관점에 따라 잔의 절반이 비어 있다고도 잔의 절반이 채워져 있다고도 볼 수 있는 상황이다. 동문의 자녀 입학정책에 반대하는 입장은 Kahlenberg, ed., *Affirmative Action for the Rich* 참조. 이 정책을 "눈감아줄 수 있는 비리"의 일종으로 옹호하는 입장은 Russell K. Nieli, "A Reluctant Vote for Legacies," *Minding the Campus*, February 14, 2011, www.mindingthecampus.com 참조.

37. Roger Lehecka and Andrew Delbanco, "Ivy-League Let Down," *New York Times*, January 23, 2008 ; Theda Skocpol and Suzanne Mettler, "Back to School," *Democracy: A Journal of Ideas*, Fall 2008, 8~18쪽. Richard Ekman, "Free Ride to College? Bearing the Brunt of Changing Expectations on Who Should Pay for College," *University Business*, April 2008 참조. 에크만은 이러한 새 정책을 "중상위층 우대정책"이라 지적한다.

38. Eric Hoover, "The Flock of Early Birds Keeps Growing," *Chronicle of Higher Education*, November 18, 2011. 조기 입학 프로그램의 효과에 대한 가장 뛰어난 연구는 Christopher Avery, Andrew Fairbanks, and Richard Zeckhauser, *The Early Admission Game: Joining the Elite*, Cambridge : Harvard University Press, 2003을 들 수 있다. Bowen et al., *Equity and Excellence*, 173~175쪽 참조. 하버드대의 조기 입학 프로그램 제도의 부활에 대해 깊이 있게 고찰한 Geoffrey W. Challen, "Early Inaction : College vs. Country," *Harvard Crimson*, March 2, 2011도 참조.

39. 이 수치는 다음 책에서 가져왔다. Bowen et al., *Equity and Excellence*. 11개 해당 대학은 바너드 칼리지, 컬럼비아 대학교, 오벌린 칼리지, 펜실베이니아 주립대학교, 프린스턴 대학교, 스미스 칼리지, 스워스모어 칼리지, 펜실베이니아 대학교, 웰즐리 칼리지, 윌리엄스 칼리지, 예일 대학교이다. 〈고등교육 신문〉(Karin Fischer, "Elite Colleges Lag in Serving the Needy," May 12, 2006)의 보도대로 표본을 "상위 146개 대학"까지 넓힐 경우 그 수치는 3퍼센트로 떨어진다. 또한 보엔은 19개의 명문 칼리지와 주요 주립대학교 학생 중 겨우 3퍼센트만이 저소득층인 동시에 집안의 첫 대학 진학자라고 밝히고 있다(163쪽).

40. Bowen et al., *Equity and Excellence*, 162쪽.

41. "Despite Suring Endowments, High-Ranking Universities and Colleges Show Disappointing Results in Enrolling Low-Income Students," *Journal of Blacks in Higher Education*, January 6, 2008 ; David Leonhart, "Top Colleges, Largely for the Elite," *New York Times*, May 24, 2011.

42. Michaels, *Trouble with Diversity*, 17쪽.

43. *Trends in College Spending: Where Does the Money Come From? Where Does It Go?* Delta Cost Project and Lumina Foundation for Education, 2008, available at www.deltacostproject.org ; David Levinson, "Grand Solution or Grab Bag," *American Prospect*, November, 2009, A15면 참조.

44. Arum and Jopska, *Academically Adrift* ; William G. Bowen, Matthew M. Chingos, and Michael S. McPherson, *Crossing the Finish Line: Competing College at America's Public Universities*, Princeton, NJ : Princeton University Press, 2009 참조.

45. Peter Orszag, "A Health Care Plan for Colleges," *New York Times*, September 18, 2010. 피터 오재그는 메디케이드 비용 증가가 주정부의 예산 책정에서 공립 고등교육 분야의 지원이 축소된 이유를 상당 부분 설명해준다고 주장한다. 오바마 정부의 백악관 예산관리국장을 지낸 오

재그는 지난 30년간 공립대학의 교수 연봉이 사립대학과 엇비슷한 수준
에서 적어도 20퍼센트 낮은 수준까지 하락했다고 지적한다.

5장 멋진 신세계

1. Karabel, *The Chosen*, 5쪽.
2. John Murray Cuddihy, *The Ordeal of Civility: Freud, Marx, Levi-Strauss, and the Jewish Struggle with Modernity*, New York: Basic Books, 1974, 5쪽; Owen Johnson, *Stover at Yale*, 176쪽.
3. Eliot, in Hofstadter and Smith, *American Higher Education*, 2:614쪽.
4. Richard F. Miller, *Harvard's Civil War: A History of the Twentieth Massachusetts Volunteer Infantry*, Lebanon, NH: University Press of New England, 2005 참조. 쇼와 그의 병사들은 어거스터스 세인트 고든스가 만든 청동 기념조각으로 새겨져 보스턴 커먼 공원을 내려다보고 있다.
5. James, *The Bostonians*, 1886, Baltimore: Penguin, 1966, 210쪽.
6. Johnson, *Stover at Yale*, 186쪽.
7. 같은 책, 29, 68쪽.
8. Geoffrey Kabaservice, *The Guardians: Kingman Brewster, His Circle, and the Rise of the Liberal Establishment*, New York: Henry Holt, 2004.
9. Auchincloss, *The Reactor of Justin*, Boston: Houghton-Mifflin, 1964, 33쪽.
10. 같은 책, 45, 39쪽.
11. Karabel, *The Chosen*, 35쪽.
12. Young, *The Rise of the Meritocracy, 1870~2033*, London: Penguin Books, 1961, 92쪽
13. 같은 책, 116쪽.
14. 같은 책, 106~107쪽.

15. 같은 책, 167~168쪽.

16. 같은 책, 74쪽. '주의력결핍장애'와 치료제 리탈린이 범람하는 우리의 멋진 신세계에서는 어떤 학문 분야에는 뛰어나지만 다른 분야에는 취약한(어떤 과목에서는 평점 A를, 다른 과목에서는 B나 C를 '널뛰기'로 받는) 학생들이 한 세대 전에 비해 일류 대학에 합격할 확률이 상당히 낮아졌다.

17. Michaels, *Trouble with Diversity*, 97, 104쪽. 마이클스는 인종을 고려한 입시정책이 명문대의 백인 학생들에게 소수집단 학생들은 특별전형의 수혜자라는 인식을 심어주어 "자신들의 개인적 능력을 정당화하는 강력한 기제"로 작용한다고 주장한다.

18. Shamus Khan, "Meritocracy Is an Engine of Inequality," *Columbia Spectator*, March 3, 2011 참조. 이 글은 "승자들이 자신들의 유리한 조건 때문이 아니라 능력 때문에 성공했다고 생각하는" 시스템에 대해 묘사하고 있다.

19. Quoted in Ben Wildavsky, *The Great Brain Race: How Global Universities Are Shaping the World*, Princeton, NJ: Princeton University Press, 2010, 125.

20. 같은 책, 171쪽.

21. Jack Matthews, "Nathaniel Hawthorne's Untold Tale," *Chronicle of Higher Education*, August 15, 2010.

22. Miller, *Harvard's Civil War*, 3쪽; Melville "The college Colonel," in *Battle-Pieces and Aspects of the War*, 1866.

23. Michaels, *Trouble with Diversity*, 85쪽. Ross Gregory Douthat, *Privilege: Harvard and the Education of the Ruling Class*, New York: Hyperion, 2005, 12~13쪽.

24. John Cotton, *A Treatise of the Covenant of Grace*, in The Puritans in America, ed. Alan Heimert and Andrew Delbanco, Cambridge: Harvard University Press, 1985, 151쪽.

25. Karabel, *The Chosen*, 557쪽.

26. Kirn, *The Daily Best*, May 19, 2009. 이들은 본질적으로 시카고대 출신 데이비드 브룩스가 그의 베스트셀러 『파라다이스에 사는 보보스: 그들은 어떻게 상류층이 되었나』(New York: Simon and Schuster, 2000)에서 묘사한 '보보스'(Bobos, '부르주아'와 '보헤미안'의 합성어)와 같다. 아래 두 글은 하버드대와 예일대의 학생들이 스스로 충분한 자격이 있다고 생각하는 태도를 명렬히 비판한다. John Summners, "All the Privileged Must Have Prizes," *Times Higher Eduation Supplement*, London, July 19, 2008; William Deresiewicz, "The Disadvantages of an Elite Education," *American Scholar 77*, no. 3, Summner 2008, 20~31쪽.

27. William Bowen, *Lessons Learned: Reflections of a University President*, Princeton, NJ: Princeton University Press, 2011, 33~34쪽. 2001년과 2008~2009년을 비교했을 때 50만 달러 이상을 버는 공립대 총장의 수는 6명에서 58명으로 거의 열 배 증가했다. 학계 리더들의 "편안하고 수익성 좋은 클럽"에 대한 서술은 Graham Bowley, "The Academic-Industrial Complex," *New York Times*, July 31, 2010 참조. 한편 일리노이 대학교 총장이 자신의 이사회 보수를 학생의 장학금에 쓰도록 기부했다는 점은 주목할 만하다. Erik Siemers, "Nike Director named U. of Illinois Chancellor," *Portland Business Journal*, August 5, 2011 참조.

28. Henry Rosovsky, "Annual Report of the Dean of the Faculty of Arts and Sciences, 1990~1991," *Policy Perspectives 4*, no. 3, September 1992: 1b~2b. Sewell Chan, "Academic Economists to Consider Ethics Code," *New York Times*, December 31, 2010. 카다피 사건에 대해서는 David Corn, "Monitor Group: Still Spinning?" *Mother Jones*, March 3, 2011; Paul A. Rahe, "The Intellectual as Courtier," *Chronicle of Higher Education*, March 7, 2011 참조.

29. John Jay Chapman, "The Function of a University," 1990, in *Unbought Spirit: A John Jay Chapman Reader,* ed. Richard Stone,

Urbana: University of Illinois Press, 1998, 93쪽; James Engell and Anthony Dangerfield, *Saving Higher Education in the Age of Money*, Charlottesville: University of Virginia Press, 2005; David Kirp, *Shakespeare, Einstein, and the Bottom Line: The Marketing of Higher Education*, Cambridge: Harvard University Press, 2003; Jennifer Washburn, *University, Inc.: The Corporate Corruption of Higher Education*, New York: Basic Books, 2005; Carlos Alonso, "Paradise Lost: The Academy Becomes a Commodity," *Chronicle of Higher Education*, December 12, 2010.

30. Joseph O'Neill, *Netherland*, New York: Pantheon, 2008, 91쪽.

31. Robert Pollack, "I Am, Therefore I Think," *Columbia Spectator*, September 16, 2010. 어니스트 풀(Ernest Poole, 프린스턴대 1902년 졸업)은 그의 자서전, 『더 브리지』에서 대학 시절 부정행위를 딱 한 번 목격했다고 쓰고 있다. 시험 시간에 부정행위자 뒷자리에 과대표가 앉아 있었는데 앞에 앉은 학생이 "메모해놓은 걸 슬쩍 훔쳐보는 것을" 과대표가 발견하고는 그에게 귓속말로 말했다. "그냥 답안지 찢어버리고 낙제해."(Wertenbaker, *Princeton: 1746~1896*, 364쪽에서 인용) 그 학생은 당연히 부끄러워하며 과대표의 말에 따랐다. 요즘은 이 같은 또래 집단의 감시 활동을 좀처럼 찾아보기 어려운 듯하다. 툭 터놓고 토론하기 어려운 주제 중 하나는, 원조와 모조를 가르는 쟁점에 대한 문화적 차이가 아시아계 학생들(유학생이거나 이민자 2세거나)이 미국 대학에 많이 입학하면서 문제의 일부로 불거졌느냐 하는 것이다. Elizabeth Redden, "Cheating Across Cultures," *InsideHigherEd.com*, May 24, 2007; Kelly Heyboer, "Centenary College Closes Satellite Schools in China, Taiwan after Finding Rampant Cheating," *NJ.com*, July 25, 2010, www.NJ.com 참조.

32. William Dowling, *Spoilsport: My Life and Hard Times Fighting Sports Corruption at an Old Eastern University*, University Park: Penn State

University Press, 2007; Murray Sperber, *Beer and Circus: How Big Time College Sports Is Crippling Undergraduate Education*, New York; Henry Holt, 2000. Quoted in Philip Kay, "'Guttersnipes' and 'Eliterates': City College in the Popular Imagination," PhD diss., Columbia University, 2011, 264쪽.

33. Erick Smith, "Stanford Discontinuing 'Easy' Class Lits for Athletes," *USA Today*, March 9, 2011; "The Early Admissions Loophole," *InsideHigherEd.com*, October 19, 2006; James L. Shulman and William G. Bowen, *The Game of Life: College Sports and Educational Values*, Princeton, NJ; Princeton University Press, 2001. 데릭 복은 『시장에 나온 대학들: 고등교육의 상업화』(Princeton, NJ; Princeton University Press, 2003, 3장)에서 대학의 운동경기가 학교 자원을 소진하고 있다고 강도 높게 비판하면서 "대학 대항 경기의 비용은 지역공동체 봉사와 학생 오케스트라단, 연극 등 여러 가치 있는 과외활동에 들어가는 비용을 축소시킨다"(41쪽)고 지적한다. (일시적으로) 수시 전형을 금지하는 동안 '입학 가능 통보'를 해온 관습에 대해서는 Lingbo Li, "Likely Letters on the Rise," *Harvard Crimson*, March 13, 2008 참조.

34. Andrew Dickson White, president of Cornell(1873), quoted in Bok, *Universities in the Marketplace*, 55쪽; Bowen et al., *Equity and Excellence*, 171쪽; Lewis, *Excellence without a Soul*, 252쪽.

35. Christopher Jencks and David Riesman, *The Academic Revolution*, 1968, New Brunswick, NJ; Transaction, 2002, 243쪽.

36. Bok, *Universities in the Marketplace*, 30쪽.

6장 무엇을 할 것인가

1. Zephyr Teachout, *Washington Post*, September 13, 2009. Sarah Lacy,

"Peter Thiel: We're in a Bubble and It's Not the Internet. It's Higher Education," *TechCrunch*, April 10, 2011, www.techcrunch.com. 참조 (피터 티얼은 온라인 결제서비스인 페이팔의 공동창립자이다).

2. Michael S. McPherson and Morton O.Schapiro, "The Future Economic Challenges for the Liberal Arts Colleges," in Koblik and Graubard, eds., *Distinctively American*, 49~50쪽.

3. *New York Times*, August 25, 2010.

4. Clark Kerr, "The American Mixture of Higher Education in Perspective: Four Dimensions," *Higher Education 19*, 1990: 1; American Council on Education, *Fact Book on Higher Education, 1986~1987*, New York: Macmillan, 1987, 57쪽; U.S. Department of Education, National Center for Education Statistics, *120 Years of American Education: A Statistical Portrait*, Washington DC: U.S. Department of Education, 1993, 표 24, 76~77쪽.

5. Arthur Levine, "Colleges and the Rebirth of the American Dream," *Chronicle of Higher Education*, July 11, 2010; Bowen, Chingos, and McPherson, *Crossing the Finish Line*, 30쪽; Jane Wellman, *New York Times*, February 4, 2010; Sara Goldrick-Rab, "Following Their Every Move: An Investigation of Social-Class Differences in College Pathways," *Sociology of Education 79*, no. 1, January 2006, 61~79쪽.

6. Eugene Tobin, 티글 재단 이사회에서 발언한 내용(2010년 3월 5일)을 허락하에 인용.

7. David Kirp, *Shakespeare, Einstein, and the Bottom Line: The Marketing of Higher Education*, Cambridge: Harvard University Press, 2005, 69쪽.

8. Donoghue, *Last Professors*, xiv쪽.

9. Diane Auer Jones, "Assessment Changes Online Teaching from an Art to a Science," *Chronicle of Higher Education*, November 6, 2011.

10. 지난 10년간 영리 목적 대학에 진학하는 학생에게 지급된 대출금은

2000년 40억 달러에서 2010년 270억 달러까지 거의 700퍼센트 증가
했다(National Public Radio, *All Things Considered*, August 17, 2010).
일부 관측가들은 영리 목적 대학을 통해 취득하는 자격증의 가치에 대
해 정부의 검증 작업이 강도 높게 진행되고 있고 여기에 회의적인 여론
도 확대되고 있음을 지적하며, 이 사업은 곧 주저앉게 될 거라고 전망
한다. Steve Eisman et al., "Subprime Goes to Colleges," *Market Folly*,
May 27, 2010, http://www.marketfolly.com/2010/05/steve-eisman-
frontpoint-partners-ira.html.

11. W. Robert Connor and Cheryl Ching, "Can Learning Be Improved
When Budgets Are in the Red?" *Chronicle of Higher Education*, April
25, 2010. 교육의 '결과'를 측정하려는 시도가 영국의 대학에 어떤 영
향을 미쳤는지, 이에 대한 경고성의 이야기들은 다음 자료들을 참
조. Stefan Collini, "From Robbinson to McKinsey," *London Review
of Books*, August 25, 2011. Francis Lieber, in Hofstadter and Smith,
American Higher Education, 1:299쪽. See chap. 1, n. 3.

12. Ticknor, *Remarks on Changes in Harvard University*, 35쪽.

13. McChosh, in Hofstadter and Smith, *American Higher Education*, 2:
723쪽.

14. 이러한 논쟁에서 아마도 가장 설득력 있는 주장을 펼치는 사람은 다이
앤 래비치일 것이다. 래비치는 한때 '낙오학생방지법'의 지지자였으나
지금은 이를 "공교육의 붕괴로 가는 일정표"라고 부르고 있다. Ravitch,
"Obama's War on Schools," *Newsweek*, March 20, 2011.

15. Cotton Mather, in Hofstadter and Smith, *American Higher Education*
1:16쪽. Margery Foster, *Out of Smalle Beginnings: An Economic History
of Harvard College in the Puritan Period*, Cambridge: Harvard University
Press, 1962, p. 105.

16. Dave Gershman, "Legislative Study Group Explores Idea of Privatizing
the University of Michigan," *Ann Arbor News*, December 18, 2008.

17. 17개 대학에서 학생들의 학습 정도를 측정하려는 시도에 대해서는 Wabash National Study, 2006~2009, http://www.liberalarts.wabash. edu/study-research/를 참조. 2009년 10월 26일자 『뉴스위크』는 커버 스토리로 테네시 주의 상원의원 러마 알렉산더(전 대학 총장, 전 교육 부장관)의 "Why College Should Take Only Three Years"를 게재했다. 100여 년 전에도 같은 생각이 여러 사람에 의해 제기되었으며 그 중 William James, "The Proposed Shortening of the College Course," *Harvard Monthly II*(1891)가 참조할 만하다.

18. "Board Responsibility for the Oversight of Educational Quality," Association of Governing Boards, March 17, 2011, www.agb.org. José A. Cabranes, "Myth and Reality of University Trusteeship in the Post-Enron Era," *Fordham Law Review 76*, no. 2, November 2007, 955~979쪽 참조.

19. Christopher Jencks, "The Graduation Gap," *American Prospect*, November 18, 2009.

20. Ronald G. Ehrenberg, "How Governments Can Improve Access to College," *Chronicle of Higher Education*, April 6, 2007, Donald Heller, "A Bold Proposal: Increasing College Access without Spending More Money," *Crosstalk*, Fall 2004.

21. 일례로 『내셔널 어페어스』 2009년 가을호에 실린 찰스 머리의 「지성과 대학」(95~106쪽)을 보면, "소수의 고교 졸업생들만이 대학 공부를 성공적으로 해낼 수 있는 지성을 갖고 있음"을 상당히 단호한 어조로 언급하고 있다.

22. Eliot, in Hofstadter and Smith, *American Higher Education*, 2:604쪽.

23. 대학과 지역공동체 공조의 모범적인 사례로, 1960년대에 컬럼비아 대학에서 학생들과 교수들이 설립한 '더블 디스커버리 센터DDC'를 들 수 있다. 주로 대학생들로 구성된 자원봉사자들을 통해 DDC는 1000명 이상의 지역 중고등학생을 대상으로 그들 가족 중에서 최초의 대학 진학

자가 나올 수 있는 기회를 높여주기 위해 개인지도와 멘토링을 제공하고 있다. http://www.columbia.edu/cu/college/ddc/.

24. Christopher Avery and Thomas J. Kane, "Student Perceptions of College Opportunities: The Boston COACH Program," in *College Choices: The Economics of Whre to Go, When to Go, and How to Pay for It*, ed. Caroline M. Hoxby, Chicago: University of Chicago Press, 2004 참조. 학자금 지원 신청을 분명하고 간단하게 해내기 위한 도움 말들은 다음 자료를 참조. Michael S. McPherson and Sandy Baums, "Fulfilling the Commitment: Recommendations for Reforming Federal Student Aid," College Board, 2009, www.collegeboard.com/rethinkingstudentaid.

25. Bowen, Chingos, and McPherson, *Crossing the Finish Line*, 204, 219쪽.

26. *New York Times*, April 26, 2009.

27. Emerson, journal entry, September 14, 1839, in Porte, ed., *Emerson in his Journals*, 223쪽.

28. Richard L. Morrill, *Strategic Leadership: Integrating Strategy and Leadership in Colleges and Universities*, Westport, CT: American Council on Education/Praeger, 2007, 26쪽.

29. Open Learning Initiative, http://oli.web.cmu.edu/openlearning/ 참조. 이 프로그램은 통계학과 생화학, 경제학 등 여러 주제의 수업을 제공하고 있다.

30. 하나 흥미로운 예가 전 세계 어디서나 접속할 수 있는 온라인 대학교, '모두를 위한 대학University of the People'인데, 이 대학은 지금까지 등록금 없이 최소한의 절차 비용과 시험 비용만 부과하고 있다. www.uopeople.org.

31. Cathy Davidson, *Now You See It: How the Brain Science of Attention Will Transform the Way We Live, Work, and Learn*, New York: Viking, 2011. 데이비슨의 이러한 관점은 25년 전 영문과 강의 교수를 뽑는 면접장에

서 한 지원자로부터 들은 이야기를 떠올리게 한다. 미국 시를 어떻게 가르치고 싶냐는 질문을 받은 그 지원자는 '귀납적 강의 계획안'을 선호한다고 대답했다. 학생들에게 읽기 자료를 과제로 주는 대신 그들이 도서관에서 시 선집들을 찾아 이것저것 대충 훑어본 다음 가장 좋아하는 시를 정해 후보로 올리면 여러 후보들을 두고 반에서 투표를 진행해 그 학기의 읽기 목록을 구성한다는 계획이었다.

32. Michael Schudson et al., "General Education in the 21st Century: A Report of the University of California Commission on Undergraduate Education," Center for Studies in Higher Education, April 2007, www. cshe.berkeley.edu.

33. 마주르 교수의 교수법에 대한 설명을 보려면, Derek Bok, *Our Under-achieving Colleges: A Candid Look at How Much Students Learn and Why They Should be Learning More*, Princeton, NJ: Princeton University Press, 2006, 132~134쪽 참조. 역사를 가르치는 획기적 방법 중 하나는 관련 역사에 대한 1차 자료와 2차 자료를 읽은 학생들이 역사상 인물 역할을 맡아 소크라테스 재판이나 갈릴레오 재판에서부터 인도나 팔레스타인 분리 독립 문제까지의 논쟁적 사안들을 토론하는 것이다. Mark Carnes, "Inciting Speech," *Change*, March~April 2005: 6~11쪽 참조. 카니스는 그의 이러한 교수법을 "과거에 반응하기"라고 부른다.

34. 크론먼은 이것을 "연구 이상"이라 부른다(*Education's End*, 3장). 미낸드는 "자격화와 전문화" 경향 속에서 교양교육 위축 현상을 지적한다 (*Marketplace of Ideas*, 101쪽), 해커와 드라이퍼스는 "교수들이 다른 교수들을 위해 창출하는 지식"과 "미시적인 전문 식견"을 무방비 상태의 학부생들에게 부과하는 교수들에 대해 언급한다(*Higher Education?*, 85쪽).

35. Emerson, quoted in Bledstein, *Culture of Professionalism*, 265쪽.

36. Carol, Geary Schneider, "Transformative Learning—Mine and Theirs," in *Literary Study, Measurement, and the Sublime: Disciplinary Assessment*, ed. Donna Heiland and Laura J. Rosenthal, New York: Teagle

Foundation, 2011, 28쪽.

37. Ronald G. Ehrenberg, Harriet Zuckerman, Jeffery A. Groen, and Sharon M. Brucker, *Educating Scholars: Doctoral Education in the Humanities*, Princeton, NJ: Princeton University Press, 2000, 260쪽.

38. Edward J. Eckenfels, *Doctors Serving People: Restoring Humanism to Medcine Through Student Community Service*, New Brunswick, NJ: Rutgers University, 2008, 5쪽.

39. Robert Maynard Hutchins, *The Higher Learning in America*, New Haven, CT: Yale University Press, 1936, 115쪽.

40. Quoted in Mark Schwehn, *Exiles from Eden: Religion and the Academic Vocation in America*, New York: Oxford University Press, 1993, 70쪽.

41. Roald Hoffmann, "Research Strategy: Teach," *American Scientist 84*, 1996: 20~22쪽. David F. Feldon et al., "Graduate Students' Teaching Experiences Improve Their Methodological Research Skills," *Science 333*, no. 6045, August 19, 2011: 1037~1039쪽 참조.

42. 나는 이 제안을 다음 논문에서 보다 상세히 다루었다. "What Should PhD Mean?" *PMLA 115*, 2000:1205~1209쪽.

43. Donald I. Finkel, *Teaching with Your Mouth Shut*, Portsmouth, NH: Boynton/Cook, 2000.

44. John Cotton, *Christ the Fountaine of Life*, 119쪽.

45. Emerson, *The American Scholar*, 1837, in *Selections from Ralph Waldo Emerson*, ed. Stephen Whicher, Boston: Houghton-Mifflin, 1957, 69쪽.

46. Leon Botstein, "Con Ed," *New Republic*, November 6, 2009; Debra Satz and Rob Reich, "The Liberal Reach," *Dissent*, Winter 2004: 72~75쪽.

47. 피닉스 대학교의 이사였던 마크 드퍼스코가 2010년 5월 4일 PBS 〈프런트라인〉 뉴스의 '대학 주식회사' 꼭지에서 했던 말이다. 미출간된 아래 페이퍼의 참고문헌 덕분에 이 정보를 얻을 수 있었다. Christine

Smallwood, "What Makes Education So Special: For-Profit Colleges and American Higher Education," Columbia University, spring 2010.

48. Project Pericles, www.projectpericles.org.

49. Noah Porter, *American Colleges and the American Public*, 1870, in Cohen ed., *Education in the United States*, 3:1475; Peter Pouncey, *Rules for Old Men Waiting*, New York: Random House, 2005, 105~106쪽.

50. Trilling, "American of John Dos Passos," in *The Moral Obligation to be Intelligent: Selected Essays of Lionel Trilling*, ed. Leon Wieseltier, New York: Farrar, Straus, and Giroux, 2000, 6~7쪽.

292

왜 대학에 가는가
—대학은 우리에게 무엇이었고 무엇이고 무엇이어야 하는가

초판인쇄 2016년 8월 8일
초판발행 2016년 8월 18일

지은이 앤드루 델반코 | 옮긴이 이재희 | 펴낸이 염현숙
책임편집 김형균 | 편집 강윤정 | 모니터링 이희연
디자인 김이정 유현아 | 저작권 한문숙 박혜연 김지영
마케팅 정민호 박보람 이동엽 | 홍보 김희숙 김상만 이천희
제작 강신은 김동욱 임현식 | 제작처 영신사

펴낸곳 (주)문학동네
출판등록 1993년 10월 22일 제406-2003-000045호
주소 10881 경기도 파주시 회동길 210
전자우편 editor@munhak.com | 대표전화 031) 955-8888 | 팩스 031) 955-8855
문의전화 031) 955-3576(마케팅) 031) 955-2679(편집)
문학동네카페 http://cafe.naver.com/mhdn | 트위터 @munhakdongne

ISBN 978-89-546-4200-2 03370

www.munhak.com